智能财务及其建设研究

洪韵华 李 娜 武应峰 ◎ 著

吉林出版集团股份有限公司
全国百佳图书出版单位

图书在版编目（CIP）数据

智能财务及其建设研究 / 洪韵华，李娜，武应峰著
. -- 长春：吉林出版集团股份有限公司，2024.3
ISBN 978-7-5731-4779-0

Ⅰ．①智… Ⅱ．①洪… ②李… ③武… Ⅲ．①财务管
理—管理信息系统—研究 Ⅳ．①F275-39

中国国家版本馆CIP数据核字(2024)第069394号

ZHINENG CAIWU JIQI JIANSHE YANJIU

智 能 财 务 及 其 建 设 研 究

著　　者	洪韵华　李　娜　武应峰
责任编辑	张婷婷
装帧设计	朱秋丽
出　　版	吉林出版集团股份有限公司
发　　行	吉林出版集团青少年书刊发行有限公司
地　　址	吉林省长春市福祉大路 5788 号（130118）
电　　话	0431-81629808
印　　刷	北京昌联印刷有限公司
版　　次	2024 年 3 月第 1 版
印　　次	2024 年 3 月第 1 次印刷
开　　本	787 mm×1092 mm　1/16
印　　张	13.75
字　　数	240 千字
书　　号	ISBN 978-7-5731-4779-0
定　　价	76.00元

前　言

在"大智移云物区"等新技术风起云涌的数字经济时代，智能化技术将会给所有的行业、企业及人类生活带来深远的影响。数字经济时代最重要的特征是高度数字化，数据成为新型生产要素，"上云用数赋智"成为主导经济发展的新动能。在此背景下，智能财务成为学术界和实务界共同面临的新鲜事物，其理论探讨与实践探索也成为近两年的热点，引发了广泛的社会关注。在学术研究领域，出现了围绕智能财务的理念和思路展开的初步探讨，也涌现出了专门从事智能财务研究的机构和人员。在财务实践领域，对于智能财务建设的探讨尚处于点状状态，其具体表现为财务领域中一些典型的智能化应用场景得以实现，一些可能的智能财务应用方向被提出，一些初步的智能财务系统开始面世，一些可能的影响也广受关注。尽管学术界和实践领域的尝试性探索已取得了一定成效，但尚无专门针对企业智能财务建设进行的系统化论述。如何搭建智能财务的理论框架及如何建设智能财务，是目前学术研究者关注的焦点，更是实务工作者迫切需要解决的问题。

目前，财务人工智能在我国仍处于初始的发展阶段，对其进行的理论与实践研究仍然有待深入。笔者在汲取了其他专家学者研究成果的基础上，根据自己多年的财务实践，最终著成本书。由于出版时间紧张，加之人工智能的发展十分迅速，本书难免存在不足，恳请广大读者进行批评指正。

目　录

第一章 智能财务导论

第一节 智能财务的研究背景与现状

一、智能财务的研究背景

我国经济秉承新发展理念，已由高速增长阶段转向高质量发展阶段。企业面临成本上升、创新能力不足和风险管控难度大的困境。同时，大数据、云计算和移动互联等现代信息技术也在蓬勃发展，在推动企业商业模式变革的同时，倒逼企业财务管理进行转型，在这个大环境下，财务共享模式开始进入快速发展阶段。财务共享模式是企业内部财务管理主体及财务组织体系的重大变革，为企业带来降低成本、提升服务质量、提高运营效率、加强风险管控、支撑全球化战略实施等益处。随着越来越多的中国企业不断规模化与全球化，财务共享模式越来越得到认可，并逐渐开始在中国企业中落地生根。财务共享模式必然也会导致财务工作方式的改变，引起财务人员角色的转型，更重要的是对财务流程再造带来质的飞跃，使企业战略、财务和业务融为一体，为企业推行精益财务、提供共享精细化实时信息和改变内部资源配置效率提供条件。

2010年以来，人工智能技术发展突飞猛进，在云计算和大数据的背景下，传统的机器学习、专家系统、模式识别、神经网络、规则引擎等技术萌发了新的应用场景，更是增加了新一代人工智能的发展方向。企业财务工作也在人工智能不断成熟发展的过程中增加了更多机遇，财务业务一体化、财务决策、财务分析和财务管控都有了更准确的算法和更先进的模型工具。企业全面数据处理技术帮助管理层借助专家系统综合不同专家建议，通过商业智能平台获取最终决策信息。财务机器人可帮助财务人员实现财务会计工作的自动化操作，再借助现代信息技术，智能化地实现业务活动、财务会计、管理会计和税务之间的无缝衔接。

我国经济已由高速增长阶段转向高质量发展阶段。会计作为服务经济发展的基础性、应用型学科，必然会在经济转型的重要历史阶段起到不可替代的作用，而经济转型发展需要一定高质量会计的支撑。虽然会计在经济转型中的重要性显而易见，但由于我国经济改革进入深水区，企业仍面临着成本上升、创新能力不足和风险管控难度大等困境。现代信息技术不仅给社会经济发展带来了新的引擎，也给会计改革发展带来新的利器。以"大智移云物区"为代表的新技术正以风卷残云之势改变着传统会计的流程、组织和方法，甚至战略思维，这也为高质量会计服务经济转型的需要提供了基础手段和工具。财政部强调加强会计信息化建设，明确要求"密切关注大数据、'互联网+'发展对会计工作的影响，及时完善相关规范，研究探索会计信息资源共享机制"。国务院明确提出"抢抓人工智能发展的重大战略机遇，构筑我国人工智能发展的先发优势，加快建设创新型国家和世界科技强国"，倒逼企业进行财务转型，使财务沿着"专业化、信息化、共享化、智能化"的方向快速转变，引领财务工作进入智能化时代。

二、智能财务的研究现状

目前，财务共享服务中心已成为企业财务转型的首选。财务共享服务模式使企业凸显出财务会计流程的作用，但业务活动流程、财务会计流程和管理会计流程各自为战，缺乏一种思想理念或技术手段将其完全融合，而智能财务是一种将业务活动流程、财务会计流程和管理会计流程等全流程智能化的管理模式。企业产品或服务借助业务活动流程来解释，并通过业务和财务智能融合来管理整个供应链。财务会计流程是管理会计流程的信息支撑，价值链中价值信息的衡量由管理会计进行评价，通过财务会计和管理会计智能化融合得以实现。企业全生命周期使智能化的信息经历输入、处理与输出，财务智能化转型所覆盖的业务活动流程、财务会计流程与管理会计流程，将各项经营管理活动基于资源、事件、主体和价值的智能化信息处理，借助人工智能、商业智能、数据挖掘等技术输出多维信息，以满足企业内外部管理决策者的需求，提升企业绩效。

2016年，德勤宣布将人工智能引入会计、税务、审计等工作中，标志着我国进入了会计智能化阶段。随后，国内的各大软件厂商也分别提出了自己的智能化思路，如用友提出了"实时会计智能财务"；金蝶提出"无人会计人人财务"；元年也发布了智能管理会计平台。2017 年 5 月，德勤推出第一款财务机器人，随后以"四大"为代表的会计师事务所和以金蝶、用友及元年为代表的软件厂商推出了自己的财务机器人方案。上海国家会计学院也在 2018 年 12 月成立了智能财务研究中心，并成功举办了首届智能财务高峰论坛。智能财务研究中心坚持"开放与合作"的原则，邀请社会各界致力于智能财务研究的单位和个人注册成为中心成员，加入研究中心团队，并于 2019 年起正式启动中心重点科研课题申报工作，面向研究中心团队公开招标。

通过文献回顾和实践梳理发现，智能财务是财务领域近年出现的新生事物，当前研究仅围绕智能财务的理念和思路展开初步探讨，尚无专门针对企业智能财务建设进行的系统化论述。本书创新性地对智能财务建设进行了系统性阐释和论述，包括智能财务的内涵和外延、智能财务的整体规划和具体方案，提出了智能财务建设的具体框架、整体思路与可行路径，既丰富了智能财务的理论与方法，又可为企业智能财务建设实践提供切实指导和有益参考。本书还将智能财务建设的理论和方法用于指导云南烟草商业的智能财务建设，实现了理论创新、方法创新和应用创新。

第二节　财务人工智能概述

财务人工智能是将关于财务的管理理论进行模型化处理，再通过运用高科技的信息来进行匹配，把数据导入总的信息库或者以信息库的现存数据作为研究对象来分析，然后以最快的速度得到公司的经营报告，形成经营的战略建议。财务领域人工智能技术着重模仿人类的财务操作和判断，同时在业务收入预测、风险控制和管理、反舞弊分析、税务优化等方面也有很大的应用空间。

一、财务人工智能应用领域

目前在相关研究的科技应用领域，财务人工智能有专家系统、模式识别、智能财务管理信息共享系统和人工神经网络模型四项内容。

（一）专家系统

从本质上来说，专家系统是在特定的专业领域拥有超高专业水平、理解能力的程序系统，就像通过早期的学习和积累，在业界已经具备较高专业素养的某个领域的专家一样。针对这一领域的问题，专家系统能够快速运用经验和知识做出反应，进而解决相关问题。从结构上来看，专家系统就好比一个特定领域的信息库和一个能够被人类所获得和利用的系统组成的专业解题系统。它核心的项目是信息库的储备和反应机制，由经验和智能的程序系统、信息库、推理机制、解释程序等项目的运作来获取程序。财务专家系统就是积累经验、获取数据、知识收集储备和智能化的程序系统，这个系统可用来解决财务范围内的所有问题。它在一定程度上能够辅助财务方面的专家进行工作，对一些财务管理的内容进行叙述、诊断问题、分析数据和验证原理，从而通过对财务管理环境、技术和理念进行综合利用并得出最终的决策。它工作的思维方式就是从复杂到简单、从抽象到具体，把复杂的财务问题拆分为简单的问题，最后通过搜索问题，分析、归纳总结，实现问题的解决。系统进行处理和整合后，财务管理专家系统的功能能够在很大程度上被利用，财务人员在决策方面会更有信服力，财务预算更符合实际，财务控制能更到位，不会严重脱节，财务数据和各种分析会更加清晰，财务管理也会更加全面、更易掌控。

（二）模式识别

对物体表征的各种各样的消息进行归纳和汇总分析，然后对事物或特定现象进行叙述、分辨、归类和阐述的行为就是模式识别。当今社会，模式识别的方法有很多，其中最主要的方法是结构法和决策论方法。近年来，又出现了一些新的方法。例如，在多元化大数据基础上的多元图形基元、特征基元的模式识别和粗糙集模式识别法等。另外，它在财务领域也有大量的实际运用，如能高效地分辨并描述出财务目标和大环境，并能识别公司财务管理受到金融危机时的原因和影响，从而根据分析提出相关解决方案；在公司的经营框架中，能够识别公司财务经营框架及框架所掌控的运行机制；在运营管理上，它的工作重点是识别财务的主体行为及它对财务管理目标的作用；在现金的保管规划层面，能识别资金的筹划支付及流动性；在企业财务的风险规避和安全层面，模式识别可以感受到潜在的财务危机和隐患，设立一个有预防作用的模型，从而达到保护财产安全的目的。

（三）智能财务管理信息共享系统

为了达到快速有效处理财务的目的，我们将智能财务信息管理系统分为财务操作系统和财务查询系统。这样的系统使各部门可通过浏览 Web 网站方便快捷地查询相关财务信息，即使是远离公司，也可通过网站及时查询实时财务信息，而且发布财务信息的企业成本很低。财务管理智能系统的出现，意味着财务管理变得高效、方便，其与网络技术完美结合在一起，各部门在任何地方、任何时候都可以一目了然地在共享系统中了解财务状况。而以上方便快捷的系统生成是通过将企业 ERP（Enterprise Resource Planning，企业资源计划）财务信息植入系统来实现的。

（四）人工神经网络模型

通过大量的处理单元对人脑神经系统的模仿，仿照系统的工作结构和原理，再通过各个连接方式组成网络就是人工神经网络模型。运用学习案例更新信息储备库、推理机制等，以达到帮助人类增加对外部世界的认识及智能管理的目的。它主要运用在优化、预测、归类和函数逼近等方面，主要运用范围包括对上市企业进行财务风险预测和预警、财务问题分析诊断、规划财务管理、缴税和评估、财务质量的检测评估、对风险投资的项目进行分析评估、股票价格指数的监测和分析评估、固有财产投资规划和分析预测、金融证券定价、选择经济发展方式等。当前，人工智能技术已经是人工智能研究领域的重点、亮点和关注点，它在经济与财务管理方面的辉煌成就已经引起了人们的特别关注。

二、财务智能化的架构特点

与传统财务信息化功能架构有所不同，财务智能化是建立在一系列智能技术基础之上的。在具体的信息化架构搭建时需要考虑到以下要点。

（一）构建数据基础

对于大数据和人工智能来说，数据是这些智能技术能够有效运转的基础。因此，在信息化架构中，必须考虑搭建一个可靠的数据层。这个数据层和传统信息化技术中所理解的后台的数据是不一样的。

首先，对于结构化数据来说，需要对系统中所有具有业务含义的数据进行标签化，也就是说，要建立一个标签字典，用来结构化地重新定义系统中的每一个具有业务含义的字段，并在每一笔交易发生时，将交易中所包含的所有标签及标签值存储到数据层中。

其次，对于非结构化数据来说，要能够采用大数据技术对非结构化数据进行管理和存储，并基于应用场景尽可能地获取更为广泛的非结构化数据。

在建立了基于标签的结构化数据及非结构化数据的数据基础之后，无论是后续基于规则引擎的自动化处理，还是基于机器学习引擎的智能建设，都具备了基础条件。这对于财务信息化来说，是一个重要的改变。

（二）构建智能技术引擎

第一，图像文字识别引擎。财务的大量数据还是以实物形态存在的，如发票、合同等。虽然这些原始凭证正在向电子化迈进，但现阶段，实物仍然是其主要形态，而这些实物中蕴含了大量财务信息，并且是后续智能应用的关键基础。要提取这些信息，除了通过人工录入或者采取众包模式外，还可以运用图像文字识别（OCR）技术。基于 OCR 技术，能够批量高效地对图像中财务信息进行提取。需要注意的是，传统的 OCR 技术并不是非常成熟，识别率较低，基于深度学习的 OCR 引擎会有所改进。

第二，规则引擎。规则引擎能够以标签为基本元素，通过特定的语法对控制规则进行表达和封装，形成一个个规则包。这些规则包从业务角度来看，能够帮助我们替代一部分人工进行系统的自动化审核控制，规则引擎本身技术并不复杂，其难点就在于进行清晰的标签定义和管理，梳理和拆解规则，以及基于标签定义规则。对于最简单的差旅费报销来说，其涉及的标签可能多达数百个，并且也需要数十个规则来进行组合审核。

第三，流程引擎。流程引擎虽然在传统的财务信息化架构中已经广泛应用，但在智能化要求下，流程引擎需要具有更强的灵活性和扩展性，以支撑在智能应用中更为复杂的后台任务路径分流。流程引擎技术本身需要引入机器去学习技术，以逐渐实现流程的智能化流转管理，如在共享派工时，实现更为灵活和均衡的智能派工。

第四，机器学习引擎。机器学习引擎是人工智能技术的关键组件，能够将一系列算法进行封装，并形成标准化的输入和输出。机器学习引擎能够通过对带有特征和标签的大量历史数据的学习去自主发现规则或算法，并将这些规则或算法应用于财务的工作场景中，实现对人工的辅助或替代。机器学习引擎是财务信息化从自动化向智能化迈进的关键一步。

第五，分布式账簿引擎。分布式账簿引擎可以理解为实现区块链在财务领域应用的重要基础。分布式账簿引擎通过在业务系统与财务系统底层搭建统一底账的方式，实现每一笔交易发生时的平行记账，并基于区块链的原理实现去中心化和数据一致。分布式账簿引擎能够为内部往来核对、关联交易核对、业财一致性核对等复杂业务问题提供技术支持。

在完善的数据基础的支持及多个技术引擎的共同作用下，财务信息化架构能够实现从传统的自动化向智能化的进化。

三、财务人工智能的缺点

财务机器人虽然可以替代财会人员完成大部分基础核算工作，但在实际工作中仍存在一些无法替代财会人员完成的工作。

（一）成本费用高

目前，财务机器人对工作内容的标准化要求很高，不适合多种、少量的工作模式。因此，财务机器人只适用于企业规模大、财税日常工作负荷重、快速成长期的企业。而对于普通企业来说，财务机器人的成本费用太高，后期维护费用过大，从成本效益的角度考虑，很多企业目前还不具备能够引进财务机器人的能力。

（二）技术发展不完善

第一，财务机器人属于发展初级阶段，功能不完善、兼容性差，使用前期问题较多。目前，财务机器人虽然在一些企业中已经应用，但从应用情况来看，仍处于初级阶段，应用范围较小，应用层次不高，功能不够完善。因为初级阶段开发人员未全面考虑系列化、通用化、模块化的设计，容易造成系统兼容性差，所以使用初期问题较多。

第二，操控财务机器人的技术人员不足，售后服务问题较多。财务机器人是新兴产品，精通操控财务机器人的技术人员十分紧缺。技术人员不仅要具有一定的会计理论知识，还需要了解人工智能和互联网相关的技术知识，具有综合技能的人才的匮乏给财务机器人后期的维护升级造成了一定的影响。

第三，会计信息的安全性受到威胁。目前的会计信息处理与保存都以电子形式为主，而财务人工智能系统由于存在一定的技术漏洞，如果防护措施不到位，则很有可能会被黑客攻破系统，盗取商业信息。对于企业来说，财务信息的外泄会造成非常严重的后果，使企业遭受巨大的经济损失。

（三）人性化水平低

第一，财务机器人很难实现情感化。虽然财务机器人的计算速度和数据处理能力要比人类强，但其始终无法与人类的情感丰富度相比较。与人类相比，目前财务机器人在直觉判断方面不具备任何优势，而且无法判断复杂的逻辑问题，很难完全模拟财会人员。财务机器人是按照事先设定的规则执行程序，它既没有感情，也不能完全像人一样进行思考。尤其是在涉及人际关系的处理时，财会人员能够根据人类的表情、语气等进行判断处理，而财务机器人则不具备这种处理能力。

第二，财务机器人的及时反应和灵活程度不够。在普通的数据核算型工作中，财务机器人可以代替财会人员，但在处理涉及多种因素的宏观经济环境变化的问题时，财务机器人无法取代财会人员。财会人员在处理一项经济类工作时，能够根据自己所掌握的知识和经验，结合企业当前的内部环境状况和外部市场经济状况来做出决策。其中涉及会计规则、法律知识及情感经验等，而且会计规则及内外部的形势是随时变化的，财会人员能够根据其变化做出相应的改变，而财务机器人则难以得出最佳的财务结论。无论财务人工智能如何发展，在处理涉及组织与组织、人与人、企业与社会的关系等问题时，它都不可能完全取代财会人员发挥作用。

四、财务人工智能对财会人员工作的影响

2017年，英国牛津大学发布的一篇研究调查称，目前被人工智能机器人代替的可能性最大的工作岗位就是财务工作。哈格教授和卡明斯教授在《信息时代的管理信息系统》中阐述了专家系统，专家系统是通过模拟人类专家解决各个领域问题的人工智能技术，适合应用在会计工作中，同时他也指出这种系统的应用将会极大地威胁到财会人员的工作，财会人员将面临失业。财务人工智能技术的应用和发展对财会人员工作的影响包含以下两个方面。

第一，财务人工智能的发展给财会人员的工作带来巨大的挑战。基础核算财务岗位急剧减少，企业对财会人员的综合管理能力的要求不断提高，对财会人员的需求类型发生一定的变化。

第二，财务人工智能的发展加速了财会人员的职业转型发展。财务人工智能虽然在很多方面可以代替财会人员进行工作，也可以完成传统的财务核算工作，但是财务人工智能与财会人员相比，并不能适用于会计行业中的每个领域。在人工智能背景下，财会人员还需要不断提高战略分析与判断能力，提高自己的综合素质，打造自身软实力，加强对自身职业生涯的设计与管理。

第三节　智能财务的内涵与特征

一、智能财务的内涵

课题组认为，智能财务是指将以人工智能为代表的"大智移云物区"等新技术运用于财务工作，对传统财务工作进行模拟、延伸和拓展，以改善会计信息质量、提高会计工作效率、降低会计工作成本、提升会计合规能力和价值创造能力，促进企业财务在管理控制和决策支持方面发挥作用，通过财务的数字化转型推动企业的数字化转型进程。下面将从四个方面来阐释智能财务的内涵。

（一）智能化场景设计和新技术匹配运用是智能财务的本质所在

财务领域中智能化应用场景的精心设计和"大智移云物区"等新技术的匹配运用，是智能财务的本质所在。以人工智能为代表的"大智移云物区"等新技术（以下简称"新技术"或"大智移云物区"等新技术），主要包括大数据、人工智能、移动互联网、云计算、物联网和区块链等。其中，大数据是以容量大、类型多、存取速度快、应用价值高为主要特征的数据集合正快速发展为对数量巨大、来源分散、格式多样的数据进行采集、存储和关联分析，并从中发现新知识、创造新价值、提升新能力的新一代信息技术和服务业态。大数据技术首要的是提供存储和计算能力，其次是洞察数据中隐含的意义，前者依赖于硬件设备的升级，后者依赖于数据挖掘算法的不断优化创新。人工智能是研究、开发用于模拟、延伸和拓展人的智能的理论、方法、技术及应用系统的一门新的技术科学，其主要发展方向为感知智能、运算智能和认知智能。其中，感知智能模拟了人类视觉、听觉和触觉等感知能力；运算智能模拟了人类大脑的快速计算和记忆存储能力；认知智能模拟了人类大脑的概念理解和逻辑推理能力，有助于进一步形成概念、意识和观念。移动互联网是移动通信和互联网的结合，同时拥有移动互联网的随时、随地和随身等便利特性，以及互联网的分享、开放和互动等社交特性。云计算是一种基于互联网的计算方式，可将共享的软硬件资源和信息按需提供给计算机和其他设备，广义上的云计算包括后台硬件的云集群、软件的云服务和人员的云共享等不同形态。物联网是指通过二维码识读设备、射频识别装置、红外感应器、全球定位系统和激光扫描器等信息传感设备，按约定的协议，把任何物品与互联网相连接，进行信息交换和通信，以实现智能化识别、定位、跟踪、监控和管理的一种网络，主要解决物品与物品、人与物品、人与人之间的互联（ICU，2005）。区块链是分布式数据存储、点对点传输、共识机制、加密算法等计算机技术的新型应用模式，其核心特点是实时共享、可追溯和不可篡改。

（二）智能财务平台建设和新型财务管理模式构建是智能财务的落脚点

在智能财务的建设过程中，应着重聚焦两个落脚点——智能财务共享平台的建设和新型财务管理模式的构建，主要包括业务流程设计、共享平台设计、财务组织规划和财务制度设计四项内容。其中，智能财务平台的建设，需要从业务流程梳理和优化出发，落脚于智能财务平台的开发和运用，以实现智能财务建设过程中的业务驱动财务、管理规范业务和数据驱动管理三个目标；新型财务管理模式的构建，通过财务组织的重新架构、职责权限的重新划分、财务岗位的重新界定、财务人员的转型提升和管理方式的重新选择，借助智能财务平台和配套制度规定的保障，实现会计职能转型和管理会计落地。

（三）对传统财务工作的模拟、延伸和拓展是智能财务的实质所在

对传统财务工作的模拟、延伸和拓展是智能财务的实质所在。其中，模拟是指模仿现成的样子，如会计核算软件中记账凭证、账簿和报表的半自动或自动生成，就是对传统会计核算工作的模拟；延伸是指在宽度、大小、范围上向外延长、伸展，如智能财务不受数据收集和整理能力的限制，可以核算到最小经营单元的损益和投资收益；拓展是指在原有的基础上，增加新的东西，是质的变化而非量的变化。智能财务中的大数据分析，更多的是运用数据的聚集效应和数据之间的关联关系来寻找数据本身蕴含的经济规律，是对传统财务工作的大幅拓展。

（四）提升财务工作及更好地服务于业务和管理工作是智能财务的目标

智能财务对传统财务工作的模拟，包括证、账、表等会计核算的自动化，以及财务分析报告的协同工作和半自动生成，将大幅提升财务会计工作的效率，提高财务会计信息的质量，同时大幅降低财务会计工作的成本。智能财务对传统财务工作的延伸，包括在资金管理、资产管理、税务管理、预算管理、成本管理、投资管理和绩效管理等方面的精细化和前瞻性，将大幅提升财务规划指导和规范管理的职能。智能财务对传统财务工作的拓展，包括相对固定的管理会计报告和基于大数据的分析应用，将大幅提升财务对于业务部门和管理部门及企业高层领导的决策的支持能力，促使财务人员实现从本位思考向换位思考和全局思考的转换。可见，促进财务工作的提升，以及更好地服务于业务工作和管理工作是智能财务的目标。

二、智能财务的特征

课题组认为智能财务具备以下五个特征：一是全面共享，包括整个企业对于智能财务相关平台、智能财务相关数据、智能财务相关人员和智能财务相关组织的共享；二是高效融合，在政策、规则、流程、系统、数据和标准统一的基础上，实现企业中业务、财务和管理的一体化融通；三是深度协同，在新型财务管理模式下，基于智能财务相关平台，实现财务专业分工、各级财务组织及业财管各部门之间的深度协同；四是精细管理，借助智能财务建设的契机，采集最细颗粒度的交易数据和过程数据，实现基层业务单元层面和流程环节层面的精细化管理；五是力求智能，在智能财务建设过程中，应注重体现智能财务本质特色的智能化应用场景设计（以下简称"智能化场景设计"）和相应新技术的匹配运用（以下简称"新技术匹配运用"）。

第四节　智能财务的构成要素

一、技术应用视角的构成

财务领域中智能化应用场景的精心设计和"大智移云物区"等新技术的匹配运用，是智能财务的本质所在。为此，从技术应用视角，智能财务由智能化场景的设计和新技术的匹配运用两个要素构成。其中，智能化场景的设计起源于针对具体财务工作任务的智能财务工作目标，仰赖于"大智移云物区"等新技术的精准匹配运用，重在精心构思和巧妙设计。这些新技术涵盖但不限于"大智移云物区"，可能涉及新技术。财务领域中智能化场景的设计和新技术的匹配运用，将贯穿课题组对智能财务建设理论研究、方法探索和实践运用的始终。

二、财务工作领域视角的构成

本书中界定的智能财务，是针对企业实务而言的。企业实务中的财务工作，包括财务会计工作和管理会计工作两个方面，相当于学术领域中大会计的概念。其中，财务会计工作主要包括会计核算和财务会计报告两块核心内容；管理会计工作主要包括资金管理、资产管理、税务管理、预算管理、成本管理、投融资管理、绩效管理和管理会计报告等核心内容。为此，智能财务建设，不仅要提高企业的财务会计工作效率，更要将企业的管理会计工作落地，实现财务的职能转型，提升财务本身的价值。

三、建设思路视角的构成

智能财务的建设是一个复杂的系统性工程，需要思量的事情众多，需要梳理的关系复杂。但课题组认为其核心落脚点有两个：一是智能财务共享平台的建设，二是新型财务管理模式的构建。其中，智能财务共享平台的建设，重在将业财管一体化业务流程嵌入智能财务共享平台，功能范畴应同时覆盖实务中财务会计和管理会计两个财务工作领域。课题组将智能财务共享平台划分为智能财务会计共享平台、智能管理会计共享平台和大数据分析应用平台，分别聚焦财务会计工作领域中的工作任务、管理会计工作领域中的单项管理会计工作任务，以及管理会计工作领域中的交叉、综合和复杂的管理会计工作任务。新型财务管理模式的构建，重在智能财务组织的构建和智能财务运行规则的建立，组织范畴应同时覆盖公司各级财务组织。课题组认为，新型财务管理模式的构建包括模式选择、模式设计和模式的落地运行等重点工作，应基于智能财务共享平台、围绕管理会计落地和财务职能转型进行，也应符合本企业的经营管理实际情形。

四、建设工作视角的构成

智能财务两个核心落脚点的具体实现，即智能财务共享平台的建设和新型财务管理模式的构建，有赖于智能财务建设过程中四项具体建设工作的实际开展。一是智能财务组织的规划、设计和架构；二是智能财务相关的业务流程的规划、设计和执行；三是智能财务平台的规划、设计和落地；四是智能财务相关的制度体系的规划、设计和运行。智能财务建设对课题组而言，是个全新的探索性工作，课题组对于智能财务及其建设的认识也是逐步深入和明晰的。在智能财务实际建设过程中，每项建设工作都有不同的工作阶段。为此，这四项建设工作既相对独立又紧密关联，彼此之间往往交叉进行。在智能财务建设实务工作中，需要具体关注和做好财务组织规划、业务流程设计、共享平台设计和制度体系设计四项建设工作，也需要关注和理顺这些建设工作之间的关联关系，以便恰当地安排智能财务建设各项工作进度，合理配置智能财务建设各类资源。

第五节 智能财务的构建逻辑

智能财务的目标是"促进财务工作的提升，更好地服务于业务工作和管理工作"，这就有必要针对财务工作任务逐一确定智能财务的工作目标，并进一步探讨财务工作目标的实现方式，包括智能化场景设计和新技术匹配运用。智能财务的构建逻辑涵盖以下六个关键节点。

一、财务工作领域界定

在企业实务中可将财务工作划分为财务会计和管理会计两个领域。其中，财务会计是会计的一个重要分支，指对本会计期所发生的经济业务的分类、计量和记录，并通过编制的会计报表（资产负债表、损益表和现金流量表）将企业财务状况和经营成果报告给外部的报表使用者，如股东、债权人、政府主管机构等。管理会计是会计的另一个重要分支，主要服务于单位（包括企业和行政事业单位）内部管理需要，是通过利用相关信息，有机融合财务与业务活动，在单位规划、决策、控制和评价等方面发挥着重要作用的管理活动。

二、财务工作任务划分

财务工作任务划分依据财务工作领域可划分为财务会计工作任务和管理会计工作任务。其中，财务会计工作任务主要包括会计核算和财务会计报告两部分内容；管理会计工作任务主要包括资金管理、资产管理、税务管理、预算管理、成本管理、投融资管理、绩效管理和管理会计报告等内容。当然，针对特殊领域的特定问题，企业还需要借助专家团队的力量予以研究并解决。

三、财务专业分工确认

在新型财务管理模式下，财务工作大致可划分为三个层次的专业分工：战略财务、业务财务和基础财务。战略财务一般定位为规划指导和对战略层的决策支持，实务中多由总部财务部门负责；业务财务一般定位为过程控制和服务业务，实务中多由总部财务部门和属地财务部门共同负责；基础财务一般定位为交易执行和操作控制，也可称为操作财务或共享财务，实务中通常由财务共享服务中心负责，也存在于财务人员调动安排等因素仍由属地财务部门负责的情形。每一项财务工作任务中的某项具体工作，均可归为这三层财务专业分工中的某一层。

四、智能财务工作目标确定

智能财务的目标是提升财务工作，更好地服务于业务工作和管理工作。提升财务工作本身质量，主要包括降低财务基础工作成本、提高财务工作效率、改善会计信息质量及提升财务合规能力等；服务于业务工作和管理工作，主要是借助于专业洞察和大数据分析辅助业务部门、管理部门和高层领导决策。此处的智能财务工作目标是针对具体财务工作任务而言的，主要涉及成本、效率、协同、质量、全面、精确、实时、灵活、合规和安全等具体目标。

五、智能化场景设计

凡是将"大智移云物区"等新技术运用于财务工作领域，对传统财务工作进行模拟、延伸和拓展的场景，都是广义智能化场景设计的范畴。大数据在财务领域的典型应用场景，包括预算的自动推导、风险的自动筛选、客户的精准画像、仓储的排列优化和派单路径的优化等。人工智能技术在财务领域的应用场景可细分为感知智能、运算智能和认知智能的应用场景。其中，感知智能目前在财务领域中的应用场景最为丰富，如人脸识别、图像识别和语音识别等；运算智能目前在财务领域中的应用场景也比较多，如各类财务 RPA（Robotic Process Automation，机器人流程自动化）、财务的多维分析和关联分析等；认知智能目前在财务领域中的应用场景较少，如财务报告分析领域的专家系统及智能客服、VPA（Virtual Personal Assistan，虚拟个人助手）等。移动互联网在财务中的典型应用场景，包括移动审批、移动商旅、移动报账和移动身份认证等。云计算在财务中的典型应用场景，包括大中型企业基于私有云或混合云的财务共享，以及小微企业租用的 SaaS（Software-as-a-Service，软件即服务）服务平台和代理记账服务。物联网在财务中的典型应用场景，包括资产的识别、定位、追踪、监控和管理，以及纸质会计档案的定位、追踪和管理等。区块链当前在财务领域的典型应用场景，包括供应链金融、产品溯源、存证和电子发票等。

六、新技术匹配运用

新技术匹配运用是指支持某个智能化场景实现的具体技术，包括前文提到的"大智移云物区"等新技术，如资产管理中的自动盘点场景，就需要用到物联网技术；又如安永基于云端的资产追踪平台，由物联网传感器网络驱动，通过读取二维码、条形码和货架标签实时分析库存数量，并将相关信息直接传输至无缝连接着 8 万多名审计师的全球审计数据平台 EY Canvas。

综上，针对不同财务工作领域划分财务工作任务，针对不同财务工作任务确认财务专业分工、确定智能财务工作目标及设计智能化财务应用场景，针对不同智能化财务应用场景匹配可运用的、以人工智能为代表的"大智移云物区"等新技术，是智能财务建设的内在逻辑。

第六节　智能财务的基本框架

基于上文分析，可以搭建智能财务的基本框架，如图1-1所示。

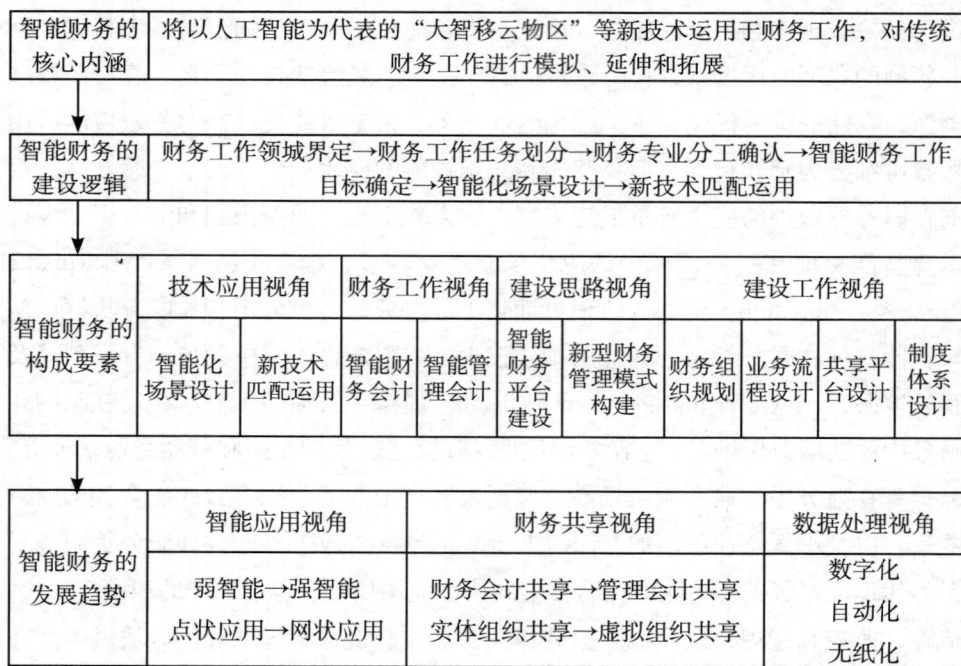

智能财务的核心内涵	将以人工智能为代表的"大智移云物区"等新技术运用于财务工作，对传统财务工作进行模拟、延伸和拓展

智能财务的建设逻辑	财务工作领域界定→财务工作任务划分→财务专业分工确认→智能财务工作目标确定→智能化场景设计→新技术匹配运用

智能财务的构成要素	技术应用视角		财务工作视角		建设思路视角		建设工作视角			
	智能化场景设计	新技术匹配运用	智能财务会计	智能管理会计	智能财务平台建设	新型财务管理模式构建	财务组织规划	业务流程设计	共享平台设计	制度体系设计

智能财务的发展趋势	智能应用视角	财务共享视角	数据处理视角
	弱智能→强智能 点状应用→网状应用	财务会计共享→管理会计共享 实体组织共享→虚拟组织共享	数字化 自动化 无纸化

图1-1　智能财务的基本框架

其中，智能财务的核心内涵，以及技术应用视角和财务工作视角的智能财务构成要素，是认识智能财务的关键所在；智能财务的建设逻辑，以及建设思路视角和建设工作视角的智能财务构成要素，是建设智能财务的关键所在。当然，在认识和建设智能财务的过程中，还应关注与掌握智能财务在智能应用、财务共享和数据处理等方面的发展趋势。

第七节　智能时代促使财务转型的新技术

一、智能化全面驱动财务转型

（一）智能化带来的财务管理模式转型

以大数据、云技术、物联网、区块链、人工智能等为代表的智能化技术的出现，不仅从技术能力上全面提升了对财务工作的支持能力，还从思维模式上对企业财务管理的转型提出了更高的要求。

1. 集团管控向全局视角的转变

在传统的财务管理模式下，集团财务管控长期以来一直是企业所面临的难题和挑战。对企业集团来说，存在着横向、纵向的信息壁垒，存在横纵信息割裂。

从横向来看，集团内的各业务板块及板块下的各专业公司之间存在壁垒。从集团的视角来看，业务板块及专业公司之间的信息以烟囱状的形态存在。不同专业公司之间的信息可比性存在问题，各公司之间的协同财务效果难以进行清晰的评价，专业公司之间财务结果的可比性也会存在问题。

从纵向来看，集团和专业公司、专业公司总部与下级机构之间每一个层次也都存在着信息壁垒，集团难以穿透到专业公司内部看清楚其经营情况，而专业公司总部也不排除和下级机构存在信息不对称和不透明的情况。

造成这种信息割裂状况，一方面是因为管理机制，另一方面是因为在技术层面，采用传统的信息化架构模式，数据在集团层面的高度集中是困难的，多数情况下，数据在不同的管理主体中分散存储，进一步造成了数据透明的困难。

而在技术智能化后，基于大数据、云计算等能力的支持，从技术角度来说，有条件实现数据更广范围的集中化管理，通过建立集中化的数据中心，打破集团内横向和纵向的信息壁垒。在技术条件具备的前提下，推动管理变革，成功的概率也会更大，从而进一步打破由于管理造成的信息壁垒。

当我们实现了数据在集团内横到边、纵到底的通透后，集团财务管控的模式能够发生本质上的改变。在传统模式下不得不进行的块状管控模式能够转变为全局管控的新模式，而对于企业集团财务转型来说，这种模式的转变具有极其重要的意义与价值。

2. 集团流程管理向敏捷化的转变

企业集团财务信息化迈向智能化的进程伴随着流程再造的过程。在从人工管理向财务自动化管理过渡的过程中，已经发生过一次非常重要的流程再造。在管理制度化、制度流程化、流程系统化的过程中，流程与系统被紧密地结合在一起。

费控系统和预算管理系统的出现很好地诠释了这种改变，费控系统使员工填写纸质单据并交由领导进行审批，再转至财务记账付款的模式实现了全面线上化，从而将信息流转依托纸质单据单线程流转的模式转换为实物流和信息流双线程流转的模式。预算管理系统的建立使通过 Excel 进行多级人工汇总的预算编制过程实现了线上化，使整个预算编制流程的效率得以大幅提高。而预算控制也由以往只能在核算完成后的事后控制转变为事前或者是事中控制。

以上结合信息系统从人工向自动化管理转变的过程中所发生的流程再造，更多的是形成了一套新的固化流程，是对财务人员升级后的管理思维的适应。而在智能时代，流程与系统的结合方式还将进一步升级，从固化向敏捷流程跃迁。

在智能化阶段，内置规则类似条件数方式的流程流转决策机制转变为基于人工智能的优化策略的选择。在流程流转过程中，系统能够更为灵活地根据管理模板设定流程流转的路径和复杂度，如针对不同风险程度的单据，对于是否需要更高级别的领导或者是财务人员进行审批、审核，能够灵活动态地做出决策。再如，在管理决策的过程中，智能系统可通过判断决策分析后获得信息的紧急程度，并据此施行不同的后续信息反馈流程。简单地说，流程不再是固化的模式，而是基于目标的敏捷和弹性的管理模式。

敏捷流程的实现意味着管理从人工决策向机器决策更大程度的授权，也是计算机模拟人工进入深度阶段后可以尝试的应用场景。

3. 集团财务运营向自动化、智能化的转变

在智能化过程中，相比管控的全局化及流程的敏捷化来说，集团财务运营向自动化和智能化的转变是相对容易实现的。

所谓集团财务运营，是指在当前财务工作中涉及的工作量大、标准化高的财务作业。在财务领域，这一类业务消耗了大量的人力，但其价值产出相对有限。因此，针对这一领域的财务信息化能力建设始终是重点和热点。

在过去，大量财务信息系统的建设已经在这一领域自动化的实现中发挥了重要作用，如银企直连取代了以往网银方式的资金作业，通过简单的会计引擎，实现了记账从人工向自动化的转变。但是，随着智能技术的不断发展，这一领域仍然有大量的空间能够进一步实现自动化。

财务运营领域的智能化首先需要实现所有财务作业输入信息的数字化，如上文谈及的 OCR 技术、众包模式等都能够帮助解决此问题。而随着电子发票、电子合同的普及，困扰我们的大量纸质凭证将从源头实现数字化。在此数据基础上，计算机能够通过建立大量的规则、模型，将财务人员工作时所使用的大量的思考、分析、判断动作进行系统化，从而达到将复杂财务运营业务自动化、智能化的目的。

在具体的应用中，财务共享服务中心是财务运营智能化的主要组织，但在企业的各级机构中，同样存在着大量的财务运营自动化和智能化的机会。

（二）智能化带来的组织革新

财务的智能化不仅带来了财务管理模式的改变，还带动着财务的组织形态的改变。

1.财务组织的智能化外延扩展

在财务转型的上一个阶段中，很多企业构建了包括战略财务、专业财务、业务财务和共享服务四分类的组织架构模式。这一转变很好地支撑了企业集团从传统财务模式向现代财务模式的转变。但是，这一组织形态在智能化的进化中还在进一步地演进。

最为典型的架构演进模式是在四分架构的基础上进一步衍生出具有外延扩展特性的创新组织，这些组织的出现为财务向智能化转型提供了重要助力。

首先，数据中心的出现。如我们在上文中所谈到的，内容智能化技术之一的大数据，无论是对数据的管理还是应用，都极其重要。在传统的财务组织中，数据的处理都是分散在不同的财务职能中的。在这种模式下，数据的集中度不足，也难以满足大数据的要求。而财务数据中心的建立，能够从组织上保障数据的集中化管理。通过这样一个团队，实现数据探源、抽取、存储、维护等全过程的管理，为后续进一步基于数据展开大数据分析、人工智能应用带来重要的帮助。这样的组织应该是跨越财务、业务，以及信息技术的能力边界之上的，团队人员需要具有一定的复合技术能力。

其次，需要有管理会计等专业化数据应用团队的出现。数据中心实现的是对数据基础的管理，在此基础上，数据的应用至关重要。因此，在企业的组织进化中，也需要专注于数据应用的专业化团队，如最为典型的管理会计团队，会在基础数据的基础上进一步研究数据的分摊方法，分析多维度的成本盈利情况，构建基于管理会计的考核体系等。此外，经营分析团队也属于数据应用的专业化组织。通过这些职能的构建，数据及智能技术与财务管理的实际应用场景进行结合，将带来更好的智能化价值。

最后，财务智能化团队的建立。财务的智能化技术和传统的财务信息化已经有所不同。对企业来说，需要将传统的财务信息化队伍向智能化进一步进行升级。当然，如果企业还没有建立信息化队伍，那么构建的必要性就更加突出了。在财务智能化团队的职能中有两个方面比较重要：一方面是围绕应用需求进行场景构建的能力，财务智能化团队要能够进行业务需求分析，能够帮助财务部门各业务团队去发现和挖掘智能化的应用需求，并思考如何通过信息技术满足这些需求。另一方面是技术能力，能够将业务需求转化为技术需求，并能够与科技部门展开有效沟通，推动科技部门对业务需求的落地实现。

智能化背景下的财务组织较之传统模式，将更多地以数据和场景为核心，进行智能化的外延拓展。

2. 财务组织从刚性向柔性转变

在财务组织的智能化外延扩展的同时，另一个财务组织的变化出现了——财务组织由刚性向柔性的转变。

对于刚性管理来说，最具有代表性的当数泰勒的科学管理理论，这套理论不少大学的管理学课程都有过介绍。泰勒的科学管理思想包括作业管理、组织管理和管理哲学三个核心内容。其中，作业管理强调的是如何通过科学的工作方法、培训方法和激励方法来提高劳动生产率。当然，传统管理的刚性并不仅仅体现在科学管理理论上，在现实的管理工作中到处都有刚性管理的影子，如组织中森严的管理层级、制度中可能存在的简单粗暴、流程中缺少变通的执行方式，信息系统中难以改变的架构等。

安应民在《企业柔性管理：获取竞争优势的工具》中说："从本质上来说，柔性管理是一种对'稳定和变化'同时进行管理的新战略，它以思维方式从线性到非线性的转变为前提，强调管理跳跃和变化、速度和反应、灵敏与弹性，它注重平等和尊重、创造和直觉、主动和企业精神、远见和价值控制，它依据信息共享、虚拟整合、竞争性合作、差异性互补等实现知识由隐到显的转换，为企业创造与获取竞争优势。"

智能时代的到来，释放出要求财务进行自我改变的强烈信号，同时也给我们创造了一个改变的机会。人工智能将越来越多地帮助我们完成原本需要"刚性"生产完成的工作，如账务审核、会计核算、资金结算等，而财务人员精力的释放将帮助我们有机会去重新构建创造能力和柔性管理的能力。

在智能化大背景下，财务组织的柔性主要体现在以下两个方面。

（1）组织架构的柔性。在传统的财务组织中，层级式架构最为常见，这也具有极强的刚性。而这种架构模式并不利于创造性的发挥，反而在很多时候会成为财务组织创新和能力提升的束缚。而柔性的财务组织则可以更多地考虑到减少组织层次，建立扁平化的财务组织。此外，可以更多地使用团队的架构方式。基于阶段性的创新目标灵活地组建团队，能够更好地适应智能化的组织需求。

（2）财务文化的柔性。在传统财务组织中，文化方面更多体现的是严谨。这与需要充分发挥技术想象力和进行场景创新的智能化的诉求是不相匹配的。因此，财务组织中文化的改变也是必要的。在组织文化的构建中，应当更多地鼓励协作型文化的同时，还要构建鼓励创新的文化氛围，以促进财务组织从刚性向柔性的转变。此外，适度引入市场文化，让财务工作能够适度地以市场化的方式参与公司经营，对柔性文化的建立也是很有帮助的。

（三）智能化带来的团队和人员能力升级

财务转型迈入智能化阶段后，不仅对运营模式、组织带来影响，对财务团队和人员的能力升级也带来了极大的挑战和要求，这种能力升级主要体现在财务人员创新能力升级和财务人员知识结构升级两个方面。

1.财务人员创新能力升级

智能化时代对财务人员的创新要求和传统财务时代有了显著不同，创新的压力来自多个方面。

首先，智能化将在当前及未来相当长的时间内，对整个社会经济带来重大改变。在这个过程中，传统的商业经济模式会快速发生变化，每个企业集团的主业都会受到这一浪潮的影响，并发生深远、快速的变革。财务作为每个企业必备的管理部门，其重要的使命之一就是帮助企业管理层实现战略的落地，并能够为企业的经营发展提供有效的决策支持。在企业主业发生快速变化时，财务的创新能力的提升如果没有办法跟上企业发展的节奏，可能会对企业的经营发展带来不利的影响，或者说难以起到应有的支持作用。

其次，财务管理的方方面面都在因为智能化的出现而发生各种改变。财务人员自身如果在这一过程中没有认识到，或者应对得不及时，将直接导致所在企业的财务管理水平落后于市场，无论是财务的运营效率、决策支持水平，还是资源配置能力等各个专业领域，都会受到一定的影响，甚至出现"瓶颈"。因此，在财务的专业领域积极地提升创新能力至关重要。

那么，一个被广泛认为需要严谨地开展工作的群体，如何提升创新能力呢？可以从以下四个方面着手提升财务创新能力。

首先，在实现财务创新本身就困难的情况下，应该将创新的方向聚焦起来，并保持与公司发展战略的一致性。财务创新并不是孤立的，当财务创新的目标与公司发展战略的目标高度一致时，财务创新能够获得最大化的资源保障。与此同时，管理层也容易认同和理解财务的创新工作，避免不必要的沟通和解释。

其次，要在财务中打造鼓励创新的文化环境。创新本身并不是一件简单的事情，还应该建立必要的机制，对于积极做出管理创新的财务人员给予鼓励或奖励。通过对创新的正向激励，让一线的财务人员有意愿参与这一过程，而不是将创新作为机械的任务来看待。

再次，要建立适合创新的组织环境。在层级森严的组织中是很难孕育出创新精神的。因此，在鼓励创新的同时，要适度打破组织边界，让跨团队的交流成为可能。项目制是打破组织边界很好的工具，不妨考虑将财务项目作为创新的摇篮。

最后，创新本身就是一种尝试，对于财务人员的创新试错要有一定的包容性。对财务人员给予极大的包容性，甚至在很多时候鼓励财务人员去试错，以取得创新成功。因此，好的创新生态应当具有技术试验环境，让大家能在不断的尝试中找到正确答案。这一点对财务人员尤为重要，因为财务人员对创新的态度本就高度谨慎，一旦受到打击，将严重影响其积极性。

结合以上四点着手进行财务团队创新能力的升级，将为财务转型迈入智能化阶段奠定良好的基础。

2.财务人员知识结构升级

在智能化阶段，财务人员的知识结构也面临极大的升级压力。在传统财务组织中，财务人员更多的是走专业路线，也就是说，在某一个专业领域，如核算、资金、税务等方面从最基础的工作做起，不断去丰富自己的知识结构，通过多年努力成为某一领域的专家。这样一条发展路径在传统财务发展阶段是无可厚非的，也是大多数财务人员的成长历程。

但必须认识到，随着智能化阶段的到来，很多新进入财务工作领域的人员已经不再有机会去经历这样一条发展路径。一方面由于技术的发展，基于网络的专业协同和专业分工变得越发主流起来，这使得从一开始就迈入特定基础工作领域的财务人员很有可能在后续的多年中始终没有机会接触到更大范围的知识领域。另一方面由于技术的进步，越来越多的基础工作会被计算机替代，这使得新入行的财务人员根本没有机会接触到最基础的财务业务。

在这种情况下，团队中财务人员想要在智能化阶段发挥其价值，就必须慢慢脱离传统的职业发展方式，从一开始就树立全局观和系统观，尽早构建完整的财务知识结构的框架体系，知道财务各职能中的模块构成，以及各模块的相互作用关系。

在这一框架体系的支撑下，企业应当鼓励财务团队成员构建自己更为宽阔的专业知识体系。通过系统化和全局化思维，财务团队人员先构建一个知识面，再逐渐加深知识面的厚度，同时选择少数专业领域重点钻研。这种团队人员的发展模式能够让财务人员在智能化阶段更好地适应多变的技术环节，并能够为及时调整自身的发展方向打下基础，从而具有更大的职业弹性。

综上所述，智能化阶段的到来将全面驱动财务从模式、组织、文化、人员多个方面进行转型。成功转型的财务组织也必将为企业经营迈入智能化阶段提供巨大的助力，这也是财务人员应有的贡献和价值。

二、智能时代的财务管理实践升级

智能化带来的不仅是观念的转变。在财务管理的实践中，我们能够看到越来越多的智能化应用场景，这些场景的落地也让财务管理能力不断升级。财务的整体框架包括战略财务、专业财务、业务财务、共享服务四个方面，下面将分别从这几个方面展开智能化影响的探讨。

（一）智能化与战略财务

战略财务包括战略与业务支持、财会控制机制、价值管理、经营分析与绩效管理、全面预算管理等方面。

智能时代的到来对企业的经营将产生重大影响，各行各业在这个过程中都或多或少地会被改变。企业会成为智能服务的提供商，或者成为智能技术研发的参与者，也可能在当前的业务模式中引入智能化工具，创新商业模式、提升竞争力。无论如何，智能化都会对企业未来的经营产生重要的影响。部分公司会在战略层面进行调整，也有一些公司会进行战术层面的适配。

战略财务要能够敏锐地跟上企业的战略和经营变化的步伐，主动对公司的战略或战术改变提供支持，而非被动响应。

在战略财务领域，智能化技术的影响主要集中在经营分析和全面预算管理两个方面。

1. 智能化对经营分析的影响

什么是经营分析体系？经营分析并不是简单地做一些分析报表。对企业来说，要让经营分析能够体系化且发挥管理价值，需要将经营分析构建在一套相对稳固的机制之上。

对于经营分析来说，其核心是由数据、指标和报表三个层次构成的。

（1）数据层：提供经营分析的数据基础。

（2）指标层：名称、维度、维值，全面梳理分析方向。

（3）报表层：基于指标进行展示，形成决策支持能力。

数据比较容易理解，有了丰富的数据积累，我们才有可能展开分析。无论是传统阶段的财务，还是智能化阶段的财务，数据都极其重要。而在智能化阶段，数据的范围更是从结构化数据扩展到了非结构化数据，大数据概念的引入也让经营分析有了更多的可能。在经营分析体系中，要构建一个好的数据基地需要企业对数据仓库、数据集市有一个清晰的规划和设计，对数据的定义、标准、来源和采集有清晰的业务逻辑。当然，数据仓库和数据集市都是数据的载体，要想避免数据垃圾的产生，系统本身的数据质量要有所保障。而对这种数据质量的保障来自前端业务流程和信息系统的有效搭建和管理。

指标是一种衡量目标的单位或方法。当我们进行经营分析时，会围绕企业经营的目标来设定一些衡量标准，这些衡量标准能够评价经营结果是否达到了设定的目标，从而帮助我们能够进一步提升企业的经营管理水平，这些衡量标准就是经营指标。指标的管理在经营分析体系中尤为重要，好的管理体系要构建企业的指标树，并定义好每个指标的名称、维度和维度值。一套清晰有序的指标体系能够帮助企业集团更透彻地看清楚自身的经营情况和管理水平。

经营分析结果的展示，也就是报表，实际上就是将各种指标的不同层级维度交叉组合起来进行应用的产物。因此，在搭建报表体系时，我们要先明晰经营管理者到底需要看到什么，在明确需求后，选取能够说明问题的指标，并在匹配和管理对象相关的维度信息后进行组合展示。此外，在报表的指标组合中，我们还经常需要用到使用说明来解释指标。

在理解了经营分析体系后，我们再来看智能化对经营分析的影响。

智能化技术将对经营分析的视角和工具方法带来影响。从分析视角来说，传统经营分析所受到的数据局限性将被打破。在大数据的基础上，能够从因果分析向相关性分析增强。由于数据的边界从企业内部延展到社会化数据，对于KPI（Key Performance Indicator，关键绩效指标）、经营分析报告、市场对标等职能都可能获得更加可靠的数据基础，从而对经营分析结果的可用性带来更大的帮助。

而在工具方法方面，大数据和云计算的结合应用将使经营分析变得更加灵活。二者的结合能够为经营分析提供更加强大的数据采集、数据捕获和数据处理服务，使经营分析的范围得到大大的拓宽。同时，大数据的非结构化数据的处理能力也能够帮助企业在进行经营分析时能够更好地处理市场上与企业相关的热点信息，将新闻、微信、微博等社会化媒体的信息纳入经营分析的视野。

此外，人工智能技术的发展也将使经营分析的方法从经验分析向算法分析演变，使更为复杂的分析能够得以实现。同时，基于机器学习、算法的自我优化，能够使经营分析的能力实现持续提升。

2. 智能化对全面预算的影响

预算实际上是一种对企业资源的配置方式，当股东设定了经营目标后，业务单位要达成这些经营目标就需要匹配相应的资源。从契约的角度来看，如果把预算作为一种契约，那么一方是企业的股东，另一方则是企业的经营者。资源本质上属于股东，业务单位作为经营者向股东承诺好经营目标，而股东向经营单位承诺支持其实现经营目标所需要的资源。当然，在经营目标达成后，会有相应的绩效激励，这又是另一个层次的契约关系。

因此，在企业进行预算管理的过程中，预算编制的核心是提出股东和经营单位都能够接受的资源配置方案，也就是在经营目标承诺和资源承诺上找到平衡点。

在企业预算管理的过程中，也就是资源配置的过程中会遇到一些难点，包括契约双方如何建立信任，使用怎样的标准来进行资源配置，如何提升资源配置效率，如何进行资源配置效果检验等问题。这些问题在传统财务管理阶段并不容易解决，而往往会通过变通和妥协的方式来解决。但在智能化时代到来后，这一情况将有所改观。

其一，在制订经营计划和预算编制的过程中，智能化技术能够发挥重要作用。由于经营计划和预算编制是资源配置的过程，资源配置的方向、权重是否合理是预算编制结果能否发挥价值的重要评价标准。大数据分析能够帮助验证业务部门在资源投向上所讲故事的真实性，能够展开更为清晰的资源投向和业绩达成的相关性分析，从而使财务有能力对资源配置投向进行科学评价。

其二，在预算预测的过程中，能够基于大数据、机器学习等方法构建更为复杂和完善的预测模型，能够展开大量复杂场景下的敏感性分析，从而提升预算预测的可靠性和对未来复杂不确定性的预判能力。而现在，让人更加期待的模拟技术正在逐渐出现，引入人工智能的虚拟商业生态系统能够让未来的预测建立在与真实社会相仿的现实模拟环境中，如在拟真的环境中投放广告、设置不同的预算投入、模拟用户的真实反映、评价预算的投入效果等都可以在未来成为现实。

（二）智能化与专业财务

专业财务可以说是财务框架各个模块中最为成熟的部分，是企业财务管理的基础。也就是说，没有战略财务、业务财务和共享业务都是可以的，但如果没有专业财务就会导致整个财务体系无法运转。当然，成熟的背后也意味着更大的提升空间。

专业财务领域包括会计报告管理、税务管理、资金管理、合规管理、管理会计、成本管理及财务风险管理等领域。智能化阶段对财税管理、管理会计、风险管理有着较大的影响。

1. 智能化对财务报告与税务管理的影响

会计与报告在传统的会计电算化、财务信息化过程中一直是重要的建设领域，财务的各项信息化工作在早期也都是在这个领域开展的。智能时代的到来对会计与报告管理领域信息化的提升带来了契机。

在报告领域，基于机器学习技术，可以实现智能报告。将会计报告交给人工智能来处理并非不可能，现在的人工智能写出的市场研究报告已经让人难以区分背后到底是资深研究员还是机器。基于相对结构化的报告范式，再加入人工智能基于市场反应的学习，智能报告或许对股价的提升会越来越有帮助。

此外，在税务管理中，还存在非常多可以借助信息技术实现自动化的领域，如对发票真伪的查验、发票认证、纳税申报等都可以引进智能化技术，进一步解放人力。

2. 智能化对管理会计的影响

管理会计的应用十分依赖信息系统的建设。通常情况下，管理会计需要处理大量数据，如果缺少信息系统的支持，就很难实现日常的机制化运转。但在传统模式下，管理会计在支持系统的运算性能方面存在"瓶颈"，在性能难以支持的情况下，需要通过简化业务逻辑的方式来满足性能的要求。

管理会计技术支持的三个阶段。实际上，从多维数据库的出现开始，管理会计的性能已经得到了很大的改善。传统模式下的关系数据库对于大数据量的数据的处理非常费时且性能较差，开发周期长、成本高。而多维数据库结构简单、容易理解，开发相对容易一点，却导致出现了很多冗余，多维数据库属于使用空间换取时间的解决方式。

随着智能化时代的到来，管理会计将更多地从技术性能方面获益。针对管理会计最大的痛点——运算性能不足，在物理架构、硬件等方面的技术进步能够使这些问题有所缓解。基于云计算架构来搭建的多维数据库，或直接使用内存数据库来进行相关的管理会计数据处理，都有优化数据性能的机会。

另外，大数据技术架构的发展也为使用大数据平台来解决多维数据处理问题提供了新的技术思路。在实践中，已经有部分企业尝试着将新的管理会计的数据处理搭载在大数据平台中，基于大数据平台的技术优势，突破计算性能的"瓶颈"，使管理会计系统能够处理更多的数据维度和更为复杂的逻辑。

3. 智能化对风险管理的影响

在专业财务中的风险管理领域，智能化同时也在发挥作用。

智能技术能够从事前、事中、事后三个层次，防范财务操作风险。

从事前防范角度来看，在传统模式下，我们所构建的风险监控体系是基于经验和分析的，但这种构建方式可能在认知完整性上存在一定的缺陷。机器学习方法能够基于财务业务流程中大量的交易及风险事件，发现新的风险规则，从而补充和完善现有的风险指标体系，加强对事前风险的防范能力。

从事中控制角度来看，基于经验规则的系统化能够实现初级人工智能的应用。通过大量的规则，我们能够发现财务交易中的潜在风险事件，并能够对一些风险事件进行直接拦截。此外，基于数据积累，我们能够对每一笔单据进行风险分级，针对不同的风险等级去配置不同的控制流程，从而提升风险管控能力。同样，机器学习技术能够基于经验的规则积累，持续进行训练优化，持续提升风险控制能力。而基于企业内外大数据的积累和挖掘，能够建立更为丰富的单据风险分级规则模型，使单据的风险分级更加准确。

从事后分析角度来看，能够建立起不同类型的分析模型以发现风险线索，如基于决策树的模型、社交网络的模型、聚类分析的模型等。这些模型的构建能够帮助我们在事后进一步去进行操作风险审计和问题的发现，通过跨交易单据的分析，发现更为广泛的风险线索，并基于风险线索进一步发现和解决问题。同样，大数据和机器学习有助于我们持续完善各种分析模型的规则，从而提升风险线索发现的精准度。

智能化技术在风险领域的应用是相对容易起步的，也适合企业作为迈入智能化阶段的前期选择之一。

（三）智能化与业务财务

业务财务本质上是战略财务与专业财务在业务机构端的延伸内容，也是财务共享服务在业务前端的支持与保障。因此，从业务职能的范围来看，智能化对其的影响与对战略财务、业务财务及共享服务的影响是类似的。我们可以从业财融合的视角来关注智能化与业务财务的关系。

在智能化与业财融合方面，有两个技术对业财融合有比较重要的影响，分别为会计引擎与区块链。

1. 会计引擎与业财融合

为什么说会计引擎与业财融合的关系极其紧密呢？其根本原因是业财融合最大的挑战在于业务信息向财务信息转换过程中的数据需要保持一致。

业务和财务都是按照各自的语言体系来进行经济事项的记录和反映的。业务系统中记录的是每一笔交易的明细，在进行记录的时候只是从业务管理视角出发来记录交易中的各种业务细节。但很多时候，这种从管理角度出发的信息记录往往存在大量个性化和不规范的表达，而难以最终汇集成企业经营的完整信息。

而对于财务记录来说，它是通过准则的约束和规范，将各种差异化的业务信息的表达最终转换为统一的会计语言，并反映出企业的实际经营状况。但由于会计语言的规范性要求，很多信息在以会计语言记录的时候进行了舍弃。

正是由于业务和财务两种语言体系的差异，信息从业务向财务转换的过程出现了一些困难和挑战。一方面，转换过程存在同样的信息，其表达方式却不一致的问题，需要进行语言的对等翻译；另一方面，转换过程中存在数据出现偏差导致数据不一致的情况，需要进行业财核对。

如何解决以上问题呢？在业务系统与财务系统之间构建具有高度灵活性的会计引擎能够起到一定作用。

会计引擎是通过系统设计一个翻译器，针对不同的业务系统和财务系统之间的数据关系，在会计引擎中进行信息转换的初始配置。随后，在业务发生的过程中，每笔交易都能够最终通过会计引擎翻译为会计分录，完成从业务信息到会计信息的转换。

会计引擎本身并不是智能化的产物，目前市场上的大多数会计引擎被集成在不同行业的业务系统中，以解决行业的特性问题。但随着技术的发展，会计引擎逐渐被抽象为独立的产品，并有可能引入智能技术来进行产品升级。

智能化阶段的会计引擎会在独立产品化的基础上建立跨行业的统一会计引擎模式。会计引擎可以引入机器学习技术，通过学习基于规则转换的历史数据积累，逐渐形成新的转换规则体系。有了这样的技术基础，会计引擎便能够随着数据积累的不断扩充，在学习过程中持续提升业务到财务的语言转换能力，最终实现新业务接入免配置。这就如同我们通过海量案例培养了业务专家，而这些业务专家能够自主解决复杂的业财信息转换问题。

2. 区块链与业财融合

如果说会计引擎解决了业务信息向财务信息翻译的问题，那么区块链技术的出现则在推动业财一致性方面带来了新的思路。

需要明确的是，区块链是一种分布式账簿。传统的财务记账的模式只有一个集中的账簿，所有的账务信息都进行集中记载。业务系统中的交易记录可以理解为一本业务账，财务系统中的会计凭证则是财务账。二者是转换关系，所以在一致性上就容易出现问题。

而对于区块链来说，它能够在业务与财务之间构建一个平行账簿。任何一笔业务发生的时候，都同时在双方的账簿中记录一笔交易。而由于业务方在企业集团内部会有多个组织或法人的形态存在，也会在关联方或者内部往来方之间形成多个平行账簿。

基于区块链技术在企业底层搭建了这样一套平行账簿体系后，由于任何一笔交易都是在多账簿中同时记账的，这就解决了数据一致性问题。在实现了数据一致性后，业务系统与财务系统之间就不需要再进行数据一致性核对，内部往来和关联交易的核对问题也能够使用类似的方式来解决。

（四）财务机器人、智能化与共享服务的补充

前面我们深度探讨过财务共享服务与智能化的关系，可以看到智能化阶段的到来能够极大地提高财务共享服务的效率，OCR、规则引擎、众包、人工智能等技术的综合使用，能够带来财务共享服务从传统模式向智能共享的跃迁。

在这里，我们对财务共享服务领域下比较流行的财务机器人的概念进行说明。实际上，财务机器人从严格意义上来说并不能称为智能化，而是更类似于脚本自动化的概念。机器流程自动化（RPA）与智能化业务流程自动化（IPA）应用的最大区别在于，RPA 应用的实现基础依然是传统的流程规则的明确，而IPA 应用的实现基础将会是机器的自我学习、自我认知能力。在智能化阶段，如果要迈入彻底的无人共享模式，需要将多种技术进行组合使用，而财务机器人就是其中的重要一环。

那么，什么是 RPA 呢？这项技术实际上是通过模拟人工作业的方式，将一些无法通过系统集成的系统手工操作进行自动化的处理。以最常见的应付流程为例：维护供应商数据—提交采购请求/采购订单—收货确认—收到供应商发票—三单匹配—调整差异—建立付款日期—准备付款—批准付款—付款执行—

记账……在这个流程场景中，绝大多数业务环节都可以采用 RPA 来协助完成，如 RPA 可以协助企业进行供应商信息更新、创建采购申请、查询物流信息、更新采购计划、收货确认提醒、三单匹配核对、核对价格、检查付款差异、信用检查、银行对账等，这些环节的自动化应用会在很大程度上提高应付流程的执行效率和质量。

RPA 更类似于 Office 系统中的宏工具，只是功能上比宏工具强大了很多。RAP 的优势有如下几个方面。

首先，RPA 并不是孤立的应用程序，而是具有服务端和能实现统一调度管理的工具。在这一功能的支撑下，RPA 能够实现对多流程自动化任务的统一管理，也就是说，能够更清晰地监控这些自动化任务发生的过程和执行结果。

其次，RPA 技术最大的优势在于能够实现跨系统平台的作业。这与宏工具不同，如果自动化任务只能在如 Office 这样的封闭系统中运行，那么要实现全流程的自动化就非常困难了。RAP 能够跨越系统平台进行作业，这与人工作业的情况极为相似。甚至对于使用虚拟系统的机器，RPA 也能够支持本机和虚拟机之间的自动化交互作业，进一步扩大了应用场景。

再次，RPA 技术的学习成本非常低。这并不是一个需要程序员技能的工具，对于具有一定计算机基础的财务人员来说，经过培训也是可以掌握此工具的使用方法的。这使 RPA 能够更好地下沉至财务共享服务中心一线，在财务共享服务中心内部实现更为及时、动态的流程优化。

最后，RPA 中也能够进行一些简单的规则处理，这从某种意义上与规则引擎发挥的作用是相似的，能够使流程中一些需要简单判断就能进行的处理无须使用更为专业的规则引擎，使用 RPA 就能够直接实现。

当认识了 RPA 的这些特点后，我们再来关注一些财务机器人在实施过程中需要关注的要点。

首先，财务机器人的实施并不仅仅是技术问题，其核心在于对流程的分析和梳理，并基于流程分析的发现设计实施方案。这个过程更偏重于对流程的理解，因此，财务机器人的项目不能脱离业务开展，还必须依赖一线业务人员的深度参与，方能够发挥其价值和效果。

其次，要意识到 RPA 并不是万能的，更好的解决方案是实现系统的深度集成。但由于 IT 开发进度的问题，或者系统之间本身难以集成，很多情况下还是需要使用 RPA 作为对系统集成以外大量零散手工问题的补充解决方案。很多时候，这些零散的手工环节系统集成的代价非常高，使用 RPA 有时候能够起到意想不到的作用。

智能化对财务共享的影响是深远的，而这一进程也将持续进行，并集成更多新的技术形成合力。

（五）智能化助力财务管理实践再升级

财务转型已经正式迈入了智能化的阶段，这已经不再是假想中的趋势，而是已经发生了的事实。对于企业集团的财务转型之路来说，在实现从核算向共享，出纳向司库转型的过程中，必须重视并且抓住技术升级转型这一重大趋势，以智能化技术为基础，全面升级企业的财务信息化能力，为业务转型奠定好扎实的基础。

在漫长的转型道路中，我们经历了管理模式的升级、信息技术的进步。财务管理实践在这一过程中从未止步。对企业财务来说，在这个过程中，无论是组织、团队还是财务人员，都在积极进行自我提升，以适应甚至引导这一变革。

智能化的到来并不可怕，从某种意义上来讲，这是时代赋予我们的新的机遇。财务人员在这一浪潮到来的过程中，如果能够积极面对自身能力全面升级的需求，就必然能够在此过程中掌握主动权，将智能化技术与财务管理的场景进行深度融合，从而在管理实践中创造出更大的价值。

第八节 智能时代财务管理新逻辑

智能时代的到来改变了财务组织、财务人的认知及财务信息技术，但更重要的是改变了财务逻辑，来自逻辑层次的改变才是最终触达灵魂的改变。当我们面对智能时代，苦苦寻觅该做些什么的时候，不妨一起来思考智能时代财务管理的新逻辑。

一、财务组织与认知的新逻辑

财务组织与认知是财务主体的躯干与心智，当智能时代来临时，首先要强身明智，认识到财务组织与认知在智能时代的改变是财务智能变革的基础。让我们从管控、组织、知识、观念四个关键词来看财务组织与认知的新逻辑。

（一）管控：局部与全面

现代财务管控受到组织壁垒的严重制约，从集团到业务板块，到专业公司，再到机构，每一个层次之间都存在着无形的数据壁垒。今天，当无法将人力直接渗透至最末端的时候，数据是我们实施集团管控的关键，而数据壁垒的存在则让管控的力量层层衰减。智能时代的数据将实现高度的集中和透明，使数据无边界将成为可能。当数据壁垒被打破时，财务管控势必将从局部走向全面。这是智能时代管控的新逻辑。

（二）组织：刚与柔

现代财务组织建立在刚性管理的基础上，泰罗的科学管理理论将人看作"经济人"和"会说话的机器"，强调组织权威和专业分工。刚性组织的管理依靠组织制度和职责权力，管理者的作用在于命令、监督和控制。而智能时代需要的是更多的能动与创新，"会说话的机器"将被人工智能这个"真的机器"替代。智能时代更需要柔性组织，柔性管理擅长挖掘员工的创造性和主观能动性，依靠共同的价值观和组织文化调动员工的高层次主导动机，实现智能时代管理所需要的跳跃与变化、速度与反应、灵敏与弹性。这是智能时代组织的新逻辑。

（三）知识：纵与横

现代财务管理对财务人员的要求首先是要有专业的纵深能力。财务管理本身就涉及会计、税务、预算、成本等多个垂直领域，很多财务人员常年围绕一个纵深领域工作，也因此形成了自身在某一领域很强的专业能力。但在智能时代，财务管理的视野将被极大地拓展开来，人工智能能够辅助增加财务人员的知识深度，而更多需要的是具有横向宽度，能够进行跨专业领域协同创新的新知识体系。在智能时代，适度的专业宽度和专业深度所形成的 T 字形知识结构将更具有价值。这是智能时代知识的新逻辑。

（四）观念：被动与迎接

如今财务人员的观念多数在潜意识中还是偏重被动的，在现今社会，财务人员被认为且自己也认为需要用严谨的态度去处理和解决问题。管理层和业务部门也常常会认为财务是后台角色，做好自己的事情，有问题能解决就可以了。这些都是典型的被动观念和思维。在这种认知和定位下，财务人员能够掌握的资源就会变得极其有限，难以起到很好的管理推动作用。在智能时代，将更多地强调财务基于大数据和智能分析的主动发现和管理能力。对财务来说，要实现这样的观念转变，就需要逐渐转向强势财务，从被动响应变化转变为主动迎接挑战。这是智能时代观念的新逻辑。

二、财务管理技术的新逻辑

管理技术是财务主体的脉络。好的管理技术能够让财务主体运转得更具活力。财务管理技术的逻辑转变将让财务能够触及更为广阔的管理技术领域，同时获得更加先进和更有价值的管理技术工具。让我们从数据、计算、记录、流程、互联五个关键词来看财务管理技术的新逻辑。

（一）数据：小与大

传统的财务数据处理和数据分析都是建立在结构化数据基础上的，也可称之为"小数据"。这也是我们最擅长的领域。传统财务分析领域的技术工具也多是基于"小数据"开展的。对财务来说，即使在智能时代，"小数据"也仍然是不可舍弃的核心，毕竟太多的财务管理理论都是构建在结构化数据基础上的。但对我们来说，在手握"小数据"工具的同时，还要高度重视大数据。基于大数据的技术工具，让海量非结构化数据的处理成为可能，这能够帮助我们跳出传统思维的局限，探索出一片广阔的新天地。这是智能时代数据的新逻辑。

（二）计算：本地与云端

传统的信息系统或者说计算多是构建在本地部署基础上的，从用户的角度来看，本地部署模式能够更加灵活地适配我们的管理需求，更好地支持按需建设。但随着本地部署量越来越大，其带来的负面影响是持续高昂的运维成本的投入，以及企业大量资产的占用。这些在传统时代由于算力有限，并非不可容忍之痛，而在智能时代，大数据和机器学习对算力的要求都是海量的，传统的本地部署模式势必受限，而云计算将成为首选。无论是公有云、私有云还是混合云，走向云端成为必然。这是智能时代计算的新逻辑。

（三）记录：集中与分布

传统财务信息的记录采用的是集中记录的方式，或者说"有中心"的记录方式。这种方式的好处是数据存储量小，不会产生大量的资源消耗，但数据的安全性及一致性并不是很高。因此，很多公司常见的财务问题是业财不一致，或者可以解释成不同系统之间的同源数据不一致。而在智能时代，随着区块链技术的出现，记账方式也发生了革命性的改变，从原来的集中记账转变成分布式记账，将财务信息进行去中心化的多账本同步记录。虽然这种财务信息记录模式会造成大量的数据冗余，但网络和存储的快速发展则克服了这一不足，信息记录从集中到分布将有越来越多的应用场景。这是智能时代记录的新逻辑。

（四）流程：稳健与敏捷

为保持传统财务端到端流程的可靠性，大家更多的是进行流程固化。在业务流程相对稳健的模式下，流程的可靠性和维护的便利性得到一定的增强，但丧失了较多的流程灵活性，以及对客户需求响应的可能性，从而造成客户满意度的下降。在智能时代，更为高效的流程引擎能够支持维度更加丰富的流程控制，并且能够基于动态数据分析及时调整流程控制参数。同时，流程中智能自动处理的环节在增加，流程变动并不会给运营造成过多压力。在这种情况下，适度地将流程从稳健向敏捷转变成为可能，也将会赢得财务客户的青睐。这是智能时代流程的新逻辑。

（五）互联：数联与物联

传统的财务关注数字之间的联系，无论是流程处理还是经营管理，都更多地关注数字流转状况。数联时代帮助我们将一系列的经营管理过程及流程转换为数字形态，从而可以展开量化管理。而在智能时代，我们可以在数联的基础上引入物联。随着物联网应用的逐渐展开，在企业经营中关键实物、运输、人、财务凭证等的流动都可以打上物联标签，将物流信息进一步转换为数字信息，让我们可以通过数字进行进一步分析，引入在没有物联时难以关注到的管理视角，如更为复杂的物流运输的成本管理等。物联并不是排斥数联，这里强调的是将物联转换为数联，在数联里加上物联的信息。这是智能时代互联的新逻辑。

三、财务管理实践的新逻辑

管理实践是财务主体的手足，手足敏捷能够帮助财务主体变得更加刚劲有力。财务管理实践的逻辑转变能够让我们在实践工作中引入不同的视角，通过另一种模式对现有的实践去进行转换和升级。让我们从绩效、预算、管会、控本、业财、共享、财资七个关键词来看财务管理实践的新逻辑。

（一）绩效：因果与相关

在传统的财务管理中，绩效管理通常会预先设定因果，通过设定 KPI，并设定目标值来监控业务部门的执行情况。当 KPI 结果发生偏离时，势必找到其原因，再进一步寻求解决措施。这是典型的因果分析法，也是当下主流的绩效管理思维。但在智能时代，大数据并不强调因果关系，而更关注存在的相关性，这为经营分析打开了另一扇窗。基于大数据分析，我们从数据角度去找到影响 KPI 偏离的因素，并获得其影响方向，直接对这些因素进行干预管理，不解释为什么，不用必须向业务部门说明其中的逻辑。这是智能时代绩效的新逻辑。

（二）预算：经验与数配

传统的预算编制或资源配置往往基于经验，即使采用复杂的作业预算概念，其中的业务动因也大多是基于经验而形成的。因此，传统预算是一种经验预算的说法是不为过的。这种经验预算对预算编制人员的经验要求很高，并且其结果很不稳定，往往在预算沟通过程中会有很大的弹性和空间。同时，沟通双方都很难找到合适的逻辑来说服对方。而在智能时代，依靠大数据的可预测性，通过分析数据，从结果出发，能够找到影响经营结果的热点因素。通过确定这些热点的资源投入，实现精准预算或精准资源配置，我们称之为数配。这是智能时代预算的新逻辑。

（三）管会：多维与全维

传统管理会计的核心部分就是维度，而维度往往又是很多管理会计人员的痛苦回忆。在当前模式下，管理会计要实现多维度盈利分析的目标，关系型数据库的性能早已无法支持下去，多维数据库成为当下管理会计系统数据载体的主流。即使这样，在管理设计中，大家也仍然极其谨慎，减少一切不必要的维度，以提高运行效率。而在智能时代，无论是算力还是数据处理模式都将可能有更大的提升空间。虽然在当下还没有看到技术突破至理想的状况，但相信在不远的将来，维度的组合计算将不再是业务设计的约束，全维管理会计将成为可能。这是智能时代管会的新逻辑。

（四）控本：后行与前置

传统的成本管控往往是在成本发生后进行的事后追踪。即使往前推进一步，做到设计阶段的成本管理，在现阶段也是非常必要的，是能够发挥作用的。而随着智能时代技术的进步，成本、费用被细分为一个子类，针对不同子类都可以进一步向前延伸，建立专业的前端业务管理系统，如商旅管理系统、品牌宣传管理系统、车辆管理系统、通信费管理系统等。这些前置业务系统和财务系统之间无缝衔接，将成本费用的管理前置到业务过程中。这是智能时代控本的新逻辑。

（五）业财：分裂与融合

传统的业务系统和财务系统之间存在一定的分离情况，业务系统通过数据体外传递的方式完成和财务系统的数据对接。而近年随着业财融合的深入，出现了单个业务系统在体内自建会计引擎，并对接财务系统的模式，但多个系统之间仍然是分裂的。在智能时代，随着会计引擎应对复杂性能力的提升，将能够逐步建立起大型企业内部统一的会计引擎，并作为载体融合多个前端差异化的业务系统，从而实现业财对接从分裂到融合的转变过程。这是智能时代业财的新逻辑。

（六）共享：人工与智能

当下的财务共享服务采用的是典型的劳动密集型运营模式，将分散的财务作业进行集中处理。这种模式的建立在过去十年内极大地解决了国内企业在会计运营成本和管控能力上所面临的问题。但也要意识到，劳动密集本身也存在着成本和操作风险。在智能时代，基于人工智能和机器学习的共享作业将逐渐取代依赖于人工作业的模式。基于前端数据的丰富采集，依托智能规则，可大幅降低财务共享服务中心的作业人力，从劳动密集型运营转变为技术密集型运营。依托人工智能，可实现在智能作业时开展更加丰富的智能风控。这是智能时代共享的新逻辑。

（七）财资：平面与立体

在传统的财资管理系统中更多的是平面化的财资管理，所谓的平面化是指将财资管理的重点放在账户管理、资金结算、资金划拨、资金对账等交易性处理流程上。这也是很多国内企业目前资金管理水平的基本状况。而在智能时代，随着对复杂的资金管理模式技术支持能力的增强，财资管理将从平面走向立体。一方面，财资管理从交易处理模式转型为复杂的司库模式，在资产负债和流动性管理、风险管理领域则进行更为丰富的实践；另一方面，财资管理从企业内部资金管理模式向供应链金融模式转变，构建起多维度立体的财资管理体系。这是智能时代财资的新逻辑。

以上就是我们提出的智能时代财务管理的新逻辑，也是构建智能时代财务管理体系的思想基础。我们可以看到，智能时代已经全面到来，只有从思想上做好准备，我们才能更好地迎接这个大时代的到来。

第九节　智能时代财务新商业经济的转变

智能时代的来临让我们每一个财务人员受到了它的影响，并且推动了财务人员形成督促自我进步的新逻辑思维。智能时代对社会的改变远不止于此，它正在用自己的方式推动着整个社会的革新与进步。作为社会中非常重要的一环，商业也正在发生改变。本节我们一起来看一看智能时代出现在什么样的新商业经济，以及这些新商业经济又是如何给财务的未来带来改变的。

那么，什么是新商业经济呢？我们可以将它理解为一些能够改变商业模式和商业行为的新的思想观点。在这些新的思想观点的背后，往往能够带来广泛的社会影响和大量商业模式创新的机会。我们在这里要谈到三点：共享经济、跟踪经济和合作经济。一方面，帮助与本书共同思考财务未来的朋友们去深入理解和认识这些新的商业经济思维；另一方面，从这三个新商业经济思维的视角去发现可能改变财务的机会。

一、共享经济与财务

说到"共享经济"这个概念，相信大家都不陌生。"共享经济"这个术语最早由美国得克萨斯州立大学社会学教授马科斯·费尔逊和伊利诺伊大学社会学教授琼·斯潘思在1978年发表的论文《群落结构和协同消费》中提出。但是，共享经济现象却是最近几年才流行的，而这种流行应当说是受到了美国作家蔡思的《共享经济》一书的影响。吴军在其专栏"硅谷来信"中也对共享经济有不一样的深刻理解。结合这些对共享经济的理解，我们来思考共享经济与财务的关系。

那么，什么是共享经济呢？

一种相对通俗的理解是一方把闲置资源的使用权拿出来，另一方通过付费的方式来获得使用权。在这个过程中，拿出资源的一方获得收益，使用资源的一方通过用类似租赁的方式，实现低成本和便捷的资源使用，这个过程形成经济循环。

从这种理解角度来看，共享经济似乎与分享经济极其相似，都以闲置资源或者冗余资源的共享利用为核心。共享经济的思想的确驱动了非常多的商业实践，如旅行住宿共享、物流共享、交通共享、闲置用品共享等商业模式都是共享经济思想下的产物。而在这种思想的影响下，财务领域也出现了一项非常重要的创新实践——财务共享服务，它解决了财务人力资源在分散模式下冗余浪费的问题，并实现了人力资源的共享。

随着我们对商业经济的观察，发现了一个问题，似乎并不是所有的依托闲置资源的共享经济模式都能够获得成功，也有不少成功的共享经济案例超出了闲置资源共享的概念范畴。

对于闲置资源共享的共享经济模式来说，一个极大的挑战是资源互通共享中存在的共享成本。例如，要把大家手中的闲置图书拿来共享，并形成商业模式，就要考虑闲置图书在流动过程中的物流成本和沟通成本，故而可能很难将人们从直接购买新书的商业经济转变到闲置图书共享经济的模式中来。

另一些并非基于闲置资源共享的新共享经济模式似乎取得了更大的成功，并值得我们借鉴。最为典型的是滴滴打车和共享单车。如果仔细研究就会发现，实际上这两种模式中都不是在使用闲置资源，例如：滴滴打车所用的车是大量社会人员为加入滴滴司机中来而购买的新车；共享单车也不是对人们家中闲置的自行车进行共享，而是向市场上投放大量的新自行车。这两种模式并没有使用闲置资源，但同时又都属于共享经济，其本质是通过新增平台化工具和资源，实现新增资源的共享，并以此来激发和创造出新的用户使用需求。例如，在共享单车这种模式出现后，原本并不热衷于自行车的社会成员对自行车的使用量突然呈现出现象级的上升。那么，共享经济对财务又有怎样的启示呢？

基于增量资源实现共享经济的核心在于以下三点：打造新的工具或资源平台，共享新的工具或资源，基于以上条件创造新的用户需求。

在这样的新共享经济思维模式下，财务管理或财务服务市场可以从一些新视角进行思考。虽然我们说财务共享服务模式在过去十年间是一项非常重要的创新实践，但也要认识到，这仍然是建立在传统共享经济思维模式下的。那么，新的共享经济思维模式能够给我们带来怎样的启发呢？这里笔者尝试提出两个想法，抛砖引玉，希望可以引发大家的思考。

第一，集团财务领衔进行技术平台投资和创新的增量共享经济。

在增量资源共享思想的指导下，集团化企业不妨考虑形成一种集中投资先进技术平台，提供给集团内下属各个子公司使用的共享经济模式。

在这种模式下，对于集团来说，投入了一笔增量资源，这些资源将用于技术研发，研发取得的成果以较低的成本提供给各个子公司使用，让那些本身并没有太多想法和能力使用财务新技术或进行财务创新的专业公司，也有机会能够迈入财务技术革新之路。这样就如同在市场上投放了一大批共享单车，让那些原本没打算骑车出行的人群改变自身习惯，开始骑车出行。

事实上，智能时代正在改变财务的新技术（如大数据、云计算、人工智能、区块链等）的研发投入都是非常大的，如果仅仅依托子公司的资源，实现起来难度会很大。而集团财务基于共享经济的思路进行建设，将使作为用户的子公司更加积极主动地发现和创造自身的财务管理创新需求，从而带来整个集团管理水平的大幅提升。

第二，用高品质中小企业财务共享服务来提升代理记账市场。

在国内的中小企业财务服务市场中，存在着大量良莠不齐的代理记账公司。这就如同在滴滴模式出现前的出租车市场，既有规范运营公司的出租车，也有大量黑车，整个出租车市场混乱不堪，用户也难以得到好的服务。而滴滴模式通过共享平台的方式，定义了新的准入标准、新的调度方式，将各种各样的资源进行有效共享整合，并且在标准化体系中引入了大量新的专车司机，使整个市场标准日趋规范，并且扩大了整体用户规模。

因此，未来的代理记账市场，同样需要类似于滴滴的财务共享服务平台，通过规范代理记账行业的服务标准、信用体系，并能够依托信息系统进行供需关系间的撮合服务。在这个基础上，引入更多高品质的财务服务商，势必将使整个服务市场更加规范，并推动用户在简单的记账需求基础上衍生出对财务服务商在税务、财务制度、财务管理、经营分析等方面全方位的业务需求，实现增量共享经济。

二、跟踪经济与财务

在智能时代第二个重要的商业经济思维是跟踪经济。顾名思义，跟踪经济的含义是在对某一个事项跟进追踪的过程中挖掘其商业价值。实际上，在过去近二十年的时间内，跟踪经济一直都在发挥它自身的作用，并且随着时代的变迁而不断发展。

早期的跟踪经济建立在 PC 的互联网基础之上，接下来的跟踪经济建立在手机，特别是智能手机的移动互联网基础之上，而智能时代的跟踪经济则建立在物联网基础之上。

基于 PC（Personal Computer，个人计算机）的互联网跟踪经济能够实现的跟踪范围是有限的，通常无法超出计算机的物理位置，在这种情况下，当用户访问互联网时，互联网能够记载用户的登录地点和访问时间，我们可以结合这两项信息做一些简单的商业模式的挖掘，如简单的行为习惯分析、消息推送等。

基于移动互联网的跟踪范围能够从 PC 的固定位置扩大到人在移动时的动态位置。这一跟踪范围的突破使商业创新也得到了一定的突破。通过对人移动位置的记录，发展出了高德地图的人车定位、美团外卖的送餐小哥位置定位、滴滴叫车时的乘客定位、移动考勤签到等多方面的丰富的应用。

而第三个阶段的跟踪经济则建立在智能和物联网基础之上。在这个阶段中，物联网通过结合多种跟踪设备与智能时代的高运算能力，能够实现对人／物的位置、时间、行为的全方位分析。这种分析能力使跟踪经济的商业模式出现爆发式增长。我们重点对这一阶段的跟踪经济进行探讨。

（一）跟踪经济的发展特点

在跟踪经济的发展历程中，有着怎样的发展特点呢？我们看到了如下三个方面。

1. 智能物联阶段的跟踪设备在丰富

在智能物联阶段，跟踪方式得到了丰富。首先，智能手机仍然是跟踪的重要工具之一，但跟踪的精度和时效性都较以往得到大幅提升，可以说，能够做到精准实时的位置定位。其次，无线射频技术的低成本广泛应用使对物体的大范围跟踪成为可能。最后，智能穿戴设备的普及使使用手机跟踪时的不足得以弥补，如游泳、睡眠等不适合使用手机跟踪的场景都找到了新的跟踪方式。

2. 智能物联阶段的分析能力在提升

随着跟踪设备的丰富，所能采集的跟踪信息也呈现出几何级数的上升。在这种情况下，对数据分析时计算能力的要求大幅提升，好在智能时代基于云计算技术及计算机本身算力的提升、大数据技术的发展，足以应对这样的大数据分析。在智能物联阶段，我们已经不再受算力的约束，可以精选数据进行分析，并且可以对采集到的海量数据进行充分应用，如实现跟踪物体的每一次移动、人体的每一个动作等。

3. 智能物联阶段的商业应用在进步

智能物联在商业上的应用受益于跟踪设备的丰富和分析能力的提升，如共享单车实现了移动手机和共享单车中定位芯片的组合跟踪，并形成了新的商业模式。再如，在电子商务中，对商品出厂后的完整的移动路径可以实现跟踪功能，使商品造假的难度大幅提升，用户可以轻易完成对商品的寻源查询，特别是对于一些单品价值较高的网购商品，能够轻易识别其是否存在异常，如用境外商品充当国货的情况。

（二）基于跟踪经济思维对财务的启示

对财务来说，当跟踪成本大幅降低后，广泛地应用跟踪技术来提升财务管理的水平将成为可能。跟踪经济最重要的是能够提供大量财务所需要的核算、风控、分析的辅助支持数据，而对这些数据的充分应用，将可以解决不少在传统财务模式下难以得到解决的问题。

1. 解决存货、生物资产等的管理、核算、审计问题

在传统财务模式下，对于存货的管理往往需要输入大量业务信息，无论是对于企业自身的财务来说，还是对于外部的审计师来说，这些业务信息输入的可靠性都需要进行验证。在笔者经历过的实例中，企业发往海外的产品备件被闲置在海外的仓库中多年无人问津，从而给公司造成巨大的损失，在财务上也难以反映出实际情况。对于生物资产来说，采用传统的管理模式则更加困难，如如何盘点移动中的羊群。而跟踪经济能够给这些问题提供很好的解决方法，如通过跟踪芯片能够轻松地完成对存货、生物资产的实时跟踪。对位置的精准分析有助于完成大量依赖库位转移进行财务核算工作的自动化处理，存货管理能力高度优化，使业财一体化的水平得到进一步提升。

2. 解决合同、印章、银行账户 UKey 等重要风险物品的管理问题

在财务管理过程中，合同、印章、银行账户 UKey 等都是风险较高的物品，在传统模式下对这些物品的管理难度很高，而且也容易发生财务操作风险事件。而在跟踪技术下，通过在合同、印章和银行账户 UKey 中直接附加跟踪芯片，能够实现对这些高风险物品的精准风险管理，如这些物品和保管位置之间的预

警管理，当物品距离保管位置达到预警距离时将直接触发报警系统。结合保管柜的权限管理系统，能够实现对这些高风险物品被使用的具体场景的还原，能够回答诸如"谁？在什么时间？用过什么？"等风险管理问题。

3. 实现基于丰富的跟踪场景的经营分析和业务财务管理

在传统的经营分析和业务财务工作中，非常大的一项挑战是财务和业务之间存在距离。虽然一直强调财务要深入业务之中，但很多时候，客观情况使我们难以完全做到这一点。这使得财务分析很容易浮在表面，而难以深入分析问题的本质。跟踪经济能够在某种程度上优化这一情况，随着智能物联的发展，业务部门本身存在采用物联网管理的强烈动机，而当整个社会发展到一定阶段后，物联网必将形成社会的统一规范。这个时候，财务应当积极地将物联网背后的大量信息引入使用，并且有可能打破自身企业的边界，结合整个供应链中的物联信息去获得更为广泛的数据基础。在此基础上，财务的经营分析和业务财务工作能够获得与业务部门相对同等的信息透明度，财务业务一体化得以深度实现。

三、合作经济与财务

最后要讲的一种经济形态叫作合作经济。合作经济看似很好理解，但很多时候大家的理解可能不够充分，这就导致后续在进行商业模式创新时遇到困难。那么，应该如何理解合作经济呢？

人类一般意义的合作行为由来已久，但作为一种特殊的社会经济组织现象和合作方式，合作经济是近代社会的产物，是人类社会发展到资本主义阶段后才出现的。合作经济思想起源于空想社会主义。19世纪初，以圣西门、傅立叶、欧文为代表的空想社会主义者幻想了一个没有剥削、没有贫困、协同劳动、平等和谐的理想社会，这是合作经济的思想雏形。

当然，今天的合作经济已经有了新的演变。当下，一个非常广泛的使用合作经济的概念是"互联网+"，即将互联网与某一个传统行业进行组合，从而形成一种新的商业模式。部分模式已经取得了比较好的应用成果，如互联网金融等，其为社会带来了巨大的价值共享。但很多时候，这种组合并没有产生很好的效果，如"互联网+"上门洗车、"互联网+"上门美甲等模式都没有取得预期的效果，其原因在于有不少所谓的商业创新是强行相加。

在合作经济模式下，我们可以更多地关注"传统产业"+"新技术工具和商业思想"的组合，无论谁加谁，都可能出现创新。

对于合作经济与财务来说，大的方向应当是将财务传统的业务模式与智能时代的新技术进行充分的结合应用。从笔者的理解角度来说，这种方向是趋势性的，并不存在争议。

但在这里，笔者想深入地谈一谈作为市场上提供财务服务的厂商，要如何参与这样一场时代性的合作。实际上，在财务与技术的合作中非常核心的一环就是技术能力，对于有不同技术能力的市场参与者来说，其面对的选择可能是不一样的。

第一，有技术实力的参与者。在这一场合作中，有一类财务服务提供商是有可能成为"财务 + 技术"中技术端的主导者的，如 Oracle、SAP，对于国内市场来说，用友、金蝶等传统财务信息化厂商也有这样的可能。而另一些大数据、云计算、人工智能等技术领域的主导者。对于他们来说，需要的是充分发挥自身的技术优势，深度参与到技术端的合作中去，并从技术角度设法推动一些商业模式的出现。但不得不说，这仍然是少数人的游戏，对于绝大多数财务服务市场的参与者来说，他们是没有能力去扮演好这个角色的。

第二，应用技术的摆渡人。在智能时代，如果对于绝大多数厂商来说无法成为那一小部分技术主导者，那么不妨看清楚自己的身份和定位，换个角色，积极地成为应用技术的中间人。

对于多数企业财务来说，实际上在这场"财务 + 技术"的合作中很难扮演好自身财务端的角色，这并不是说他们不懂财务，相反，这是他们的老本行，是他们最擅长的领域。但难点在于，如何将传统财务领域与新技术进行思想和技术层面的创造性衔接。对技术端来说，他们更多的是在提供一种工具和平台，而如何将这些工具和平台应用到财务领域，很多时候这些"巨无霸"并不怎么在意那些；而对于在技术上并不擅长的财务人员来说，去创造性地寻找两者的结合点是很有难度的。这个时候，市场上的财务服务商不妨考虑将自身定位为结合传统财务和技术的"摆渡人"，通过帮助财务应用新兴管理技术来实现自身的价值，这可能是财务领域合作经济的最好模式。

第十节　智能财务的发展趋势

一、智能应用视角的发展

智能化场景设计和新技术匹配运用是智能财务的本质所在。理论研究和实务探索表明"大智移云物区"等新技术在财务领域的运用，将呈现如下两个发展趋势。

（一）由弱智能迈向强智能

在智能财务实践领域，对于"大智移云物区"等新技术的应用尚处于初级阶段，即弱智能阶段。在弱智能阶段中，主要是对人工智能技术中的感知智能和运算智能的运用，即模拟人类感知器官的视觉、听觉和触觉等感知能力，以及模拟人类大脑的快速计算和记忆存储能力。如智能报销中广泛使用的图像识别技术、语音识别技术，以及核算自动化和智能稽核中广泛使用的 RPA 技术等。此外，在弱智能阶段，被广泛运用的新技术还有移动互联网、云计算、物联网和数据安全技术等，如移动报账、移动审批等移动互联网运用，银企联云、税企联云等云计算运用，纸质单据和固定资产上的二维码、条形码等物联网运用，以及电子发票、银行不确定等电子会计凭证中的数字签名技术运用等。

智能财务的实践，未来将向"大智移云物区"等新技术应用的高级阶段迈进，即强智能阶段。在强智能阶段中，主要是对人工智能技术中的认知智能的运用，即模拟人类大脑的概念理解和逻辑推理能力，进一步形成概念、意识和观念，如基于知识图谱和自然语言处理的智能客服、差旅助手等。此外，在强智能阶段，被广泛运用的新技术还有大数据、数据挖掘和区块链等，如基于大数据和数据挖掘技术的智能财务分析、智能财务预测、业务场景模拟、智能风险评估和个性化信息推荐等，以及基于区块链完成的数据资产确认、计量、记录、报告、审计和纳税等。

（二）由点状应用迈向网状应用

当前，在财务实践领域，对于智能化技术的运用尚处于点状状态。财务领域中一些典型的智能化应用场景得以实现，如智能报账、智能核算和智能运营服务（唐勇，2018），以及自动化收付款（刘丹彤，2018）、自动报税等。支持点状应用的一些初步的智能财务系统开始面世，如面向中小企业解决智能文档识别问题的人工智能会计系统、国内厂商普遍提供的智能报销平台等。

未来，新技术在财务领域中的运用将呈现立体网状结构，具体表现为同一技术运用将覆盖整个智能财务平台及相关信息系统，如企业中所有用户都可借助各自拥有的同一数字签名，操作所有与自己相关的基础系统、管理系统、业务系统和财务系统；同时，体现为同一技术的运用贯穿时间点的全业务流程始终，如同一个数字签名从出差申请开始，到商旅订票、报销入账，再到会计归档为止均处于有效状态，全程执行身份认证流程，确保信息安全。

二、财务共享视角的发展

财务共享是智能财务可选用的重要财务管理模式之一。从财务共享的视角来看，智能财务在共享的业务范畴和组织形式方面，将呈现如下两个发展趋势。

（一）由财务会计共享延展到管理会计共享

当前，企业实现财务共享，需要多聚焦于财务会计相关领域。根据中兴新云和ACCA（Association of Chartered Certified Accountants，特许公认会计师公会）联合发布的《2018年中国共享服务领域调研报告》（以下简称《调研报告》），财务会计相关领域中财务共享的实现程度较高，而其中实现程度最高的是费用报销，占比96.0%；其次是采购到付款、资金结算、总账到报表和固定资产核算，占比65%~75%；再次是成本核算、订单到收款、档案管理、发票开具和纳税申报，占比35%~57%；最后是员工信用管理，占比16.9%。

课题组认为，未来财务共享的范畴将由财务会计相关领域延伸到管理会计领域，实现管理会计基础工作的共享，如资金管理、资产管理、税务管理、预算管理、成本管理、投融资管理、绩效管理和管理会计报告等。根据《调研报告》可知，部分企业的财务共享中已涉及管理会计领域，包括成本管理、预算管理和经营绩效分析三个方面。

（二）由实体组织共享发展为虚拟组织共享

《调研报告》指出，72.5%的企业共享服务中心人员规模在100人以内，13.0%的企业人员规模在101~200人，4.3%的企业人员规模在201~300人，10.2%的企业人员规模在300人以上。相比外资企业，内资企业共享服务中心的整体规模较小，人员规模达百人的内资企业共享服务中心占比21.2%，而外资企业在中国大陆地区设立的共享服务中心（通常是企业的区域分中心），人员规模超过百人的比例为39.4%。可见，现有财务共享服务中心，多为实体财务组织的共享，涉及更多的是财务基础工作人员的物理集中。

虚拟组织是一种区别于传统实体组织的以信息技术为支撑的人机一体化组织。其特征是以现代通信技术、信息存储技术和机器智能产品为依托，实现传统组织结构、职能及目标。在形式上，虚拟组织没有固定的地理空间，也没有时间限制。组织成员通过高度自律和高度的价值取向实现团队的共同目标。在财务领域，伴随着"大智移云物区"等新技术在财务工作中的运用，智能财务共享平台和新型财务管理模式逐渐成形和成熟。特别是新冠肺炎疫情防控期间，人们对虚拟办公、远程视频会议等工作方式的进一步熟知和接纳，使财务共享中心的虚拟化设置成为可能。加之一些国有企业人员岗位相对固定的人事管理体系，财务共享中心的虚拟化设置就成为必要。为此，课题组认为财务共享组织的虚拟化，在未来会成为财务共享组织的一个重要发展方向，特别是在国有企业中。

四、处理方式视角的发展

智能财务是数字经济发展的必然产物，从数据处理的视角来看，其未来发展将趋向数字化、自动化和无纸化。

（一）数字化趋向

数字化转型的本质是，在"数据＋算法"定义的世界中，以数据的自动流动化解复杂系统的不确定性，优化资源配置效率，构建企业新型竞争优势。其核心特色是数据驱动、软件定义、平台支撑、服务增值和智能主导。根据数字化转型的本质，可界定财务数字化转型的本质。财务数字化转型的本质是，在"数据＋算法"定义的世界中，以业财数据的自动流动化解复杂财务系统的不确定性，优化财务资源配置效率，助力构建企业财务的新型竞争优势。

笔者认为，财务的数字化转型路径是财务共享是财务数字化转型的起点，大数据管理是财务数字化转型的终点，新技术运用是财务数字化转型的助推器。在智能财务的建设过程中，凡是能把智能财务平台的输入变为计算机能够自动处理的结构化数据的场景都是财务数字化的场景，如通过OCR扫描识别票据的全票面信息，通过机器学习识别合同影像中的关键信息，通过自然语言处理实现差旅申请、智能报账和财务分析过程中的语音交互，通过知识图谱、自然语言处理和搜索引擎等实现财务共享服务管理中的智能客服，等等。

（二）自动化趋向

自动化的概念是一个动态发展的过程。随着电子和信息技术的发展，特别是随着计算机的出现和广泛应用自动化的概念已扩展为用机器（包括计算机），不仅代替人的体力劳动而且代替或辅助人的脑力劳动，自动地完成特定的作业。

在财务领域中，部分大量重复的、规则明确的和可标准化的基础性财务工作，逐渐会被机器替代，如自动支付、自动时账、自动生成记账凭证、自动稽核、自动生成财务报表和纳税申报表、自动进行财务报表和纳税申报表的上报，等等。这些自动化过程可以在原生一体化的系统内部完成，也可以通过系统接口在集成化的系统中完成，还可以通过 RPA 的设计和运用在系统界面中完成。而对于财务领域中一些并非大量重复的、规则不是很明确的及无法完全标准化的复杂的财务工作，可采用机器辅助人脑的人机一体方式来进行完成，如机器辅助人工完成的财务分析、趋势研判、投资决策、融资决策和风险评估，等等。毫无疑问，在财务领域中，有越来越多的工作将被机器完全替代或部分替代，会计人员必须做好财务数字化转型和职能转型的双重准备。

（三）无纸化趋向

绿色发展是习近平总书记在党的十九大报告中提出的新发展理念之一，旨在解决好人与自然和谐共生的问题。在财务领域中，绿色发展集中体现为电子发票等电子会计凭证和电子会计档案的大力推进与广泛运用。其中，电子会计凭证，是指单位内部生成或单位从外部接收的电子形式的各类会计凭证，前者包括电子报销单、电子入库单等电子形式的会计原始凭证；后者包括电子发票、财政电子票据、电子客票、电子行程单、电子海关专用缴款书和银行电子回执单等电子形式的会计原始凭证。电子会计档案是指单位仅使用电子会计凭证进行报销入账归档形成的会计档案，即实现会计档案的无纸化管理。电子会计档案的形成必须同时满足以下四个条件。

一是接收的电子会计凭证经查验合法、真实。

二是电子会计凭证的传输、存储安全、可靠，对电子会计凭证的任何篡改都能够及时被发现。

　　三是使用的会计核算系统能够准确、完整、有效接收和读取电子会计凭证及其无数据，能够按照国家统一的会计制度完成会计核算业务，能够按照国家档案行政管理部门规定格式输出电子会计凭证及其元数据，设定了经办、审核、审批等必要的审签程序，且莅有效防止电子会计凭证重复入账。

　　四是电子会计凭证的归档及管理符合《会计档案管理办法》（财政部国家档案局令第 79 号）等要求。伴随电子商务、电子政务的发展，网络支付、移动支付、快递物流等行业的发展，以及电子会计凭证和电子会计档案支撑技术和应用方案的日臻成熟、完善，电子会计凭证和电子会计档案的大规模推广和运用成为必然趋势，会计资料处理过程的无纸化和会计档案管理的无纸化都将成为未来发展方向。

第二章 人工智能技术对财务管理的推动

第一节 RPA技术——系统代替人工的前提

信息技术所带来的智能化革命对于财务领域共享服务具有较大影响，大数据、云计算、人工智能、物联网等技术，促进了财务管理智能化时代的到来。RPA财务机器人以自幼化技术完成传统手工操作业务，尤其在费用报销、采购到付款、总账报表、财务管理等领域都更具应用优势。

一、RPA财务机器人的应用背景

人工智能、物联网、大数据技术助推财务管理信息化、智能化，让财务工作从核算型走向管理型财务共享技术的发展强调专业化分工，实现财务业务流程与标准化管理。RPA财务机器人技术为财务共享服务拓展了应用空间。首先，RPA财务机器人首先根据财务管理的实际需要，就财务战略、职能定位、组织结构、操作流程、信息技术等方面进行变革与再造，使其能够顺应财务管理目标需要，实现财务业务共享与服务；其次，RPA财务机器人将分散于各个业务模块中重复性高、目标潜化的财务业务进行集中化处理而提高财务服务效率，降低财务内部控制风险；最后，RPA财务机器人通过智能化技术，实现对不同业务流程节点的数字化管理，以明确规则为标准指导，提升财务共享的服务质量，让财务人员从烦琐、重复的业务中解放出来，促进财务管理顺利转型。

二、认识 RPA

（一）RPA 技术的概念及特点

机器人流程自动化是一种基于软件机器人和人工智能概念的计算机脚本语言，用于实现用户界面的自动化技术的软件工具。RPA 具有多功能、跨应用的特点，可以执行删除重复、可复制和常规型任务，解放劳动力，以此达到帮助员工提高效率的目的，还可以连通企业内外部信息系统，使数据的集成拿取便捷、简单，以此提高用户的使用感。

RPA 擅长模仿人类的操作方式来解决大量重复性质的工作，其具有以下技术特点。第一，持续工作。RPA 可全天候 24 小时操作处理，这大大提高了企业财务管理的工作效率。第二，规则明确。前期工作人员需要编写基于明确规则能够完整运行的脚本来促使 RPA 能够持续运行，第三，以外挂形式存在的 RPA 在另外的系统中运行，不会改变企业的架构。第四，超强的模仿能力。RPA 按照人工的操作方式来运行。

（二）RPA 财务机器人的概念及功能特点

财务机器人是 RPA 技术运用于财务领域的产品，它可以模拟在现实工作中会计人员的工作流程进行自动化操作，根据 RPA 的技术特点，能够发现它适合代替工作人员完成工作量大、规则明确、重复率高的基础业务内容，我们可以把 RPA 财务机器人当作财务部门的虚拟会计，其从事的工作为传统的人工操作中重复性的工作流程，只不过被放置在特定的流程节点进行自动化的工作。

结合 RPA 的功能和特点，总结出 RPA 财务机器人的功能如下：第一，数据检索与记录，计算机模拟常规人工操作的流程，并记录下这套程序，在相关类似的业务发生时，自动触发执行需要数据的检索与记录；第二，图像识别与处理 RPA 财务机器人借助光学字符识别技术自动扫描识别凭证等文件，并提取出与业务相关的文字、数据，再经过系统筛查，留下可用于自动化处理的数据；第三，平台上传与下载，RPA 财务机器人根据预定的运行脚本自动登录企业内外部信息系统，完成相关财务信息的上传与下载；第四，数据加工与分析，RPA 财务机器人对于搜索和下载到的数据自动进行筛选、审查、计算和分析；第五，信息监控与产出，RPA 财务机器人可以基于模拟人类判断，实现工作流分配、标准报告出具、基于明确规则决策、自动信息通知等功能。

因为 RPA 独有的技术特点,导致 RPA 财务机器人比较擅长处理大量重复的业务内容和基于明确运行规则模拟人工操作的流程。RPA 财务机器人的技术特点如下:第一,简单的重复操作,如相关数据的检索、下载、录入和审查等;第二,量大且易错的业务,如报销票据的审核、增值税专用发票的验证、与往来单位或银行的对账等;第三,系统内嵌的多个异构系统不会改变系统;第四,7×24 小时工作模式,弥补了财务人员工作精力及工作时间有限的问题,适合企业 7×24 小时的业务。

三、RPA 财务机器人理论基础

(一)信息加工理论

信息加工理论是将人看作一个专业性的可进行信息输入、存储、提取使用的信息处理器,人的行为类似计算机的信息加工系统,对信息加工理论的基本假设是,这种行为是由机体内部信息流决定的,而这种信息流却不会被我们所看到。在偏向计算机智能模仿的信息加工理论里,人是信息的加工者,计算机主要学习人的思考方式,计算机运行和处理数据则是参考人的思维模式和过程。RPA 财务机器人模仿会计人员从企业内外部信息系统获取有用的数据信息,然后对其进行存储、读取、计算,间接地实现人的信息加工过程,最后对获得的信息进行加工处理并得出结论,RPA 财务机器人模拟人工操作,使财务人员摆脱简单重复的低附加值工作,解放的财务人员可以转而进行更有价值的工作。

(二)模式识别理论

模式识别是智能化技术发展的一个重要研究领域,与统计学、语言学、计算机、人工智能、图像处理等学科的研究密切相关。模式识别是指利用计算机根据样本的特征对样本进行分类,用模式识别代替人来实现对图像的识别,找出图像中的目标,模式识别可分为统计模式识别、结构模式识别、模糊模式识别、人工神经网络等。新兴技术如人工智能的学习机制、对景物和自然语言的理解、图像预处理和特征提取都采用模式识别。

随着计算机的推广和云技术的发展,计算机能替代越来越多简单的人工工作,甚至渐渐有了自己的思维,开始模拟部分决策工作,这些都与模式识别理论密不可分。RPA 财务机器人可通过识别图像、文字、声音等,达到检测、统计、分析财务信息，有助于替代人工完成业务流程中重复繁杂的工作，以提高工作效率。

（三）业务流程再造理论

早在 20 世纪 90 年代，美国经济学者迈克尔·哈默及詹姆斯·钱皮提出流程再造，在两人的观点里提到，这是第一次完整地定义企业流程再造的概念，只有进行流程的再造优化，才可以达到提高质量、降低成本及提升服务质量的效果。这就需要对企业现存的生产经港方式和业务流程进行转型，比如进行职能部门的优化和整合、提高员工的工作效率、降低生产经营成本，财务共享服务主要通过职能的专业化分工、集中的财务管理来优化原始的财务管理流程，它是一种新型的组织模式，不仅能够实现生产价值的最大化，还能够减少重复劳动的出现。但是人工智能等技术的崛起衍生出了一种更加优化的企业流程，就是在财务共享服务中心上外挂财务机器人，这将进一步解决了浪费大量人力从事重复性大、机械化的财务工作。

（四）规模经济理论

规模经济理论是指在一特定时期内，企业产品绝对量增加时，其单位成本下降，即扩大经营规模可以降低平均成本，从而提高利润水平。兼并可以在两个层次上实现企业的规模效益，即产量的提高和单位成本的降低。RPA 财务机器人是基于规模经济的原理，对组织内部部分职能类工作进行梳理整合，尽量减少企业财务人员过多地从事低水平的业务工作，运行新的业务流程后，原来进行简单录入工作的人员可以从事技术含量更高的管理工作，因此从长远来看，降低了成本、提高了效率，从而提升了生产规模和效益。

RPA 财务机器人利用自身全天 24 小时不间断工作和适配量大易错业务的技术特点，能够实现多类业务的规模化、自动化操作和处理，从而使企业的成本大大下降。此外，RPA 财务机器人还能够有效提升与外部系统的实时对接，提高数据获取的及时有效性。综上所述，随着 RPA 技术的不断发展，规模经济的效果也愈加明显，降低了企业成本的同时，提升了工作效益，从而提升企业的经济效益。

四、RPA 财务机器人的主要应用领域

从 RPA 财务机器人的功能、特点及应用价值来看，它并不适用于所有的

财务业务管理流程，而是以简单重复性业务、量大易错业务、财务费用单据审核、多个异构系统间的合规操作、全天候实时性交互等财务业务为主，来满足财务共享高效服务目标。总体来说，主要从以下四个方面来探讨其应用。

（一）费用报销业务

在财务管理中，费用报销是最常见的业务类型，也是RPA财务机器人应用最广泛的领域。其基本流程如员工扫描报销单据，利用OCR自动识别技术生成报销单据数字信息，登录报账平台，并提交报账申请，领导审批发送至财务部门审核，对发票真伪、重复报销、报销标准、预算控制等进行自动审查，通过后自动付款，最后进行合规审计，并自动生成审核报表。在RPA财务机器人应用中，主要从四点来确保报销业务顺畅完成：一是单据采集。包括对各类报销凭据的扫描、自动识别、分类汇总、传递与生成财务报销申请。二是电子单据智能审核。根据不同报销业务进行分类，按照相应审核规则，对其真假、重复性、报销标准等进行自动审核操作。三是自动付款。对于符合报销规范的申请单，给予自动付款。四是财务处理与报告。对各类报销单据及相关业务信息进行汇总，生成相应财务报表。

（二）采购到付款业务

在财务管理中，对于供应商管理、供应商对账等业务，也可以引入RPA财务机器人，实现快速、高效处理。其一般流程为：先由采购部门提交采购请款单，将之扫描生成电子单据，利用OCR自动识别将之录入财务ERP系统中，对照采购订单、入库信息及要求，对请款单进行审核，审核通过后付款，并生成应付账款凭证，对相关凭证信息进行汇入总账，按需生成相应报表。针对采购领域运用RPA财务机器人，主要从三点来贯穿。一是对请款单的处理。扫描并生成电子请款单，提交给RPA财务机器人，与财务ERP系统进行对接，并进行审核校验。二是对采购付款。根据审核结果，通过后向付款账户、网银等完成付款操作。三是供应商对账。根据付款账表，汇总并生成相应财务报表。

（三）资金管理业务

在财务管理中，对资金的管理，适宜RPA机器人的有银企对账业务，RPA机器人可以连接银行相关系统，查询银行流水、银行财务数据，并将银行账与财务账进行核对。在现金管理业务中，RPA机器人根据设定，来完成现金的归集、现金计划采集与处理引入智能算法，结合支付策略、支付方式、支付金额，优化现金支付管理动态监控现金收支状况。在收付款处理领域，根据订单信息与供应商信息，按照相应规范与要求，对各项收款、付款业务进行自动处理，在支付指令查询领域，RPA 机器人可自动查询到银行财务信息，并反馈查询结果，实现自动化管理。

（四）税务管理业务

在 RPA 财务机器人应月中，税务业务主要应用于自动纳税申报、涉税信息校验、增值税发票验真等领域。如期末对相关税务申报业务进行批量处理；对涉税业务、报表进行校验与分析；生成纳税申报表，自动完成涉税账务处理与提醒；对增值税发票进行管理，发票验真，对验证结果进行反馈与统计等工作。

不同于传统的财务 ERP 软件，RPA 财务机器人更倾向于对重复性业务的高速、自动化执行。从发展趋势来看，财务管理中，标准化、逻辑清晰的业务可以利用 RPA 实现对烦琐的重复性业务进行自动化管理，实现财务业务流程的优化，降低财务合规风险，提高财务增值效能。不过，对于 RPA 财务机器人，也需要看到其自身的局限性。如其对于基于固定规则的业务可以胜任，但对于突发性异常事件无法处置，需要进行人工干预，另外，对于运营保障要求更高的财务工作，还需要优化 RPA 财务机器人跟踪优化机制，以提供高质、快速、稳定的自动服务。

第二节　OCR技术——系统具备"看"的能力

一、OCR：让系统会"看"

每月企业当中会有上千笔的员工报销及合同报销业务，所有的发票也结至财务共享中心处理后，带给财务人员的工作量十分庞大。若是按照传统的发票处理方式，财务人员需要手工录入发票信息，不仅准确率难以保证，还会出现很多发票无法及时处理也就无法及时入账的问题，财务人员需要花费大量的时间在这种低附加值的工作上。在传统财务发票信息采集过程中，财务人员需要经过以下四个步骤。

（1）人工整理原始财务发票。企业每月都会产生多种财务发票，如增值税专用发票、增值税普通发票、汽车销售发票、餐饮发票、火车票等，财务人员需要将各种发票进行归类。

（2）扫描财务发票获得影像。财务人员将所有财务发票扫描形成图像，以图片形式进行存档，防止原始发票误更改，方便后期核对。

（3）财务人员手工录入。财务人员需要将发票上的必要信息手动录入系统中，便于税务认证和制证工作。

（4）凭证审核，在这一过程中，财务人员需要耗费大量时间用于录入发票中的财务信息，还会设置多步骤来反复审核，耗时耗力，极易出错。

在新技术时代，很多企业采用智能财务发票信息采集技术，利用 OCR 扫描识别技术，自动对采集扫描后的增值税发票等财务发票上的信息进行文字识别，将上面的信息从扫描图片上识别出来，或输出 Excel 表格，或直接录入进财务系统。与传统的人工手动录入数据相比，这大大减少了工作量，显著提高了准确率。

二、财务领域 OCR 技术的应用

目前，在财务领域，OCR 技术应用主要分成以下两个模块。

（一）识别确认模块

OCR 影像识别的基础工作为定义识别引擎模板，模板根据位置、识别区域来确定影像中要转换为电子信息的内容，通过标示项，由引擎自动定位确定影像区域，模板定义时可对识别内容进行校正，识别模板可以识别影像文件中的任何内容。OCR 识别了发票代码、发票号码、发票日期、金额、税额、总额、购方税号、销方税号后，形成结构化数据，用于认证、记账等流程。

（二）记账应用模块

在财务共享中心中利用 OCR 识别结果，提升记账信息集成度，提高核算记账效率和质量。系统在初始形成凭证预制信息时，会根据 OCR 识别的结果对项目中的税行进行预录入，按照识别信息逐行生成"应交税费——增值税"项目，并写入税额、税码信息，完全替代人工维护税金项目工作。

三、影像系统 +OCR：从原始单证中提取结构化数据

企业建立财务共享中心后所面临的一个矛盾就是集中办公的要求与原始凭证分散产生的矛盾，企业会相应地建立影像管理系统，将各地区、各项目产生

的原始凭证扫描形成电子文件，然后传送至财务共享中心，其中以发票管理最为显著。

OCR 技术从影像识别到结果输出，一般需要经过影像形成、OCR 识别、人体确认、信息记账应用、增票电子认证五个环节。

（1）影像形成。将纸质单据发票交由共享中心进行扫描，形成电子影像上传至影像系统。

（2）OCR 识别。后台利用 OCR 技术自动识别业务影像。首先识别出增值税发票并进行票据类型分类，然后对增值税发票的关键记账信息进行识别并回写至用户确认界面。

（3）人工确认。在实际财务工作中，OCR 技术还难以全部识别规格及内容多样的会计原始凭证，但对于增值税发票等标准统一的格式化票据，准确率近95%。为了保证数据的准确一致，则需要安排少量员工对关键信息进行核对。

（4）信息记账应用。将确认的影像信息转换成结构化电子数据，通过记账系统自动集成，自动生成记账凭证中的科目。

（5）增票电子认证。识别后的结构化数据推送至电子认证模块，与国家税务总局电子发票勾选认证系统关联，实现记账后发票依据 OCR 识别的发票代码自动认证。

企业将影像系统和 OCR 技术相结合，可减少增值税发票核验时间，提高会计核算效率，从而促进共享流程标准化和财务人员转以推动业务财务工作流程化、自动化、智能化进程，其具体表现如下。

（1）减少增值税发票核验时间，提高会计核算效率 OCR 识别结果自动按照发票类型税率等维度进行汇总，代替原有的线下使用计算器或电子表格等手工统计方式，降低差错率。

（2）促进共享流程的标准化。通过 OCR 影像和记账系统相结合，推动会计核算智能化进程。会计核算的专业化再分工使会计核算流程更加标准化，流程化处理、自动化制证等特点提高了共享中心的工作效率。

（3）人员结构优化。通过将发票核算自动集成到记账步骤，减少了企业维护凭证信息的工作量，进一步降低了手工录入凭证信息出错的可能性，提高了记账的准确率。在工作流程上，实现了非财务人员参与会计核算，促进了专业化分工，对从事该项工作的员工的技能要求降低，从而间接降低成本。

四、机器学习 +OCR：提升识别率和识别范围

目前普遍使用的 OCR 识别技术先要对图像进行清晰度判断、版面分析、出方图均衡、灰度化、二值化、倾斜校正、字符切割等预处理，得到端正、清晰的字符图像；再用字符识别和语言模型对文字进行识别；最后通过处理，输出文本结果。

由于这种方法为在不同场景下对图像进行适应性调整和处理过于依赖图像处理算法，对纸张的摆放位置、拍照的光线环境、扫描仪的精度等有较高要求，因此很大程度上限制了文字识别准确率的提高。

基于机器学习的 OCR 能够通过使用大量被标准的数据进行监督学习，让 OCR 自主优化提高识别准确率的算法。在针对同一性质的原始单据进行大量的监督学习训练后，系统的 OCR 识别效果可以显著提升。

这种机器学习 OCR 方法的应用，让机器不再只是能识别清晰、端正的文字，而且能识别倾斜、相对模糊的文字，并且支持更多的字体。这不但省去了主流方法繁杂的预处理和后处理工作，将模型训练时间从以月为单位降低到以天为单位，更是将 OCR 技术的字准确率提高到 99.9%，行准确率（一行字全部识别正确）从 80% 提高到 98%，实现了跨越式进步。

第三节　智能引擎技术——系统运转的动力

一、规则引擎：流程推动器

（一）规则引擎定义

将大量不同领域的知识与经验集中起来，可以构成专家系统。专家系统属于人工智能的一个组成部分，由规则领域的知识构成的专家系统发展而来的规则引擎，其基本的逻辑思维力法包括归纳法和演绎法，专家系统采用前向推理的演绎法进行推理,也就是说,从最初的事实开始,应用既定规则来得出结论(或执行指定的行动)，并使用人类可以理解的术语来解释和证明其推论。规则引擎通常包括三部分：规则库、事实集和推理引擎。

（1）规则库。规则库存储各类模拟求解问题的规则，也称为知识库。

（2）事实集。又叫作工作空间，存储内容包括两个方面：一方面是实现确定的用于匹配规则的事实；另一方面是产生新的事实，即使用原始事实进行规则匹配过程中产生新的事实。

（3）推理引擎。完成事实与规则的匹配工作，在匹配成功的情况下触发规则，确定触发规则的范围及触发规则的执行的先后顺序。规则引擎的核心是推理引擎，其采用的模式匹配算法有 Rete 和 Leaps 的算法。

规则引擎的一个显著特点就是业务逻辑与界面的独文，业务逻辑与修改业务逻辑的界面是通过封装的业务对象来进行相互联系的。

商业规则会随着市场变化而快速迭代，于是对于规则修改的时效性和更捷性就有很高的要求：可以提供一个专门的规则管理界面，即修改规则的快速入口。而规则管理平台提供专门的规则包管理功能，当业务逻辑发生变化时，可以对规则包中的规则逻辑进行快速修改。

业务逻辑的实现采用更加直观和易懂的类自然语言来描述，并且提供可供业务人员使用的规则配置器，使业务规则的调整更加便捷，业务规则只需要对特征指标的逻辑实现进行修改，而无须再提交到技术部门，不需要重新启动服务器来使规则生效，规则引擎会对更新后的规则进行自动的解析和编译工作。业务规则从程序中脱离出来后可以对规则进行权限分配、版本控制、执行跟踪等管理类控制。

（二）规则引擎运行原理

1. 业务规则

规则的执行是规则引擎的主要功能，业务规则是对规则的进一步分化，又在不同的应用和应用场景中有不同的实现方式，可以是商业规则、封控策略或者业务实施标准，可由业务分析人员根据业务规则来制定，或者由程序设计人员通过编码的方式来实现的一段逻辑代码。从本质上来讲，业务规则都是基于业务基础的条件，对业务定义和规范的描述，从既定的事实条件出发，当满足其中一个或者多个条件时，得出一个与之对应的结果。广泛地说，业务规则是针对业务处理过程中具备记录价值的业务对象、业务对象活动的流程和规范、业务对象之间的关系，以此来在特定的活动范围中确定业务框架，影响或者控制业务行为，所以业务规则既是一种对业务过程的行为规范，也是业务处理的原则定义。

为将业务规则更多地应用于实际生产环境中，提出了很多与业务规则相关的技术。规则、规则库、规则与程序代码的分离是业务规则技术基本思想的主要关键点。首先，业务规则的形式发生了改变，由直接的代码翻译转变为类似自然语言的、统一的结构化业务规则数据来表示，规则就具备了其确定的文件表示形式，这样也就可以实现规则与程序代码之间的分离。之后将规则集中进行存储，于是提出规则库的概念，即对规则文件进行统一处理的平台。至此业务规则的处理已经具备一个流程化、结构化的完整性业务规则处理技术方案。

2. 专家系统

专家系统是规则引擎发展的基础，其在社会生活中有很多方面的应用，涉及商业经济、工业设计、公共事业管理等方面。知识库和推理机是专家系统首要的两个组件，数据库用来存储知识库等，解释机构和人机交互端口是提供给外部专家系统的入口。知识库是专家领域知识的集合，一般以领域来划分，就不同的领域而言，知识库作为专家系统的主要组成部分，其存储有不同领域的知识和经验。人们普遍接受的方式是将存储在知识库中的知识分为两类：一类是常识和已被广泛证实的专业知识，这类知识信息是在专业领域的实践积累，被广大专业人员广泛应用和接受；另一类是在前者的基础之上，在专业领域发展过程中，知识得以不断积累起来，知识体系的构建逐渐完善，在此基础上，总结和保留经验，在解决问题的过程中激发创新和发展，可以获得新的知识，工作中的实践总结同样也是知识积累的源泉。

所谓推理机，即按照现有的规则对问题进行分析，根据规则的逻辑找到问题的解决方案。知识库构建完成之后，将知识提取出来，并用于解决问题的过程是通过推理机来实现的。作为专家系统的组织控制机构，推理机用于桥接问题与其对应的解决办法，在这个过程中涉及的已知情况、事实数据和一些中间结果都由数据库进行存放，人机交互端口则为用户和计算机之间提供了一个可以互动交流的窗口，使专家系统的应用更加简便、直接。

3. Rete 算法

规则引擎常用的匹配算法是 Rete 算法，在这一算法中，首先是将规则进行编译，形成 Rete 网络，然后进行规则与事实的匹配。

通过规则引擎在实际工作中的运用，展现了 Rete 算法在模式匹配中的高效性，通过形成一个 Rete 网络进行模式匹配，利用基于规则的系统的两个特征，即时间冗余性和结构相似性，以获取较高的系统模式匹配效率。

（三）财务系统的规则引擎

1. 规则引擎给财务共享中心带来的变化

在共享系统中内置了大量的规则，包括流程的顺序规定和审批条件的限制等。以合同付款单为例，采购专员提交了一张合同付款单，采购原材料共12万元，该单据提交后，必须交由采购经理进行审批，这就是规则。共享系统中的规则是根据流程设计的，当流程改变时，规则也会随之改变。例如，一旦企业增加一条付款规定，低于1000元的付款单无须审批，1000元到10万元之间的只需采购经理审批，超过10万元的付款单需要采购经理和财务总监双重审批，则此时共享系统就需要更新内置规则。

在传统的软件开发中，程序员会事先根据业务需求而设计软件处理流程，然后将该流程用代码实现，如在上述流程需求下，财务人员需要找到信息技术人员提出需求。在实务中，反复的业务规则修改会导致开发人员的需求量大且代码维护成本成倍增加。

而规则引擎将业务流程从软件系统中剥离出来，开发配套的规则编辑器让专注于设计流程和规则的业务人员使用针对上述流程需求，业务人员只需在规则编辑器里新增两条规则即可。第一，低于1000元不审批；第二，超过10万元继续提交给财务总监审批，规则引擎的应用可大大降低系统的更新维护成本，实现快速的规则管理。

规则引擎往往是需要应对多变的、复杂的业务场景，要求业务规则变更能够更加快速和低成本。财务共享中心流程多、规则性强、需要灵活调整的特点为规则引擎的应用提供了平台。财务共享中心使用规则引擎技术后，给其服务中心的运营和管理带来如下改变。

（1）规则引擎提供的是自然语言，而不是一系列复杂代码，使用人员能够较容易地读懂业务规则，可将业务规则交给业务人员处理，而且业务人员无须精通信息技术知识。

（2）能够提高业务的灵活性，业务人员可随时对规则进行修改和业务扩展，符合共享中心对规则能够快速响应客户需求的要求。

（3）能够加强业务处理的透明度，业务规则可以被管理。

（4）能够减少业务、财务部门与信息技术部门之间的依赖和矛盾，使其各司其职。

（5）能够减轻信息技术部门的工作压力，降低系统的维护成本和维护难度。

2. *知识图谱 + 规则引擎*

知识图谱是一种基于有向图的数据结构，由节点及有向边组成，图中的每个节点被称为实体，有向箭头代表实体间的逻辑关系。

知识图谱就像系统的一个知识库，它让系统从"关系"的角度去思考问题。

知识图谱经常被应用于以下两种场景。

（1）查询理解商业搜索引擎都会对查询词进行实体链接，返回实体相关的结构化信息。如搜索乒乓球，在旁边的知识树就会出现与乒乓球有关的乒乓球运动员的链接。

（2）知识问答。在知识图谱结合自然语音处理技术后，计算机能够理解人类的语言。如在搜索引擎领域，传统的搜索引擎在接收到"康熙的儿子是谁"这样的搜索内容时，仅仅是返回如"百度知道"提问"康熙的儿子是谁？"或"百度百科"康熙相关的介绍，这些网页内容包括"康熙""雍正"和"父子"等。但是通过知识图谱，搜索引擎可以直接返回"雍正"这个搜索结果，搜索结果更加精准高效，更加简洁实用，以减少无用信息。

在财务领域，当财务共享中心引入基于知识图谱的智能财务规则引擎后，共享系统就能够"听懂"管理层的要求了。

二、会计引擎：业财语言翻译器

会计引擎是连接业务数据库与财务应用系统并最终输出会计信息的数据处理器，它能够按照内嵌的核算规则将业务信息自动化、无差错和高效率地转换为包含复式会计分录的规范化记账凭证，实现交易明细和会计总账的互联，对于业务与财务的高度融合具有重要意义。

（一）会计引擎的概念

在业财一体化的大趋势下，企业经营中的三大主要流程——业务流程、会计流程、管理流程——趋向融合。实现业财一体化的关键是让业务理解财务，让财务能够支持业务，即让财务数据和业务数据融为一体。在实际情况中，财务和业务数据很难相汇融合，其主要原因是虽然财务系统拥有统一的会计语言，以会计凭证为记录载体，以会计报表为展示工具，一个会计在看到其他会计做的分录后能够理解分录背后的经济实质，但是业务系统并没有统一的业务语言，每天，企业中都会发生很多种类的业务，分别对应着企业中不同的业务系统，这些业务系统中的信息在没有整理和标准化之前，很难直接被业务人员解读和理解。而且业务系统涉及的业务面越来越广泛，给每一种业务系统规定一套会计核算规则的方法也会随着业务的发展和分化而越来越复杂。企业需要一个自动化的决策工具，帮助企业准确、快速地将业务语言转换为财务语言，这就是会计引擎。会计引擎是业务系统和会计系统之间的中间件，是会计核算系统前置的统一决策系统。它的功能是自动收集业务交易产生的凭证信息和财务会计手工录入的凭证信息，然后根据系统预设的会计规则，自动将采集到的数据生成明细账、总账和财务报表，从而简化业务流程。它就像是一个业务财务语言的翻译器，将业务语言转换为财务语言，以实现业务财务数据的对接。

会计引擎的工作原理并不复杂，通过系统产品、事件和场景，将业务内容拆分成交易信息、计量信息等会计核算内容，按照统一的、独立的会计核算规则生成明细账和总账。

（二）会计引擎的优势

会计引擎在业务流程中就像传统的会计人员，相当于一个做账机器人。会计引擎的使用可以给共享中心带来如下优势。

（1）简化会计流程。不需要给每一个业务系统配置一个会计核算规则，统一的会计引导可以一端对接所有的业务系统并获得业务数据输入，另一端对接核算系统或者管理会计系统。所有业务信息归纳后，由独立的会计引擎平台集中处理，转换为财务语言，减少系统的重复记账。

（2）提高系统的灵活性。由于会计引擎是独立的模块、财务系统和业务系统的迭代升级不会互相影响。如果业务系统做了修改，那么就只需要维护会计引擎，更改会计规则模型即可。

（3）无须同步处理业务和财务，提高系统对业务的吞吐量，以及对客户需求的响应速度。

（4）统一数据标准，财务数据可追溯，业务数据可延伸，为企业财务管理提供可靠、标准化的数据。

此外，随着技术的进步，会计引擎也可借助新的技术进一步提高财务业务数据对接能力。一方面，会计引擎可以使用机器去学习技术，通过监督学习或者无监督学习等方式优化业务财务信息转化规则，提高会计引擎的转换速度和转换准确率；另一方面，会计引擎也可以使用区块链技术建立分布式账本，提高会计引擎转换结果的可追溯性，保证数据的安全性和准确性。

三、基于机器学习的智能管理会计引擎

管理会计是会计的另一重要分支，管理会计着重管理并且面向未来，有助于企业在错综复杂的经营环境中实现生存与发展，日益受到管理者的关注和重视。机器学习对管理会计引擎的智能化改进，关键在于其不仅使用结构化程度较高的财务数据，还会使用半结构化与非结构化特征突出的非财务数据，同时将数据来源由企业内部真正拓展至企业外部，进一步优化管理会计在经营预测、决策支持和风险管控三个方面的职能，使改进后的智能管理会计引擎真正成为行之有效的智能化管理工具。

（一）提高经营预测的准确性

经营预测通常指的是企业在结合历史和现有资料的基础上按照其经营方针和目标对经营活动的未来发展趋势所进行的预计和推断，大体可分为销售预测、成本预测、利润预测和资金预测等，准确的经营预测是有效决策的关键和前提，而要想提高经营预测的准确性，企业必须加强其掌握信息的广度和深度，从广度而言，用于经营预测的信息应包含宏观市场环境、中观行业环境和微观企业环境，无论是对国家的各项政策、行业的发展方向、竞争对手的优劣势，还是对供应商、客户及自身的发展现状，企业都需有充分的洞察力和判断力；从深度上说，企业获取的上述三个层面的信息都应该足够深入，在满足成本效益原则的前提下尽可能多地关注对方。企业内外部环境的瞬息万变导致绝对准确的经营预测无法实现，但在机器学习技术的助力之下，智能管理会计引擎获取的有效信息越多、信息的种类和内容越丰富，越能提高其经营预测模型的相对准确性，进而能在经营情境发生变化时输出相对可靠的经营预测结果，为企业进行决策活动提供指引。

（二）强化决策支持功能

决策支持是管理会计最重要的职能之一，通常通过决策支持系统来实现。决策支持系统为决策者提供了分析问题、提出方案并模拟方案实施的平台，可预防决策者利用数据、知识和模型以推理或计算解决定性或定量问题，在半结构化与非结构化决策中扮演了重要角色，随着数据处理技术的不断进步与革新，数据日益成为决策知识与决策模型的来源。要想提高决策的水平和质量，则必须根据决策目标获取足够多的与决策相关的数据并对这些数据展开充分的整理分析，而应用了机器学习技术的智能管理会计引擎正是分析数据、支持决策的强大工具。结合监督式学习与无监督式学习两大类机器学习算法，智能管理会计引擎能够有针对性地解决不同类型的决策问题：采用监督式学习算法处理大量标签化数据并生成常规化的决策模型与决策规则，将有效应对相对简单明确、可遵循固定规律的结构化决策问题，实现决策过程的自动化；而采用无监督式学习算法处理大量非标签化数据，基于数据的内在关联而不是传统的财务思维得到一些特定的决策模型与决策规则，将为企业中高层管理者结合自身的经验判断和个人偏好进行决策提供有效辅助，使影响因素众多、决策过程复杂、无固定规律可循的半结构化与非结构化决策不再成为困扰企业决策的难题。

（三）完善风险管控能力

企业的发展历程并非总是一帆风顺，各种潜在的风险事件一旦真正发生，则可能会给企业带来不可估量的损失。为降低风险事件的发生概率或减少风险事件发生时导致的损失，采取恰当的方法和措施进行风险管控也是企业管理的重要内容。风险管控的具体流程大致包括风险识别、风险分析、风险管控方法选择和风险管控效果评价四个步骤，而智能化管理会计引擎将是机器学习技术的助推器，完成风险识别与分析的任务，有利于企业及时发现并且应对相关风险，提升风险管控效率，以保障各项生产经营及投融资活动的顺利开展。监督式学习算法的应用同样已标明各项具体特征、相应风险类型和风险等级的大量风险事件数据来进行训练，使智能管理会计引擎充分把握不同类型、不同等级风险事件的特征，从而能够在某一新事件出现时自动判断该事件是否为风险事件，若为风险事件，智能管理会计引擎将及时向管理者发送风险预警信号，同时分析确定该事件的风险类型及等级，辅助管理者制定与之相匹配的管控方法与业务流程，将企业的风险控制在合理范围内。

第三章　智能时代财务信息化整体规划分析

第一节　智能时代财务信息化概念框架

智能时代的到来，带来了诸多新技术，而这些新技术在财务领域的应用场景也会日趋丰富起来。我们之前谈到了很多关于财务认知升级的话题，也谈到了在智能时代影响财务信息化建设的重要技术。当技术和财务有机地融合在一起时，就会发生一些美妙的化学反应。让我们一起来探究智能时代财务信息化架构。

一、软件架构

首先，我们一起来看一看什么是软件架构，以及财务智能化功能架构的蓝图。

对财务来说，软件架构这件事听起来还是有点儿复杂的，说得通俗一点儿，就是要搞清楚一个系统中有哪些构成部分，这些构成部分是怎样相互发生作用的。那么对于智能时代的财务信息化架构，就是要搞明白和传统财务信息化架构相比，多了哪些构成部分，以及各部件之间相互作用的方式发生了怎样的变化。"有什么功能"可以称之为功能架构，功能加上交互关系后形成的架构可以称之为逻辑架构。而在实际的软件架构设计中，还有多个视角的架构理解，如开发架构、运行架构、物理架构、数据架构等。

二、财务智能化功能架构蓝图解析

下面我们针对财务智能化功能架构蓝图逐一展开解析。

（一）功能架构中的数据层

首先是智能财务信息化架构下的数据层。和传统财务信息化架构相比，最重要的是数据的内涵发生了变化。在传统架构下，处理的主要是结构化数据；而在功能架构下，结构化数据已经无法满足财务信息系统对数据的需求，非结构化数据被引入其中，并且成为非常重要的构成部分。

因此，在功能架构下的数据层中，系统对结构化数据和非结构化数据同时提供相应的管理功能支持，从数据的采集管理、对接管理、存储管理等方面进行相应的功能支持。

（二）功能架构中的智能引擎层

智能引擎层是架构中的另一个重要层次。之所以叫作智能引擎层，是因为想要在搭建智能时代财务信息系统架构时，能够对关键的支持技术进行组件化，并以引擎的形式来支持不同业务场景的应用。引擎层是一个公用的技术平台，在不同的应用场景中，能够灵活地调用相关引擎来实现配套的业务应用，从而实现整个财务信息化架构底层技术工具的共享。在智能时代的财务信息化架构中，可抽象出的引擎主要包括以下几个方面。

1. 图像智能识别引擎

图像智能识别引擎主要用于广泛地进行图片信息的识别，既能够支持对结构化数据的采集，又能够支持对非结构化数据的信息提取。同时，图像智能识别引擎可以利用机器学习来提升自身的识别能力，从而扩大可应用场景。

2. 规则引擎

规则引擎作为初级人工智能应用，会在整个财务信息化中发挥重要作用。规则引擎通过灵活、可配置的规则定义，支持在财务流程中基于规则进行的大量的判断、审核、分类等应用。规则引擎的完善，一方面，依赖于经验分析来进行完善；另一方面，也将基于机器学习引擎来辅助其完善。

3. 流程引擎

流程引擎无论在哪个时代都十分重要，好的流程引擎能够全面提升财务信息系统的水平。而在智能时代，流程引擎的驱动仍然是规则引擎，而规则引擎又基于机器学习才得以完善优化，并最终带来流程引擎能力的提升。

4. 大数据计算引擎

大数据计算引擎是相对独立的，基于大数据的技术架构能够处理海量的包括结构化数据和非结构化数据的计算。大数据计算引擎的实现能够使财务在大数据方面的应用场景得到真正的技术支持,而不是传统计算模式下的伪大数据。

5. 机器学习引擎

机器学习引擎应当能够实现监督学习和非监督学习,通过大量的、不同业务场景下的数据学习训练,形成相应的优化规则,并依托规则引擎作用于各种业务场景中。从这个意义上来讲,机器学习引擎有些像规则引擎的后台引擎。

6. 分布式账簿引擎

对于区块链的应用,需要在底层搭建各类分布式账簿,而我们可以考虑通过引擎化的方式,使这种分布式账簿的搭建变得更为标准和可配置。当然,这需要区块链技术实现进一步的抽象——从技术概念走向业务简易应用的概念。有了分布式账簿引擎,基于区块链的应用可以进一步加速落地进程。

(三)功能架构中的业务应用层

业务应用层是最重要的一个层次。在业务应用层中,我们从财务业务模块和技术两个角度实现了场景功能的匹配,从而形成了相对清晰的智能时代财务信息化应用的功能场景蓝图。它可以成为有意致力于智能时代技术深度应用的企业思维导图,企业可据此展开规划和实践。下面我们从财务业务模块的视角来逐一说明。

1. 共享运营

对于共享运营来说,在智能化方面的应用场景是相对较多的,这也是由其作业运营的特点决定的。信息技术本身的进步对运营效率的提高就是最直接的。

2. 资金 / 司库管理

在资金管理中与共享流程密切相关的部分已经被归入共享运营中,而针对资金管理和司库管理来说,其主要的应用在于提升基于大数据的对资金和司库管理的分析、决策能力。此外,物联网技术对于账户 Ukey、用印安全管理也将发挥重要作用。

3. 会计报告

会计报告对新技术的应用主要集中在区块链对关联交易及业财一致性的支持上。同时,智能编辑等可应用于会计报告的智能化。而在这个领域,也会引发人们对未来套装软件是否能够支持智能化应用的思考。

4. 税务管理

税务管理在税务风险控制方面可以应用人工智能技术来进行相关支持，在税费分析、税费预测等领域也可以考虑引入大数据，充分利用企业内外部数据来提升分析质量。此外，税务管理中所涉及的不少应用场景也会前置到其他业务或财务系统中。

5. 成本费用管理

成本费用管理在费用分析方面可以考虑与大数据相结合，而在移动互联网方面，可以进行服务及商品采购的前置和线上管理，从而获得更好的管控效果。

6. 预算管理

预算管理的技术应用主要集中在大数据方面，通过大数据，加强对预算预测和资源配置的管理能力的提升。

7. 管理会计

管理会计本身在技术层面的起步就比较晚，因此，它的实现仍基于传统技术方式。但在管理会计报告的编制中，可以考虑采用智能编辑模式，盈利分析可以考虑引入广义数据，以增强分析的实用性。

8. 经营分析

在经营分析这个领域，大数据能够有较大的应用空间。通过数据范围的扩大、相关性分析的引入，经营分析能力能够得到提升。

智能时代财务信息化的功能架构是基于场景构建的。这里笔者所谈的是一个概念性的设想，未来还需要更多的企业付诸实践，对这个概念架构进行持续的补充和完善。

第二节　智能时代财务与科技的信息化协同

智能时代财务信息化的架构发生了很大改变。在数据层面，从结构化数据转变为非结构化数据；在技术层面，大数据技术、机器学习、分布式账簿等新技术引擎将被广泛地应用到财务信息化中。

在应用场景中，一方面，传统的财务信息化应用场景会被优化，形成更为高效或有用的升级场景；另一方面，基于新技术的新应用场景也将大量涌现出来。在这样的背景下，财务部门内部、科技部门内部、财务部门和科技部门之间的协同变得更加复杂，也变得尤为重要。而我们不得不正视的事实是，在智能时代来临伊始，很多财务部门和科技部门都没有做好这样的准备，面对快速来临的技术革新，往往措手不及。因此，在这里我们有必要一起来认真研究一下智能时代可能给传统的财务、科技协同关系带来怎样的挑战，以及要构建怎样的新机制来积极面对。

一、来自协同问题的挑战

（一）财务内部信息化协同面临的挑战

在智能时代财务信息化建设中，财务部门自身面临着巨大的协同挑战。下面我们从两个方面来探讨财务内部的协同挑战。

1. 信息化建设在财务部门之间的分散

很多企业的财务信息化建设并没有实现统一集中的管理。在通常情况下，财务信息化建设是各个不同的职能部门从自身的业务需求出发进行的，如负责会计报告的部门建设了核算系统，负责预算的部门建设了预算编制系统，负责资金管理的部门建设了资金管理系统等。在这样的背景下，系统建设完成后，相关系统的后续维护和优化也保留在了相应的业务部门。从需求和系统建设的关联角度来看，这样的管理模式未必不好，但是当不同部门管理的财务系统要实现整合、集成，甚至内部平台化的时候，就会出现问题。部门间系统管理的割裂，成为系统间有效集成的障碍。而在智能时代，对数据和流程的集成提出了更高的要求，财务部门间分散的信息化建设将掣肘其信息化建设。

2. 智能化认知程度在不同部门之间的差异

智能时代信息技术的广泛应用需建立在财务的各个领域对智能技术达成共识的基础上，并且基于这种共识共同推动智能技术的基础建设，进一步架构不同业务应用场景。而如果财务的各个业务部门之间未达成同等层次的共识，则会使不同部门在技术路径选择、资源投入等方面产生分歧。虽然分歧的产生并不一定会阻碍财务向智能化道路迈进，但必然会带来更多的争议和损耗，并最终使这一进程放缓。当然也不排除在极端情况下，因为分歧过于严重，使整件事情回归原点。

（二）科技部门内部信息化协同面临的挑战

科技部门内部同样存在着信息化协同的问题。如果说财务的问题在于需求割裂和认知层次差异，那么科技所面临的就是另一类协同问题。

1. 基于独立而非产品平台的后遗症

受到财务部门需求的影响，科技部门在建设系统时，往往也是根据财务的划分，建立了一个个不同的、独立的系统，在进行集成的时候，不同的系统之间进行数据的交互打通。在这种模式下，科技部门内部往往会为每个系统配备相对独立的项目团队。而由于财务部门本身缺乏统筹，科技部门内部也容易放任各财务系统的项目团队各自发展，并最终造成割裂后果。在这种情况下，就会产生后遗症。由于每个系统都是各自打地基的，地基之间无法打通，就造成各个系统的风格不同，系统管理方式不同，并导致用户体验差且系统维护困难。更严重的是，科技部门各个项目团队之间缺乏技术交流，一项新技术在某一系统应用后，其他系统团队毫不知情，更不要说技术共享了，这与智能时代高新技术革新的需求格格不入。

2. 新技术团队与传统财务科技团队的割裂

不少公司对智能化技术的研发往往并不是从财务开始的，而是为了满足业务场景研发产生的。一些企业在进行了大量业务场景的实践后，做了技术提炼，并构建了智能技术的各类实验室，如大数据实验室、区块链实验室、人工智能实验室等。而这些实验室在形成通用的技术基础后，又进一步反哺业务场景。很遗憾的是，在这个循环中，作为服务于后台业务的财务科技团队往往会成为局外人。科技部门内部前后台团队的割裂，以及新技术实验室和传统实验团队之间的割裂，都可能让财务无法分享到最新的技术成果。

（三）财务部门与科技部门之间信息化协同面临的挑战

第三个协同挑战来自财务部门与科技部门之间。财务部门与科技部门之间本身存在着部门间协同的问题，二者是需求和实现的关系，在这个过程中必然容易出现协同问题所带来的相关挑战。

1. 需求场景和技术对接渐行渐远

财务部门与科技部门之间对接的关键在于如何把业务需求转换为系统实现的语言。在传统的财务信息化阶段，这一直就是让人纠结的问题。很多企业的财务部门不了解科技部门的思维方式，而科技部门也难以理解财务和会计的语言，导致两者之间的需求转换往往会出现一些偏差。好在不少企业意识到了这个问题，并设法在两者之间设置了衔接团队，进行业务需求的转换。

但在智能时代，原本设置的衔接团队会面临更大的挑战。一方面，财务的衔接团队会发现，基于智能技术的需求场景的挖掘变得更加困难，并且由于对新技术的理解不够深刻，显然很难想清楚能够解决怎样的业务问题；另一方面，科技部门也更容易沉迷于对技术本身的研发，成为"技术控"，反而忽视了对财务应用场景的支持，就技术论技术，难以结合业务实际。这两方面的问题最终造成需求场景和技术对接渐行渐远。

2. 条状对接和技术平台发生冲突

前面谈到，如果科技部门的组织设置与分散的财务模块相匹配，就会带来科技部门内部的协同问题。而如果仅仅科技部门去单方进行努力，将其内部的割裂团队打通，形成技术平台，那么，即使有所进步，也还是没有从根本上解决问题，反而会进一步引发新的问题，造成来自财务部门的条状需求和科技部门平台建设之间的冲突。

在科技平台化、财务分散化的模式下，财务信息化建设仍然分散在各个不同的财务部门内，而相关业务需求是各个财务部门向科技部门进行传达的。在这种情况下，已经实现了平台化的科技部门在面对这些时间不一、规划不一、深浅不一的需求时就会面临各种问题。由于无法进行像之前独立系统团队模式下的自主响应，科技部门内部需要对接收到的需求进行统筹评估，需要向需求方反馈平台的统一规则，并引导需求方去接受平台的约束。这一过程往往也伴随着大量的沟通和冲突。

（四）集团与业务单元之间信息化协同面临的挑战

和前面所关注的财务与科技之间的关系不同，集团和业务单元之间的信息化协同问题体现在了更高层面上。

1. 标准化和个性化的冲突

对于集团企业来说，如果财务信息化有条件构建在一个相对标准化的架构之上，这是一件好事。在实践中，也有很多企业集团一直致力于实现这样的大集中架构模式。但是对于具有多元化特征的企业集团来说，要做到这一点极其不易。

集团内部的业务单元有其各自的业务发展诉求，特别是对于多元化集团来说，不同业态下的业务单元其个性化诉求更是尤为强烈。在这种情况下，要在集团层面建设一个相对标准化的平台来满足不同业态的个性化需求，就会造成集团标准化和业务单元个性化诉求之间的冲突。如果一味地满足集团的需求，业务单元的发展就会受到影响；而如果完全满足业务单元的诉求，对集团管控也会带来显著影响。如何平衡两者之间的关系，构建能够同时解决标准化和个性化诉求的平台成为核心问题。

2. 渐进和突发的冲突

在财务智能化建设的节奏上，对集团来说，往往希望能够根据所制订的计划，有条不紊地完成信息化建设工作。而对业务单元来说，很多时候信息系统的建设需求存在突发性，往往为了解决业务痛点，需要进行紧急的系统建设。在这种情况下，对于集团来说，渐进的建设节奏会受到突发情况的冲击，如果无法及时对业务单元的诉求进行响应，则会加剧两者之间的冲突。而如果业务单元一味地强调自身的突发性，不考虑整个集团信息化建设的节奏，也会带来一些问题。渐进和突发的冲突是在集团企业信息化、智能化建设中不得不面对的挑战。

3. 在信息上两者之间穿透和独立的冲突

集团和业务单元之间还面临着信息"穿透"和"独立"诉求的冲突。对集团管控来说，实现对业务单元的信息穿透是信息系统建设的重要诉求，要做到这一点，集中的财务信息化建设模式是核心。但对业务单元来说，保持其信息的独立性或私密性，也往往是其所希望做到的。两者之间的博弈关系一方面取决于集团管控的形态，另一方面也会夹杂着监管要求的影响。特别是对上市公司来说，信息的独立性就存在着监管要求，集团与业务单元在信息"穿透"和"独立"上的分歧或冲突是天然存在的。在剔除监管因素后，信息的穿透力度更多取决于企业集团在管控模式上对业务单元的控制力度。

二、智能时代财务信息化协同体系

在智能时代，我们将面对比在传统财务信息化模式下更加复杂的协同关系和协同挑战。对我们来说，更加重要的是如何在困难和挑战面前积极应对，并有效地构建一套更加高效的财务信息化协同体系。在这里，我们从四个方面对智能时代财务信息化协同体系提出一定设想。

（一）财务构建统一的信息化中枢

对财务组织内部来说，要打破信息化的建设边界。打破边界的方法可以考虑在财务体系中构建统一的信息化中枢，这个信息化中枢可以是实体组织，也可以是虚拟组织。实体组织可以是财务信息化团队或部门的形态，如某领先的互联网企业内部设有财经IT部、某大型国有商业银行有会计信息部这样的组织，这些实体化的专有组织能够在财务体系内部起到统筹协调的作用。而对于没有条件设立统一财务信息化团队的企业来说，就可以考虑设立虚拟机构，如设置财务信息化管理委员会之类的跨部门统筹组织。虽然它在力度上弱于实体组织，但也能起到一定的统筹协调作用，并且在财务信息化架构搭建和重大项目的推进过程中发挥重要作用。

（二）科技面向财务的团队和架构的私人订制

对科技部门来说，要实现与财务部门的紧密协同，应当考虑构建面向财务部门提供服务的专属团队。在这样的专属团队中，应当从组织架构上打破传统按业务模块独立设置团队的模式，构建能够更好地匹配未来的平台化架构，其中包括专属需求分析团队、架构师团队、公用平台研发团队和场景实现团队，面向财务部门进行私人订制。需求分析团队应当能够有效支撑智能技术与财务需求团队的对接；架构师团队能够站在产品化和平台化角度，科学构建财务信息化架构；公用平台研发团队应当能够打通财务各底层业务模块，对可公用的技术功能进行组件化研发，并实现在不同业务场景中的应用；而场景实现团队则在公用平台的基础上，针对不同的业务场景需求通过技术来实现。通过这样一个平台与定制化相结合的科技团队组织来提供对财务智能化的有力支持。

（三）科技内部市场化实现新技术引入

对于科技内部各类"黑科技实验室"之间的协同，不妨考虑引入市场化机制。由于各类"黑科技实验室"主要的服务对象是企业的业务场景，而对于作为后台的财务场景来说，要想获得大力度的支持并不容易。在这种情况下，引入市场化机制，通过内部交易的形式，向"黑科技实验室"付费购买相关技术，能够充分调动"黑科技实验室"协同的积极性，也能够更好地从机制上让财务和业务站在同一条起跑线上。当然，并不是所有企业都有条件去建立内部市场化机制，必要的时候，寻求行政命令和行政资源的支持也是可行之路。

（四）集团推行产品平台并定义自由度

对集团企业来说，要达到标准化与个性化的平衡，不妨考虑将集团自身视为财务智能化产品的提供商，在集团层面基于产品化理念，设计信息化平台。在产品的设计过程中，集团应当充分引入业务单元来对产品化需求进行论证和设计，通过大量的调研形成需求报告，并最终搭建好平台。各个业务单元在实际进行信息化建设时，集团将其当作一个产品客户，通过进一步的需求调研，引入实施方法，在产品化平台的基础上进行配置实施和少量且可控的定制化开发。

通过这种模式，集团财务能够搭建一个开放式的财务智能化产品平台，并借助平台实现管理的标准化和自由度。

在财务智能化进程中，财务与科技的协同是一个技术与艺术并存的话题，找到合适的平衡点、实现双赢是财务智能化之路成功的关键。

第三节　智能时代的财务产品经理

智能时代财务管理的基础是信息技术，对财务来说，好的技术平台的支撑，能够帮助我们在智能化道路上走得更远，也能够让我们有更多的机会去实践财务创新。而在这个过程中，传统的财务信息化支持人员已经难以满足要求，所以我们需要智能时代的财务产品经理来陪伴我们共同走上财务智能管理之路。

在这里，我们谈一谈什么是财务产品经理，与信息化时代相比，智能时代财务产品经理应当具备怎样的特质，而我们又该如何帮助财务信息化人员成长为智能财务产品经理。

一、什么是财务产品经理

要知道如何成长，就先要搞明白什么是财务产品经理。其实很多财务人员对于产品经理这个概念本身是陌生的，更不要提财务产品经理、智能财务产品经理了。所以，我们有必要一起来把这个概念先谈清楚。

（一）从产品经理的概念说起

笔者第一次接触产品经理这个概念，是在读苏杰的《人人都是产品经理》这本书的时候。那时才明白，原来"产品就是用来解决某个问题的东西"，而产品经理就是把这个东西设计出来并不断去完善的人。

从这个概念上理解，产品经理是随着产品形态的发展而发展的。早期时候，产品大多数是实体化的，如家里的电视机、洗衣机等都是实体化产品，产品经理则是管理这些实体的产品从概念提出到设计、生产、营销、销售、配送、服务等全过程的角色。而随着社会的发展，产品的形态也在改变，能够解决问题的东西不仅仅是实体，一个好的创意、管理方法也可以称为产品，产品经理也不再局限于"理工男"。而当信息技术、互联网快速发展后，软件产品、互联网产品快速风靡市场，面向软件和互联网的产品经理成为其中的重要人群。但无论哪一种产品、哪一种产品经理，其本质都是一样的。

优秀的产品经理的价值就在于要做出能够解决问题、让客户满意的好产品。产品经理可能面对下面这些工作。

第一，从各种各样的需求和想法中找到要解决的问题，以及相匹配的产品方向。

第二，为产品做一个长期的布局和规划，知道什么时候该走到哪里。

第三，进行产品设计，参与产品的开发、测试和上线。

第四，参与产品推广方案的设计，用营销思维让客户能够接受这个产品。

第五，积极进行产品培训，获得用户支持，得到更多改善产品的反馈。

第六，关注市场动态和竞争对手，随时进行产品规划的调整。

如果能够做到以上这些，那么就是一个符合当今时代要求的合格的产品经理。

（二）产品经理和工程师的差别在哪里

产品经理和工程师是两个容易混淆的概念，理解二者的差别有助于我们更好地认识产品经理的角色和定位。

产品经理的定位是从架构、功能和逻辑层面去设计一个系统，并关注这个系统能够为用户解决怎样的问题，高度关注用户的体验，力求做出让用户用起来舒服、能解决问题的好产品。而对工程师虽然也有类似的要求，但更侧重于技术研发，而较少关注这些技术可能带来怎样的应用场景。这两种定位在企业内的不同甚至可以影响组织的文化。

对产品团队来说，产品经理和工程师都是这个团队的构成部分，团队中还包括设计人员、测试人员、营销人员、项目经理等角色。产品经理往往在大的产品团队中还承担着角色补位的身份，在正常情况下，产品经理和这些角色各司其职，形成良好的协作关系，而在某些角色出现缺失的时候，产品经理是这个团队中最合适的补位者。这也是为什么我们说产品经理的工作应当覆盖产品全生命周期的原因。

（三）财务产品经理的定位

当理解了产品经理这个概念后，我们再来看一看财务产品经理应该有怎样的定位。

首先，财务产品经理应当是财务组织中的一分子，其核心职能是设计财务信息系统来解决在财务工作各类业务场景中所遇到的问题。因此，将财务产品经理设置于财务团队内部能够更好地发现用户出现的问题，并设计出更有针对性的产品解决方案。

其次，财务产品经理应当将主要精力放在搞明白需求、设计出用户体验卓越的好产品上。同时，充分利用工程师们的"黑技术"，把好的技术应用到财务场景中。财务产品经理既不应当取代工程师的角色，又不应当任由工程师团队所替代。

最后，我们也要意识到，财务业务人员并不适合在没有经过充分训练的情况下直接成为财务产品经理。财务产品经理是一种复合型人才，必须将财务知识与技术能力有机融合。如果由纯粹的业务人员来设计产品会缺少全局观，难以把握架构和流程，并在与工程师的对接过程中出现理解的偏差。

二、智能财务产品经理的特质

财务产品经理的出现能够全面提升财务的信息化应用能力，帮助财务部门应用技术手段来解决问题。那么，在智能时代，财务产品经理还需要经过怎样的迭代进化来实现进一步的提升，并应当具备怎样的特质呢？

（一）新技术的敏感性

作为应用技术来解决财务问题的财务产品经理，对技术的敏感性是不可或缺的。特别是在智能时代，技术快速迭代更新，对这种能力的要求更为突出。实际上，在传统的财务信息化时代，在相当长的一段时间内，技术的发展还是相对平稳的，从计算机技术的出现到互联网、移动互联网，大约二十年的时间，我们可以以比较平缓的节奏来面对技术变化对财务的影响。

但在过去的两三年和未来的五年中，我们处于信息化时代向智能时代转变的边缘期，在此期间，技术的多变和创新的层出不穷成为常态。如果还是以先前的节奏来面对，则就很可能错失大量提升财务效能的机会。在不可多得的时代跨越期，每一个财务产品经理都应当具备高度的技术敏感性，把握时代赋予的机会。

（二）新技术的财务场景化能力

对于财务产品经理来说，一旦敏锐地捕捉到新技术的出现，最重要的事情就是能否将这些新技术用于解决实际问题上，也就是这里要说到的新技术的财务场景化能力。实际上，业务问题出现的载体是业务场景，空谈一项技术是没有任何意义的。但作为财务产品经理，如果能够识别出业务部门的痛点，抽象出业务场景，分析出什么样的技术能够解决怎样的场景问题，那么他就是一个高水平的财务产品经理。

对于如何形成这样的能力，财务产品经理不妨借鉴笔者在前面章节中所谈到的创新方法。其中，关联创新很适合让我们在财务和技术结合的边缘迸发出新的想法。

（三）产品化和平台化架构能力

在传统的财务信息化模式下，由于技术变化相对缓慢，高度定制化的信息系统也能够满足不少的用户需求，并且保持稳定性。但随着智能时代的到来、技术的加速革新，缺乏扩展性的定制系统将难以满足业务需求，产品化和平台化成为发展趋势。

对财务产品经理来说，产品化和平台化架构能力的形成并不是那么容易的。在传统模式下，只需要就问题去解决问题，用西医的方法就足够了；而在产品化和平台化架构下，还需要用中医思维来解决问题，能够站在一定的高度上对财务信息化产品中各个功能组件和关联关系进行具有前瞻性的规划，并能够在技术实现时充分考虑其可配置性和扩展性。这种能力的形成无论在专业上还是在思维能力上，都对现有的财务产品经理提出了更高的要求。

（四）产品价值挖掘能力

在智能时代，好的产品经理不仅要技术过硬，还需要会讲故事。对于所负责的产品，能够充分挖掘产品的价值，并与产品的相关方达成共识；能够更好地获得资源保障，获取用户的信任并形成更可靠的需求关系；更好地获得管理层的支持，保障产品设计最终落地。

在通常情况下，智能时代的财务产品经理应当能够讲清楚产品在成本、效率、风险或管控、决策支持、客户体验等方面的实现价值。通过一系列的价值共识，把产品推入高速发展的轨道。

三、如何从财务 IT 成长为智能产品经理

传统的财务信息化团队成员如何才能成长为未来的智能财务产品经理呢？传统的财务信息化团队成员在向智能财务产品经理迈进时已经具备了一定的基础，但仍要在专业深度、广度和认知新三个维度上得到进一步提升，方能够成长为合格的智能财务产品经理。

（一）专业深度的成长

专业深度尤为重要。在智能时代，如果要成为合格的产品经理，就需要进一步加强技术知识的储备。当然，这种加强并不是要求产品经理达到工程师的水平，而是要在现有的运维、需求分析能力的基础上，补充新技术领域的相关知识。正如笔者在前面章节中一再强调的，智能产品经理需要对大数据、云计算、机器学习、区块链、物联网等新的技术概念有所认识，能够理解这些概念的本质逻辑，知道工程师会如何应用这些技术，在应用这些技术时需要有哪些准备或基础能力。这将帮助智能产品经理更好地把控产品方向，更合理地向工程师提出产品要求。

同时，专业深度还体现在对产品化、平台化架构方面的知识体系的完善上。当然，相关的具体工作将由科技部门的架构师团队来完成，但作为产品经理，需要有能力判断和评价架构师的设计，并有能力参与相关架构设计工作。

在专业深度方面，还需要关注 IT 治理的相关内容，这对于管理产品从规划到实现，以及后续的稳定运营有很好的帮助。在 IT 治理方面需要关注的内容包括 IT 规划管理、IT 获取与实现管理、IT 服务管理、IT 治理管理、IT 风险管理、信息安全管理、IT 绩效评价，以及灾难恢复和业务持续性管理等内容。

（二）专业广度的成长

对财务产品经理来说，要打造出智能时代的财务好产品，就必须能够更加深入地承担起业务场景与信息技术相结合的中间角色。这个中间角色在业务层面要求财务产品经理具有更加广阔的专业视野。

财务产品经理应对财务的各业务领域，如核算、预算、资金、管会、经营分析、税务、共享等，有广泛的了解。具备了这些财务专业范围内的广博知识，

能够帮助产品经理实现第一个层次——财务各职能团队与科技之间的对接。

然而，财务产品经理不能仅仅满足于这个层次的专业广度，还需要进一步拓展视野，了解各中前台业务，知识面覆盖公司经营的各类业务，并能够掌握业务与财务端到端的全流程数据流转和系统架构。在这种情况下，才能更好地通过信息技术实现业务与财务的一体化。

构建多层次、立体、具备专业广度的知识体系，对财务产品经理从初级向高级成长至关重要。

（三）认知创新的成长

财务产品经理的养成之路还需要认知创新能力的提升。对产品经理来说，需要更多地去研究和学习创新的工具和方法。创新本身是一门科学，而并非守株待兔式的等待创意。对财务产品经理来说，如果想培养自身的创新能力，就需要积累大量的跨领域知识，而不仅仅是财务和科技类的知识。很多时候，创新的灵感就来自貌似不相干的领域的突发刺激，当积累了足够广度的素材后，各种所谓的创新工具和方法才有可能发挥作用。

当然，实践是创新的根源，作为智能时代的财务产品经理，需要积极地将想法付诸行动。如果暂时无法将其付诸实践，那么即使是推演也能帮助他们加深思考，并在深度思考的过程中获得认知和创新能力的提升。

财务产品经理的形成是一个迭代进化的过程，当明确了智能财务产品经理是什么、需要怎样的能力和如何培养后，剩下的就是财务产品经理在工作中不断地积跬步，以至千里。

第四章　智能财务建设之共享平台建设及新技术应用

就智能财务的建设思路而言，智能财务分为智能财务共享平台建设和新型财务管理模式构建。其中，智能财务共享平台建设是智能财务建设在技术视角的实践探索，同时也是企业建设智能财务的重要抓手。本章以平台建设为主线，聚焦企业智能财务建设第一期的落地实现情况，探讨其智能财务共享平台的落地概况、主要功能和主要特点，以期为企业智能财务共享平台的建设和运用提供借鉴和参考。

第一节　平台落地概况

企业的智能财务共享平台按照"大集成、大共享、大数据"的建设理念，设计全业务支撑、一体化构建的平台总体架构。目前，平台以智能财务会计共享为主体，融合开发了15个工作台，覆盖财务会计、管理会计、共享运营三个方面的工作内容，实现财务会计、管理会计、共享运营的"全面共享、高效融合"。

自平台上线运行以来，在核算自动化实现效果方面，除少数特殊业务通过特殊业务处理单制证外，会计核算证账表基本实现全自动化生成，无须人工干预。其中，证是指会计凭证（包括记账凭证和原始凭证），实现记账凭证和数字化表单的自动生成，以及记账凭证、数字化表单、电子发票、电子回堆、影像附件的自动归集；账是指总账、明细账等会计账簿；表是指会计报表（包括月度单体报表、年度单体报表和年度合并报表）、银行余额调节表和纳税申报表等。

第二节　平台主要功能

企业智能财务共享平台的主界面工作台分别是：智能报账中心、智能稽核中心、业务核算自动化、物资管理、NCC、报表管理、电子会计档案、预算管理、资金管理、资产管理、税务管理、智能共享管理、RPA 管理和影像管理。

一、智能报账中心

智能报账中心的实现，主要有两大功能特点。

1. 业务场景自动化

一是自动填列表单。通过用事项申请和合同档案，以及自动识别发票金额、自动计算附件张数，实现报账单据信息自动填列。二是自动稽核控制。借助 OCR 识别技术，实现发票的自动识别、查重和验真；基于智能稽核规则，实现住宿标准、舱位等级、会议（培训 I）标准、接待标准等的自动校验控制。三是实现一键报销。除实现纸质附件的影像采集外，还实现了发票金额自动识别、进项税额自动计算、补助标准自动填列、收款信息自动带出、出差行程自动拆分等，报账人员基本无须手工操作，就能实现一键报销。四是实现移动报账。移动应用提供全业务场景移动报账、移动审批、移动商旅、个人网盘、图像采集自动修正处理等功能，可以实现随时随地通过手机采集附件、报账发起和报账审批。

2. 会计核算自动化

报账单审批完成后，从资金支付到会计核算实现全流程自动化；记账凭证摘要、附件张数、辅助核算项等凭证要素全自动生成，不允许人工修改；记账凭证附件实现全自动归集。

二、智能稽核中心

智能稽核模式为"同价共库、人机协作"，采用人机协作稽核的方式，包括三类自动稽核（票据自动稽核、业务自动稽核和凭证自动稽核）和三级人工稽核（属地人工初核、属地人工复核和中心人工抽核）。系统和人工在同一平台的同一界面，共用同一稽核规则库协作完成稽核工作，以提高智能稽核效率，强化稽核过程管控。智能稽核的实现基础和功能特点如下。

1. 实现基础

一是业财数据的数字化对接。将结构化数据从业务系统通过数据交换平台直接传递到智能财务共享平台，以结构化数据进行存储和传递，同时按智能财务共享平台中统一设计的标准表单和数字化核算附件进行展示和用于稽核。二是文本文件的数字化转换。将原始凭证关键信息在业务系统中形成结构化数据，进而传递至智能财务共享平台。在智能财务共享平台中，以结构化数据存储和传递，同时按统一设计的数字化核算附件进行展示和用于稽核。

2. 功能特点

智能稽核操作直观、简便、高效，采用单屏同时展现稽核对象、稽核规则、稽核过程及稽核结果，实现稽核"三化"。一是稽核规则标准化。梳理一套稽核规则形成智能财务稽核规则库。二是稽核过程痕迹化。采用了"向后层叠、逐级递进"的方式，后续稽核环节的稽核内容包括对前承环节的系统稽核结果和人工稽核结果的审核确认，以及本环节的稽核内容；通过一个智能稽核操作，在系统中全流程完整显示三类系统稽核和三级人工稽核的执行结果，实现稽核过程"双向追溯"。三是稽核结果可视化。使用一套状态标记，即系统和人工同时通过绿色通过标记；系统待确认、人工通过黄色通过标记；系统不通过、人工强制通过红色通过标记。将稽核过程和结果可视化展现出来，为属地复核、中心抽查实现分类稽核、重点稽核、批量稽核提供快速查询、精准锁定的便捷操作界面。

三、业务核算自动化

核算自动化程度最高，其主要表现在两个方面。一是购进核算自动化。除上传购进发票、发起主动付款外，其余流程全部实现自动化核算。利用 RPA 从电子商务系统自动下载购进电子合同，自动上传至智能财务共享平台，实现"三单"（电子合同＋采购发票＋入库单）自动匹配、自动核算。二是销售核算自动化。实现"销售订单—销售出库—成本结转—销售收款—银企对账"全流程自动化。

业务核算自动化实现具有三大特色。一是核算自动化难度最大。业务涉及的核算业务最复杂、业务系统最多、业务层级最多、业务数据量最大，核算实现了"生产—收购—调运—销售"全过程的核算自动化。二是业务部门支持力度最大。项目得到了业务部门、信息中心的支持，进一步统一生产经营管理模式，统一业务信息系统。三是系统改造提升复杂度最高。改造提升生产经营管理相关业务系统，新建企业生产管理系统。

四、物资管理

在物资管理方面，统一全省烟草商业烟用物资业务系统，并新开发通用物资管理系统、烟用物资核算。除购进需上传纸质合同和发票外，购进其他环节、销售、移库已全部实现全流程自动化。

五、NCC

NCC，即 NC Cloud，是用友公司应用最新物联网、大数据、人工智能等技术开发的新一代云 ERP 产品，基于开放、互联、融合、智能的产品理念，具有云端化、轻量化、角色化、移动化、智能化的应用特点。项目已采用 NCC 财务会计系统中的总账、应收管理、应付管理、固定资产、存货核算等模块，包括结账 RPA 财务机器人，实现月末结转、记账、月结检查、结账、报表生成等期末自动财务处理。

六、报表管理

报表管理模块主要实现了两大功能。一是报表自动生成。聚焦数据洞察，努力为决策提供有力支持。智能财务共享平台报表管理主要实现快报、月报、年报等各类财务报表的自动生成和自动稽核。报表中的财务数据不需要进行手工填列，报表生成后只需要人工进行审核确认并上报即可。二是报表自动合并。实现报表数据自动采集、内部交易自动对账、内部交易自动抵销、填报及合并状态查看、合并过程可追溯。

七、电子会计档案

会计档案采用双套制管理方式，档案日常使用以电子会计档案为主。部署的电子会计档案管理系统的功能覆盖档案立卷、归档、利用、移交、鉴定、销毁六个管理环节，在传统人工会计档案管理的基础上进行了优化提升。实现的电子会计档案管理，具备标准化、电子化、自动化、安全化、便捷化、绿色化六个特点。

八、资金管理

目前，智能财务共享平台已融入资金管理系统。其中，资金结算功能主要包括四个。一是一点接入，提供资金结算云服务。通过云服务平台一点接入，实现企业所有银行账户的转账支付、流水查询、余额查询和回单下载等功能的云服务。二是自动支付，兼顾风险控制与支付效率。启用 CA（Certificate Authority，证书颁发机构）认证扫码支付、批量扫码支付，通过专人扫码认证进行支付风险控制；针对白名单设置免扫码自动支付，通过限额支付、限量支付、审批流稽核等进行支付风险控制。三是自动对账，实现实时核算、及时对账。银行支付报文、银行流水、银行网单自动关联，实现银行回单自动挂载报账单据及记账凭证；具体业务资金收付在实现实时核算的同时实现自动对账、自动生成日对账表，保障资金收支安全准确；在日常及时自动对账的基础上，月末快速完成银企自动对账，自动生成银行存款余额调节表。四是一单收款，实现收款业务高效、便捷。一张收款通知单同时实现收款确认、收入确认、收据关联、开票关联等功能；实现业务部门收款管理及时提醒、实时办理。

九、预算管理

目前，智能财务共享平台已融入全面预算管理系统，建立起预算指标与标准业务事项、会计核算科目之间的对照关系，在业务发生时进行预算自动校验，实现预算控制前置化和自动化，并起到增强全员的预算控制意识、充分发挥预算优化过程管控的作用。

十、资产管理

优化改造提升资产管理系统，完善资产系统基础信息；优化出租资产管理功能，新开发低值易耗品管理功能等，并以此为基础，实现资产增加（购置及转固）、折旧计提、内部转移、资产报废的核算自动化。

十一、税务管理

税务管理工作台目前已实现发票管理、税务台账、税费计提、纳税中报表自动化及税务风险自查等功能。税务管理业务具备四个特点。一是全流程标准化。标准化包括涉税数据标准化、业务场景标准化、计税规则标准化、稽核规则标准化。二是全过程自动化。在全流程标准化的基础上，实现"发票管理—税务台账—税务核算税务报表"全过程自动化。三是全税种覆盖。覆盖企业涉及的包括增值税、消费税、所得税等在内的 15 个税种。四是全业务支撑。通过业务系统集成对接，从营销、生产经营、物资管理、资产管理等业务系统自动获取业务数据作为计税依据，实现税金自动计算、自动核算。

十二、智能共享管理

智能共享管理主要涉及智能财务中心的管理工作，是对智能财务共享平台运行的管理，以及对平台使用人员的管理，目前包括五大功能。一是知识管理。该功能主要用于发布政策制度、使用指南、培训课程，供财务人员去学习使用，同时，建立沟通交流平台，提供提问回答和反馈功能。二是信用管理。针对报账人员及审批人员，通过设置稽核规则自动计分及单据界面手动计分两种计分方式，以及设置信用评价指标自动进行信用评价，并在初核、复核任务列表中按照不同信用等级显示经办人信用标识，以提高智能稽核效率。三是质量管理。对稽核工作涉及的属地初核、属地复核岗位，设立质量管理评价指标体系，自动进行稽核质量计分，进行全方位的核算质量把控，并逐级完善业务操作过程，提升平台操作的标准化，确保会计核算信息质量。四是运营监控。实现运营监控可视化时人工任务、系统自动任务进行实时监控；同时，推送实时业财数据，为服务业务和管理决策提供支持。五是系统管理。该功能主要用于进行平台日常运营维护、平台运行监控、平台安全管理等。

十三、RPA 管理

RPA 管理工作台主要包含 RPA 运行监控、RPA 异常处理、RPA 日常维护、RPA 开发等功能。

十四、影像管理

影像管理功能通过调用高扫仪、高柏仪及手机摄像头等扫描成像设备和图像识别软件，为财务核算远程中附件的采集整理、流转审核及存储归档的全过程提供电子化和数字化的支撑。

第三节　平台主要特点

A 企业智能财务共享平台在建设和运行过程中体现出十个方面的特点。一是系统化。平台是全业务支撑、全流程覆盖、全财务领域系统化构建，实现业财一体化深度融合、业财端到端全流程自动化、财务证账表全自动生成。二是共享化。整个企业对于智能财务相关平台（财务会计和管理会计平台、移动应用）、相关数据（在权限内共享）、相关人员（财务人力资源优化配置）和相关组织（虚拟智能财务中心）均实现共享。三是标准化。实现业务流程统一、管理模式统一、核算规则统一、表单附件统一、信息系统统一、数据标准统一，为核算自动化、智能稽核的实现奠定基础。四是自动化。核算自动化包括会计凭证、会计账簿、会计报表的全自动生成，不需要人工干预，在平台运行稳定后将实现自动化率接近 100%，核算准确率达 100%，RPA 实现重复烦琐工作的自动化完成。五是智能化。感知智能方面，将 OCR 识别技术应用于票据识别，将语音交互技术应用于出差申请；运算智能方面，主要是 RPA、机器学习算法的运用。六是数字化。迅速拓宽数据采集渠道和数据采集能力，获取大量内部和外部、财务和业务、结构化和非结构化数据；数据驱动管理，进行业财管数据分析、辅助决策。七是精细化。采集最细颗粒度的交易数据和过程数据；着眼于细节提升，力求通过细节优化，以实现更高程度的核算自动化。八是移动化。通过移动互联网技术的应用，支持随时随地审批报账，支持随时随地办公；引入数字签名技术，确保移动应用安全。九是简约化。共享平台设计界面简洁、操作简单，达到了"好看好用"的效果。十是云端化。使用银企联云技术、税企联云技术，实现平台私有化部署。

财务领域智能化应用场景的设计和"大智移云物区"等新技术的匹配运用，是智能财务建设的本质所在。新技术运用，是智能财务建设在技术视角的实践探索，也是 A 企业在智能财务建设项目中最为突出的亮点之一。本章将重点探讨智能财务会计共享实现过程中涉及的新技术匹配运用问题，包括新技术在智能财务建设中的基本定位，以及新技术在企业智能财务建设过程中的运用思路和具体运用，以期为企业在建设智能财务的过程中能够更好地选择和运用新技术提供参考和借鉴。

第四节 新技术在智能财务会计共享中的运用思路

在企业智能财务会计共享平台落地过程中，不仅运用到了大数据、人工智能、移动互联网、云计算、物联网、区块链等"大智移云物区"新技术，还运用到了电子会计档案、电子会计凭证、NS 身份认证、NS 数字签名、可视化技术和商业智能六个技术大项。这些新技术的运用，助力企业实现了会计核算的标准化、自动化和智能化，会计报表生成的自动化，资金结算的集中化和自动化，税务计算和申报的自动化，会计档案管理的电子化、自动化和无纸化，以及预算控制的业务化、前置化和自动化，从而达成了智能财务建设的第一层次目标——提升财务工作质量，包括改善会计信息质量、提高会计工作效率、降低会计工作成本、提升会计合规能力、解放会计基础工作人员等。伴随智能财务建设的持续推进，特别是智能管理会计共享平台和大数据分析应用平台的落地，该企业还会将更多新技术用于智能财务建设，以实现智能财务建设的第二层次目标更好地服务于业务和管理工作。

（一）人工智能的运用

人工智能，是研究、开发用于模拟、延伸和拓展人的智能的理论、方法、技术及应用系统的一门新的技术科学，其主要发展方向为感知智能、运算智能和认知智能。

1. 感知智能的运用

感知智能模拟、延伸和拓展人类视觉、听觉、触觉等感知器官的感知能力，包括图像识别、人脸识别、指纹识别、语音识别等技术。企业在智能财务会计共享中具体使用了图像识别、人脸识别、指纹识别和语音识别技术，分别用于发票识别、移动智能登录、移动智能签名、出差申请语音助理和报表查看语音助理等场景。其中，发票识别是指根据拍照或扫描的不同类型发票影像进行智能识别，并将影像信息形成结构化数据。能够识别的发票种类包括：增值税发票（专用发票、普通发票、电子发票）、机动车销售统一发票、通用机打发票、定额发票、航空运输电子客票行程单、火车票、汽车票、租车票、过路费票等。移动智能登录是指在登录智能财务 App 时，通过调用智能手机自带的生物特征识别程序（包括但不限于人脸识别程序、指纹识别程序等）对用户进行生物特征身份认证，身份认证通过后完成系统登录。移动智能签名是指在进行业务处理过程中需要进行数字签名时，通过调用智能手机自带的生物特征识别程序（包括但不限于人脸识别程序、指纹识别程序等）对用户进行生物特征身份认证，认证通过后调用用户移动 CA 证书，对业务处理进行数字签名。出差申请语音助理是指通过语音"我要出差"与小友 VPA 交互，并按一定语义规则用一句话说明相关出差信息，系统据此自动完成出差申请填报并提交审批。报表查看语音助理是指通过语音"我要看报表"与小友 VPA 交互，并按一定语义规则用一句话说明需要查看的报表名称，系统据此自动调节对应报表的数据信息。

2. 运算智能的运用

运算智能模拟、延伸和拓展人类大脑的快速计算、记忆和存储能力，包括RPA、自动稽核、自动评价、机器学习算法和深度学习算法等。企业在智能财务会计共享中具体使用了 RPA、自动稽核和自动评价。

（1）RPA 的运用。RPA 是指通过使用用户界面层中的技术，执行基于一定规则的可重复任务的软件解决方案，是数字化的支持性智能软件，也被称为数字化劳动力。RPA 用以执行数据检索与记录、图像识别与处理、平台上传与下载、数据加工与分析、信息监控与产出等任务，适宜处理规则明确、业务量大、重复性强、容易出错，涉及结构化数据、异构系统，以及要求 7×24 小时不停歇的业务。企业在智能财务会计共享中具体运用了 69 个 RPA，遍布智能财会计共享覆盖的五类业务,包括会计核算、财务会计报告、资金结算、税务会计和会计档案管理,以及财务共享运营管理。

(2)自动稽核的运用。企业自动稽核的范畴,覆盖票据、合同、附件、预算、业务、凭证和报表七大类。

票据自动稽核:按针对不同发票种类定义的稽核规则,由系统自动执行校验并反馈稽核结果,发票种类包括:增值税发票(专用发票、普通发票、电子发票)、机动车销售统一发票、通用机打发票、定额发票、航空运输电子客票行程单、火车票、汽车票、出租车票、过路费票等。

合同自动稽核:按合同稽核规则,根据合同登记信息由系统自动对合同支付执行控制并反馈稽核结果。

附件自动稽核:按附件稽核规则,对核算附件的完整性、一致性、逻辑性、真实性等进行系统控制,人工确认并反馈稽核结果。

预算自动稽核:按照预算稽核规则,根据资金预算和项目预算数据由系统自动对资金支付执行控制并反馈稽核结果。

业务自动稽核:对资金结算和核算、报账、经营、生产经营、物资管理、产前投入补贴、基础设施补贴、采购项目、人力成本、资产核算、财务核算、往来核算、复加工、罚没等,按照相应业务分稽核规则由人机协作完成稽核。

凭证自动稽核:按凭证管理稽核规则,对会计科目、辅助核算、借贷金额、审核签字,原始凭证完善性等内容进行系统自动控制并反馈稽核结果。

报表自动稽核:按报表管理稽核规则,时月报、快报、依本利和物流费用去等报表进行自动审核校验并反馈稽核结果。

(3)自动评价的运用。目前,企业自动评价的运用已实现自动信用评价,即依据员工信用评价规则,针对每一笔业务表单智能稽核结果自动执行员工信用评分,并自动推送消息提醒员工信用评分变化。

3. 认知智能的运用

认知智能模拟、延伸和拓展人类大脑的分析、思考、理解和判断等能力,包括知识图谱、自然语言理解、机器学习等技术。企业在智能财务会计共享中具体使用了知识图谱、自然语言理解和机器学习技术,分别用于知识协同平台、出差申请语音助理、报表查看语音助理和发票查验图片机器学习。其中,知识共享协同平台基于财务知识图谱,一是提供智能财务知识共享(用户在此可查看相关政策制度、使用指南、培训课程，或者搜索相关问题的答复反馈，从而获取到有用的信息开展工作）。二是进行问题反馈答复（当用户操作系统遇到问题时，可在当前单据界面发起提问，系统根据反馈机制自动将问题推送给稽核人员处理，提高用户满意度）。三是实现稽核反馈协同（三级稽核财务人员在稽核工作过程中发现问题即可在系统内反馈沟通、协同处理并记录过程，提高稽核工作效率）。报表查看语音助理的功能如前文所述。发票查验图片机器学习是指通过机器学习发票查验网页上的图片信息，模拟人工输入验证码字符，从而获取发票的结构化数据。

（二）移动互联网的运用

移动互联网是移动通信和互联网的结合，同时拥有移动互联网的随时、随地和随身等便利特性，以及互联网的分享、开放和互动等社交特性。企业在智能财务会计共享的智能报账和资产盘点中，运用到了移动互联网技术。

在智能报销中有四个移动互联网应用场景：一是发票影像采集，即通过智能财务 App 就能够随时随地完成纸质发票拍照与电子发票采集，并自动进行发票查验与智能稽核处理，将票据稽核前移到业务端；二是文件资料采集，通过智能财务 App、个人网盘能够随时随地完成相关文件资料的拍照并合成相关 PDF 文件，方便报销时直接调用；三是移动智能差旅，提供从出差申请、审批到报销的全员应用，满足多地点选择出差、多申请合并报销等各种差旅业务情况；四是移动智能报账，提供从申请、审批到报销的全业务报账应用，能够满足企业不同标准业务事项从项目或合同发起的报销处理。

在资产盘点中有 1 个移动互联网应用场景，即移动资产盘点，提供从盘点任务下载、二维码扫码盘点到盘点结果上传的全流程管理应用，满足企业多部门、多资产类别移动盘点的需要。

（三）云计算的运用

云计算是一种基于互联网的计算方式，可将共享的软硬件资源和信息按需提供给计算机和其他设备。广义上的云计算包括后台硬件的云集群、软件的云服务、人员的云共享等不同形态。企业在部署智能财务会计共享涉及的税务云、银企联云和智能财务共享平台时，用到了云计算技术。

税务云部署采用公有云方式，实现四项自动化应用：一是发票自动查验，即通过税务云将不同类型发票数据发送到相应验证机构进行查验，验证成功自动获取全票面结构化数据，保证发票数据百分之百准确；二是发票自动认证，即月末从税务云自动获取待抵扣进项税发票清单，与企业当月已报销发票进行自动匹配，自动抵扣认证；三是发票自动开具，即根据业务系统和财务系统销售业务数据、开票需求及客户开票信息，连接税务云自动开具相应纸质增值税发票；四是纳税自动申报，即在税款征收期内，根据填制好的各税种纳税申报表直连税务系统去进行自动报税。

银企联云部署采用公有云方式，实现十二项自动化应用：一是单笔资金支付；二是批量代发工资支付；三是批量代发账户状态校验；四是银行活期账户存款余额查询；五是银行活期账户交易明细查询；六是货款明细数据查询；七是收、付款明细数据查询；八是单笔资金支付状态查询；九是批量代发工资支付状态查询；十是银行电子回单查询下载；十一是货款明细版式文件下载；十二是收、付款明细版式文件下载。

四个智能财务共享平台相关系统采用私有云方式部署：一是将会计核算系统 NCC 私有化部署在企业，同时与财务会计共享平台、报表管理系统和管理会计 Web NC 相关系统无缝对接、一体应用；二是将云平台私有化部署在企业，提供财务会计共享系统和管理会计 Web NC 相关系统的移动互联网应用；三是将行业财务管控平台省级前置端部署在企业，提供行业报表平台省内个性化应用的同时，满足与行业财务管控平台中数据的联动一致；四是将通过云平台、会计核算系统 NCC、智能财务会计共享平台、报表管理系统和管理会计 Web NC 相关系统全部整合到统一的智能财务共享平台，形成统一用户、统一人口、统一待办、统一样式的全新风格用户界面。

（四）物联网的运用

物联网是指通过二维码识读设备、射频识别装置、红外感应器、全球定位系统和激光扫描器等信息传感设备，按约定的协议，把任何物品与互联网相连接，进行信息交换和通信，以实现智能化识别、定位、跟踪、监控和管理的一种网络，主要解决物品与物品、人与物品、人与人之间的互联。企业在智能财务会计共享中用到了二维码和云打印等物联网技术。

二维码有四个应用场景：一是资产盘点，即资产盘点时，用户通过手机扫描资产标签上的二维码，系统自动匹配资产卡片完成实物盘点处理；二是 CA 认证，即资金支付结算时，系统能够自动调取 CA 二维码，资金管理岗员工通过手机扫码进行身份认证及数字签名后，IT 动调用银企联云完成资金支付；三是单据定位，即稽核及打印员工通过打码枪扫描凭证或粘贴单上的二维码，系统自动定位到对应的凭证或单据界面以供后续处理网络系统登录，即用户访问智能财务共享平台时，系统自动生成二维码，员工通过手机扫描调取用户账号，身份认证通过后完成系统登录。

云打印有二个应用场景：一是电子会计凭证云打印，即通过在连接打印机的 PC 端安装打印助手，即可在各公司的归档打印工作台共享打印机，为三级稽核人员打印电子会计凭证提供便利；二是移动报销云打印，即企业员工在智能财务移动 App 完成电子文件上传、电子会计凭证导入或生成报销单后，即可方便地通过云打印完成相关单据的打印工作。

第五章　智能财务视域下财务共享实施及发展

　　财务共享中心的构建是一项非常复杂的系统工程，在整个实施过程中需要有坚定的信念逐步向前推进。从进程来看，财务共享中心的实施主要分为规划、设计、实施／迁移、持续运营与优化四个阶段。企业应根据自身情况，寻找适合自己企业文化和业务模式的方式，把握工作节奏和工作重点，循序渐进、稳步推进。

　　财务共享中心实施与运营的核心工作就是把设计阶段的方案落地，转化为实际操作，最后都落实到每一笔具体的业务，每一个具体的业务节点。同时，财务共享中心还要顺应企业的发展趋势，持续优化和改进，建立一个涵盖系统、流程、人员、制度、质量等多维度的长效优化机制，推进财务共享中心的稳步前进，从而更好地支撑企业的战略发展，为企业创造出更大的价值。

第一节　财务共享中心项目的实施方法

　　实施财务共享服务后，企业的管控能力得到了大幅提高，有效降低了财务运作的成本，同时还可以为企业的全面预算、成本管控、风险管理、绩效评价等工作提供更高质量的财务信息，进一步提升管理能力。但相较于一般项目，财务共享中心的实施与运营更为复杂，涉及财务会计、项目管理、组织行为等多学科理论知识，同时还要进行完整的项目规划、科学的实施步骤，以及制定可能出现的风险或问题的应急预案，从而有效保障财务共享中心项目的顺利实施和运营。因此，财务共享中心非常有必要在这些学科理论的基础上，构建科学完备的实施方法。

一、财务共享中心建设的 PDE 方法

财务共享中心的实施过程，主要涉及两个问题：第一，如何将原来分散的工作方式转换为共享服务的工作模式；第二，如何保证财务共享项目能够有序地实施、推进和完成，并具备可持续发展能力。因此，基于财务共享服务的系统性、整体性等特点，完备的实施方法论是财务共享中心项目组建工作顺利开展的重要保证。在这里，可以直接采用专有的 PDE 方法，即通过"最佳实践（Practice）—方法设计（Design）—效果评估（Evaluate）"的逻辑来设计与规划财务共享中心的实施方案，同时考虑实施方案的可行性与效益性。

财务共享中心实施方案的设计思想主要来源于业界财务共享中心的最佳实践经验，然后通过评估实施效果进一步反馈实施方案，从而有助于实施方案的改进和优化。实施方案的设计是 PDE 方法的主体，具有战略导向性作用。从本质上来说，整体的设计理念与思路也是一个变革管理的过程，通过对流程、组织、信息系统和运营管理等四大要素进行整合，每一个要素代表了一个完整的实施模块，各自包含了更深更详细的工作方案设计，有效形成适用于目标企业的最佳设计方案。

来自业界财务共享中心最佳实践的 PDE 方法展示了从传统模式变革到财务共享服务模式的基本路径。在 PDE 方法指引下，把方案设计与效果评估的总体思路划分为启动与调研、规划与设计、实施与运营这三个阶段来展开，在各个阶段的过程中进一步制定细化的实施步骤，从而构建一套完整、有效的财务共享中心建设实施方案。

二、财务共享中心建设的"361 度方法"

建设具体的财务共享中心项目，其实就是从明确财务管理现状到实施财务共享服务的过程，也就是财务共享服务实施路径。通过实践经验可以总结归纳为"361 度方法"，即三个阶段、六个步骤、一个财务共享中心。它具体包括启动与调研、规划与设计、实施与运营三个阶段，通过进一步细分为定义与启动、调研分析、整体规划、详细方案设计、实施部署、持续改进六个步骤，推动实现财务共享中心的建设与运营。

一般在项目启动之前，还要对财务共享中心项目进行可行性分析，结合业界的实践经验，可以从组织、人员、流程和系统等多方面对企业财务管理现状进行分析，深入讨论建设财务共享中心的必要性、可行性，以及能给企业带来的好处，形成初步方案，并预测财务共享中心项目在未来的成本收益情况。

（一）项目启动与调研阶段

财务共享中心项目启动后，项目团队的首要任务就是进行职责范围内的工作定义，这也是项目管理最初的，也是十分重要的一个阶段。在经过企业高层领导、财务、业务与信息等各部门人员代表和项目团队的充分沟通分析后，最后输出有关文档。

1. 定义与启动

这是实施整个财务共享中心项目的基础，包括确定财务共享中心项目的目标、范围、时间和团队；确定工作规范、管理文本模板、交付文档模板；召开项目启动会等各项工作内容。在这里的输出物主要有如项目计划、管理文本、项目启动会资料等上述几项工作中的文档模板。

2. 现状调研分析

在深入分析企业财务管理现状的基础上，重点了解企业目前的信息化程度、信息系统的交互情况、企业人员的素质、业务流程等方面内容，细化设定财务共享中心项目实施的进程，并进一步去评估实施的难易程度，从而更好地规划与设计财务共享中心的整体实施框架。在这里主要产生如问卷调查、访谈备忘录、调研分析报告等输出物。

（二）规划与设计阶段

财务共享中心的规划与设计阶段是整个项目实施过程的关键环节，主要包括了预测未来、确定任务、估计可能碰到的问题、提出有效方案等过程，具体包括规划设计和详细方案设计两个步骤。

1. 规划设计

规划设计环节主要是为了搭建整个财务共享中心项目的工作框架，包括了战略定位、业务流程规划、组织人力规划、信息系统规划、建设路径规划及选址规划等方面。

（1）战略定位。以企业整体发展战略为出发点，制定财务转型规划，创新财务管理模式，明确财务共享中心定位，这里通常会形成包括财务转型、战略结构、战略职能规划及中长期发展规划等输出物。

（2）业务流程规划。在深入分析企业财务管理现状的基础上，设计整体业务流程，综合考虑财务共享中心项目的成本、效率、质量、控制等因素，进行再造和优化。

（3）组织人力规划。基于财务共享服务这一新型管理模式特点，重新配置与之相适应的岗位分工与组织结构，在这里通常就会形成集团财务职能体系、财务共享中心岗位设计及人员需求计划等输出物。

（4）信息系统规划。信息系统是能否顺利实施财务共享服务的重要条件，也直接影响财务共享中心的业务处理效率。在这里，首先要明确企业现有的信息系统与财务共享模式下的系统架构和功能之间的差异，进一步根据信息系统现状的诊断结果，进行系统的升级改造或者新建规划等。

（5）建设路径规划。财务共享中心的建设从前期调研立项到后期顺利上线实施需要一个较长的时间段，在充分了解企业下属机构数量、区域分布、业务状况及财务组织规模等现状的基础上，科学有效地制定财务共享中心的建设规划，通常要包括财务共享中心的整体建设目标、分阶段业务范围及相应的关键节点、具体实施计划、风险评估及对策措施等。

（6）选址规划。在财务共享中心战略结构选择的基础上，基于成本收益原则，企业需要综合考虑服务对象、经营成本、信息技术、外部环境、税收与补贴政策、人力资源等因素，从而更合理地确定财务共享中心的选址方案。

2. 详细方案设计

在规划方案的指导下，可进一步将业务流程、组织人力、信息系统、运营管理、场地及设备方案展于详细设计，再形成相应的业务流程方案、组织人力方案、信息系统方案、运营管理方案和场地设备方案，从而更好地推动财务共享中心项目方案落地。

（1）业务流程方案。主要设计财务共享中心的具体业务流程，编写各岗位的操作手册等。

（2）组织人力方案。主要是在财务共享中心组织规划的基础上，设计岗位、人员转型方案、人员发展通道、人员绩效方案、人员培训及确定需要外包的业务和岗位等。

（3）信息系统方案。主要是对信息系统架构的功能设计、集成关系及业务需求的编写等。

（4）运营管理方案。财务共享中心的良好运转离不开高效的运营管理机制，因此，这里要制定流程制度管理、人员管理、知识管理、绩效管理、质量管理、服务管理、标准化管理等全方位的运营管理方案。

（5）场地设备方案。主要是关于财务共享中心办公区域设计和硬件设备需求方案制订等。

（三）实施与运营阶段

财务共享中心实施与运营就是上述具体规划设计方案的落地阶段，通常包括执行与控制两个环节，其中执行环节包括信息发布、团队建设、质量保证、方案选择、沟通管理、资源管理等工作；控制环节包括范围控制、信息安全控制、人员控制、质量控制、风险应对控制、进度控制等工作。在实施财务共享服务的整个过程中，需要根据规划完成各模块的执行活动，并对活动执行过程实时监控，更好地保障财务共享中心项目的顺利实施。其具体包括以下三个步骤。

1. 实施部署

这里主要包括财务共享中心项目规划方案的实施、人员培训与沟通、上线试运行等工作。

（1）财务共享中心项目规划方案的实施。主要包括业务流程的测试、改进和优化等；人员的内部调动和外部招聘、外包协议签订等；信息系统的开发、功能测试、接口测试等；财务共享中心办公场所的建设和装修、验收进场、设备采购并安装到位等工作。

（2）人员培训与沟通。在财务共享中心各模块实施完成后，需要进行人员培训工作，注重项目实施的培训和知识分享，同时，还要加强沟通，特别是高层领导、项目人员要持续加强与内部各层级人员的沟通和共享理念的宣贯等。

（3）上线试运行。在方案实施与人员培训沟通工作完成后，项目人员需要主导上线试运行工作，并制定相应的管理机制，针对试运行中出现的问题提供解决方案。

2. 规范运营

在试运行的过程中，财务共享中心应当不断完善运营管理相关制度，固化管理模式、权责界面、工作规范等内容，同时建立培训、服务的长效机制，推进财务共享中心的可持续健康运营模式。

3. 持续优化

在财务共享中心运营的过程中，还要持续进行流程、系统、管理等方面的改进与优化，有效提升财务共享中心的整体运营效率与效果，强化风险管理、实现降本增效、创造更大的价值。简言之，财务共享中心应树立随需而变、持续改进的观念，使其成为一个成长性强、创新的学习型组织。

第二节　财务共享中心项目的立项与设计

财务共享服务项目的实施是一个复杂的系统工程，会运用到企业自身甚至外部供应商等多方面的资源。为了更好地利用这些资源，并规避一些不必要的风险，就得在项目实施前就确定好项目的目标、范围和计划等内容。因此，充分的项目准备是财务共享中心项目顺利推进的重要保证，而项目的具体规划设计又是在完备的项目管理、充分的现状调研和积极协作的项目团队等因素基础上，进一步规划财务共享中心未来的运营和发展蓝图。

一、财务共享中心项目的立项

财务共享中心项目的实质是运营管理模式的变革与创新，是流程再造的过程。此外，由于财务共享中心项目的建设是非常复杂的，从现状调研到落地实施需要相当长的一段时间。一般情况下，很多企业会把财务共享中心项目作为企业的战略项目，在企业的经营发展过程中，这是一个非常重大的决策，对比通常也会成立专门的项目组进行管理与实施。在财务共享中心项目正式建立前，就要先进行项目立项，主要包括以下所述工作。

（一）进行清晰明了的立项汇报

由于财务共享中心项目实质上是企业财务管理的变革，一般来自企业的长期发展战略规划。同时，财务共享中心项目的落地与实施还会涉及资金的投入、组织结构的变革、人员的变动、流程的再造及信息系统的建设等方面。因此，在财务共享中心项目立项前需要获得企业集团高层领导的充分认可和有力支持，从而更好地推动项目落地。实践证明，一份清晰明了的立项报告和一次极具说服力的立项汇报，是目前能取得领导认可和支持的最便捷途径。

立项报告，又称作项目建议书，主要是根据企业自身的发展情况，结合政策、规划、市场情况等，提出的某一具体项目的建议书。一份完整的项目建议书通常包含了项目背景、项目概述、项目的必要性及可行性分析、项目范围和内容、项目人员、投资估算、融资方案、经济效益估算等方面内容。

立项汇报就是向企业集团高层领导汇报立项报告中的重点内容，如其在企业发展战略层面的重要意义、带来的效益及项目的前期准备工作开展（项目调研等），使项目更有说服力，以期能够获得集团高层领导的支持。

（二）组建项目组

财务共享中心项目的建设涉及企业的很多层面，不仅需要动用很多资源，更要不断进行持续性优化与变革，因此，在项目建设初期就组建职能完备的项目组是非常重要的，项目组具体应注意以下四方面问题。

1. 在业务流程改造方面

财务共享服务实施的关键就是流程再造，因此，项目组需要有熟悉企业现有业务流程的专业人员，有助于有效找出会计核算业务、资金支付等业务流程方面的非增值环节或症结点，并进一步根据财务共享业务的要求进行优化与改进。

2. 在系统建设方面

财务共享中心项目能够顺利实施的一个重要保障就是财务信息系统的支撑，因此，项目组需要有既懂财务又懂信息技术的专家参与，从而能够更好地把财务的专业诉求转化为技术语言与逻辑，并能初步评判技术实现的可行性与难点，让系统开发以业务优化为核心展开。

3. 在人员管理方面

在项目前期，企业一般需要有专人能够根据财务共享中心的定位及职责来设置和搭建其内部组织结构和岗位。后期还要根据企业的人力资源政策和财务共享业务人员需求情况，进一步去开发适合财务共享中心运营的人员管理政策、人员培训计划，并设计一条合适的人员发展通道，从而更好地保障财务共享中心的持续稳定运营。

需要注意的是，如果整个项目团队里没有对财务共享了解的人员，此时就可以选择专业的咨询团队。事实上，咨询团队可能对本行业的核算等业务并不了解，但其在项目管理、知识管理和共享运营理念等方面是相对专业的，能够对财务共享中心项目的建设及日后的运营提供有效的建议和帮助。在实践中，我们也发现在财务共享中心项目建设期间的知识转移对其日后的高效运营起着至关重要的作用。

4. 在项目办公场所选择方面

财务共享中心办公场所的选择会直接影响到最终项目的成败，因此，项目团队里还需要有综合素质较高的办公人才，在充分考虑财务共享项目的成本效益、人力资源获取、基础设施环境、税收法律政策等因素影响的基础上，去择优选择适合本项目的办公场所。

（三）确定项目实施目标及范围

财务共享中心整个项目的实施过程其实就是追求其目标实现的过程。因此，在项目建设初期就要明确财务共享中心项目的目标，并通过上传下达及时让整个项目团队成员都能非常清楚项目的目标，从而能够更好地推动整体工作的开展，有效促进目标的实现。此外，还要注意一点，由于项目涉及各个层面的利益相关者，在项目的实施过程中就要满足不同层次、不同人员等多方面的需求，也就是能够在统一、唯一的项目目标范围内，再对项目目标进行细化分解，设置多个期间目标。当然，在目标分解时，由于受到资源、时间等因素的限制，不同层次、不同人员之间的目标也会存在一定的冲突，因此，还要特别关注这些目标实现过程中的沟通协调问题。同时，在进行项目管理时，会受到质量、成本、范围、工期和团队等要素的约束，因此，在有限资源的基础上，通过对项目目标进行分阶段、分期有助于最终目标的实现。

财务共享中心项目范围与其项目目标是紧密相连的，在整体项目目标指引下，进一步详细说明项目的实施范畴，并确定项目实施过程中做的事项。通常，一份完整的项目范围确认书包含了范围的合理性说明、项目实施的事项、分项成果的展示及阶段性交付物等内容。此外，由于企业所处的行业特性、业务成熟度，以及对财务共享中心的定位等在不同发展阶段可能会有所不同，因此，项目范围的确定也会有所差异。例如，在企业初创期，各项规则都是最新制定的，信息系统也正在建设中，对于财务共享中心项目的实施就可以进行全业务覆盖，一步到位。但是如果企业已经发展到一定阶段，进入发展期或成熟期，其业务流程和规则都已经相对稳定，涉及的财务共享主体多元化且数量较多，这时就要根据业务情况分模块、分业务主体、分步实施。

（四）制订项目计划

财务共享中心项目计划就是用于指导其项目任务的实施，并能有效监督保证项目能够按时完成的控制性文件。在明确财务共享中心项目的目标和实施范围后，基于项目配置的资源，细化拆分项目任务，并确定项目任务的完成时间和第一责任人。通过制订项目计划，可以先明确里程碑（关键事件）时间点，然后再进一步拆分，也就是说先从最终目标的完成时间点拆分关键事件的完成时间点，然后根据关键事件细分任务，最后确定每一项具体任务的完成时间点。同样地，在制订财务共享中心项目计划时也会受到资源等因素的限制，因此要明确每一项任务所需的资源，并综合考虑过程中可能会发生的沟通协调、风险评估、应对解决等各种事项，而这些也都会相应地延长项目的实施时间。

（五）加强项目风险管理

在财务共享中心整个项目的实施过程中，存在着各种各样的不确定性，风险无处不在，因此要重视并加强项目的风险管理，贯穿整个项目的实施过程，通过风险识别、风险评估及风险应对进行全过程管理。由于财务共享服务本身就是对财务管理模式的创新与改革，因此，财务共享中心项目的建设会涉及更多、更复杂业务的创新与变革，这就要求团队在项目实施初期就能识别出在整个项目实施过程中每一项具体任务可能涉及的风险点，并进一步评价和判断风险等级，继而根据不同的风险等级，确定对应的风险防范和应对措施。当然，也要注意，风险管理并不是为了限制项目的开展，存在风险是正常的，但不能因为有风险就有畏难情绪，合理适度的风险管理能有效保证项目的顺利实施。

（六）进行内外部调研

通常构建财务共享中心的企业大多是集团化企业、多元化发展企业，以及大规模跨地区发展企业，而由于受到不同的业态、区域等因素的影响，其对应的核算等业务也会有所不同。例如，在国内跨区域业态下，针对税费缴纳事项，各省、市分、子公司就可能会出现支付方式不同、税种收取方式不同等情况，甚至会出现同一地区各个县市的缴纳方式也不相同的情况，因此，项目团队要进行充分的内外部调研，了解全面完整的业务现状，从而更好地进行优化和改造。

项目团队在进行内部调研时需讲究一定的策略，比如对于有代表性的分、子公司可以做全业务调研，而对于特殊业务则可以做些专项业务调研，只有有效地结合使用这两种调研方式，最后的调研结果才能更具参考价值和意义。此外，还要进行适度的外部调研，如可通过与其他财务共享中心进行交流，吸纳一些有用的经验和建议。

对企业而言，构建财务共享中心是一个非常大的组织和管理模式变革，需要从长计议，并做好充分的准备。从已成功实施财务共享服务的企业案例来看，很显然，项目立项的立项汇报、组建项目组、确定项目目标及范围、制订项目计划、风险管理、内外部调研等前期准备工作的质量都会直接影响后期项目的设计与实施。

二、财务共享中心项目建设方案设计

充分的项目准备是顺利推进财务共享中心项目的重要保证。在前期项目准备工作充分后，就可以进入财务共享中心项目建设的规划与设计阶段。

（一）财务共享中心项目建设的基本框架内容

根据实践经验总结，可以先从组织与人力、流程职责与需求、系统三方面进行现状分析，再进一步去明确财务共享中心项目建设的基本框架内容。

（二）财务共享中心项目的建设方案设计

1. 战略定位

战略定位是财务共享中心未来发展的方向指引，明确未来的工作目标，以及为实现目标而采取的行动。项目团队需要在充分了解企业整体发展战略目标和方向的基础上，结合企业的实际经营情况，明确财务共享中心的战略定位和未来发展，比如是将其定位为服务于内部的职能机构，还是独立运营的财务共享中心实体。

从本质上来说，构建财务共享中心是企业基于共享服务的财务管理模式变革，这里的战略定位主要包括确定财务转型、战略结构、战略职能等方面内容，通常，该阶段的输出物包括《财务共享中心的战略定位》《财务共享中心的中长期发展规划》等。

2. 组织人力

战略定位明确后，接下来要解决的问题就是由什么人来做什么事。这一阶段的主要工作包括明确财务共享中心在集团企业整体中的组织地位，与其他部门、分子公司的组织架构关系及职能界面，财务共享中心内部组织的划分、人员岗位设置及人力需求测算。

（1）财务共享中心的职能划分与界定。在这里，首先要对财务工作进行合理分配，规划财务共享中心和其他财务组织的职责划分，并明晰具体的工作内容、相关的系统接口信息和途径。进行财务共享中心的运营和管理职责的设计，主要遵循以下原则。

①强化财务管控原则；

②完善财务职能原则；

③规范财务工作原则；

④提高财务效率原则；

⑤稳定共享运营原则；

⑥监控共享质量原则。

（2）组织架构与岗位设计。在财务共享中心职能划分与界定后，需要进一步明确其内部的汇报关系。基于财务共享中心的定位和公司的内部管理模式，财务共享中心内部的汇报关系主要可分为向公司财务总监汇报、向公司财务部总经理汇报、向公司运营总监汇报这三种模式。在向公司财务总监汇报的模式下，财务共享中心的管控职责更明显，各项业务的开展更为灵活。在向公司财务部总经理汇报的模式下，财务共享中心的定位相对比较简单，不涉及公司整体政策制定和业务管控，仅提供标准化的服务。实际上，也有一些公司可能会将公司的如财务、人事、行政等后援职责融合在一起进行标准化管理，就可能会有运营总监直接多头管理的需求，这就形成了向公司运营总监汇报的模式，在这种模式下，财务共享中心的管控职责被剥离得更彻底，更多的只是按照标准化流程去进行"流水线"作业，而且有时候要进行变更或者执行其他流程还会受到有关后援职责模块的限制。

通常，财务共享中心可分为业务运营模块和内部管理模块两部分。其中，业务运营模块根据业务性质特点细分为会计运营模块和财务管理支持模块；而内部管理模块通过把质量监督职能重点分离出来，可进一步细分为运营支持模块和质量提升模块。具体来说，会计运营模块主要包括会计核算、资金支付等业务执行；财务管理支持模块主要包括政策制度的研究制定、财务数据分析与管理、财务报表提供等；运营支持模块主要包括人员管理、行政管理、知识管理、客户管理等；质量提升模块主要包括绩效分析、内部稽核、质量管理、持续优化等。根据这些细化的模块职责，设置具体的岗位。当然，还要注意一点，财务共享中心的内部组织架构并不是一成不变的，它是由财务共享中心的战略定位、职能划分、业务范围等共同决定的，会随之进行适度的调整。实践也表明，没有最优秀的组织设计，只有最适合的组织架构。

（3）人员需求与测算。人员需求的测算工作需要根据财务共享中心的业务范围和不同岗位的业务性质，选择科学合理的测评方法，测算出各岗位的人员需求数量。常用的测算方法主要有前文提及的业务分析法、数据测算法和对标测评法等。

据此，进行组织人力的详细方案设计，主要包括岗位职责说明、人员发展与绩效、培训体系设计及外包资源协调等主要方面，这里通常会有《财务共享中心的岗位职责说明》《财务共享中心人员的绩效方案》《财务共享中心的培训管理方案》《财务共享中心的人员发展通道设计方案》等阶段输出物。

3. 业务流程

业务流程是财务共享中心运营过程中最基础也是最重要的部分，而业务流程设计的顺畅与否则直接决定未来业务执行的效率与效果。此外，由于财务共享中心信息化的建设也是建立在流程的建设基础上，因此，前期流程设计的完善与否也会直接决定后期系统自动化的投入与建设程度。这一模块的工作回答了如何去做、怎样做好的问题，主要包括业务前提确认、流程设计原则、主流程设计及流程框架的制定，在这里通常会有《财务共享中心的业务流程规范财务共享中心××岗位的具体操作手册》等输出物。

（1）业务前提。这是流程设计的起点，会直接影响到实施财务共享后的流程规范。业务前提主要确定包括业务、系统、管理等多方面内容。

业务：纳入共享的业务范围、会计档案集中或分散、支付入账的先后顺序等。

系统：影像系统是否采用、电子档案系统的引入及系统的整合范围等。

管理：内控管理的规则、业务审批权责的划分、审批流程设计、审批环节是否见影像等。

（2）流程设计原则。在流程再造与优化过程中需要遵循一定的流程设计原则，着重考虑一些关键影响因素，如提高流程效率、节约人力成本；关注控制环节、降低支付风险；满足业务需求、增强业务支持等。

（3）主流程设计。这是业务前提、流程基础等相关信息的载体，呈现了整体业务流程的信息传递过程和相关业务接口，并在此基础上编写具体业务流程规范，详细阐述各业务流程，其中包括流程概要说明、流程图、流程描述、重要关注点及对应的业务或系统需求点等内容。

（4）流程框架。包含了实施财务共享服务所涉及的具体流程，并可根据不同的划分方法设计流程框架。如根据业务角度可划分为总账、费用审核、资金支付等流程；根据会计核算角度可划分为主营业务收入、主营业务成本及内部往来核算等流程。财务共享中心的整体业务流程应包含流程框架中的各个子流程，具体包含费用报销流程、采购到付款流程、订单到收款流程、固定资产流程、存货到成本流程、总账到报表流程、资金流程、税务流程及会计档案管理流程等。

4. 信息系统

信息系统是财务共享中心项目顺利运营和发展的重要基石。因为只有信息技术的应用和建设，才能有效实现流程的优化，加强系统数据的互联和共享，从而有效打破地域限制，可以不分昼夜地处理相关业务，用最少的人力完成最多的工作量，实现工作效率的大幅提升，减少人为操作的失误与差错，从而为企业创造更多的价值。在这里通常会有《财务共享中心的信息系统架构设计 × 财务共享中心的信息系统需求说明书》等输出物，主要包含以下两方面工作。

（1）系统现状诊断。在建立财务共享中心的前提下，以统一信息平台为标杆，评估企业现有的系统，并对系统的现状及完备性等方面进行全面分析和诊断，主要包括针对各业务、现有财务系统的功能、接口及数据信息的分析，以及针对实施财务共享服务后需要重新建立或改造的信息系统架构、功能及需求等方面工作。

（2）信息系统方案设计。从企业整体来看，完善的财务系统体系除了基本的会计核算系统外，其中还包括管理类费用控制、预算编制及盈利分析等系统，以及支撑决策的数据仓库、报表平台等。因此，财务共享中心的信息系统方案设计主要包括对系统的层级结构、各层级的主要功能和系统模块的设计，以及对各层级信息系统和模块间系统数据的流转、输入和输出等方面内容。此外，基于财务共享理念，还需要对会计核算系统、费用控制系统进行升级改造，增加资金管理系统、影像系统和运营管理系统等。

不难预见，财务共享中心将发挥更大的数据中心职能与作用而建立数据仓库及报表展示平台或是将来的一个发展方向。

5. 选址

办公场所的选择对于整个财务共享中心项目建设来说是一个至关重要的因素，因此，一个不合适的选址可能会直接导致整个项目的失败，每个企业都应结合自身的情况择优选择，不存在绝对正确或错误的选址。一般情况下，财务共享中心的选址要综合考虑其周边的商务环境、基础设施、职场成本、人力成本、营运成本、人才资源获取、网络通信环境等因素。当然，对于大型跨国企业来说，还要特别考虑当地的政治环境、税收法律法规政策环境，甚至周边的自然环境、文化背景等因素。

一旦确定选址后，根据涉及范围和选定的城市，就可以根据办公场所所在城市和涉及范围进行下一步的设计工作。在财务共享中心项目规划与设计的最后阶段，可以按照前期的业务流程、组织人力及信息系统等详细的设计方案，启动办公场所的硬件设施规划。在这里通常会有《财务共享中心的办公场所设计》《财务共享中心的设备需求方案》等输出物。

6. 运营管理

财务共享中心项目的运营管理方案是通过制度的形式将其运营管理体系中各项规范、要求和操作进行标准化和统一化，从而有序开展各项管理活动。因此，要在设计运营管理方案的基础上，逐步去推进财务共享中心各项业务的运行。这里通常会有《财务共享中心的绩效管理办法》《财务共享中心的质量管理办法》《财务共享中心的标准化管理办法》《财务共享中心的目标管理办法》《财务共享中心的知识管理办法》《财务共享中心的服务管理办法》《财务共享中心的现场管理办法》等输出物。

7. 建设路径

财务共享中心的建设是一项大型系统工程，在短期内无法一蹴而就，需要分期、分阶段推进落实，因此，企业必须在规划阶段，就设计好财务共享中心项目的建设步骤。

第一步，明确建设策略。即如何在组织范围内实现财务共享服务覆盖全业务流程，明确试点业务及流程优化的步骤选择。

第二步，落实阶段规划。即明晰财务共享中心项目建设的各个阶段工作规划，如建设筹划期、一期试点上线期、未来推广期及提升应用期等阶段。

第三步，统筹工作安排。即基于财务共享中心项目建设的各阶段实施规划安排对应的具体工作任务。

第三节　财务共享中心项目的实施

财务共享中心项目的实施部署，首先要在遵循严谨逻辑的基础上，根据前期的设计规划，然后按照"361度方法"去勾勒，层层相扣，最终进入项目的实施与运营阶段，推动财务共享中心各模块的实现和上线运营。当然，实施财务共享服务也不是一劳永逸的，要持续改进和优化，从而促进财务共享中心的长期稳定发展，因此，在这一阶段还应建立相应的优化和改进机制。

一、财务共享中心项目的实施部署

财务共享中心项目的实施部署阶段主要包含项目方案的实施、项目人员的培训和沟通、上线试运行等工作，具体如下所述。

（一）方案实施

1. 业务流程

业务流程是财务共享中心项目建设的核心，一般先根据业务流程去规划设计信息系统，然后再通过信息技术返回到业务流程中。而在实施阶段的业务流程模块，指的就是从信息系统返回业务流程的过程。在这里，通常业务流程测试与该阶段的信息系统模块测试等工作是共同进行的，主要包括以下内容。

（1）流程冗余测试。即测试业务流程设计是否与企业实操相符合，是否需要删除非增值环节或者变换难以实现的环节。在实践中，有些企业的财务共享中心甚至会出现由于流程设计偏向于内控管理反而影响实施效率与效果等情况，因此，项目人员需要权衡利弊，适度地去删减一些冗余环节。

（2）流程不足测试。虽然在财务共享中心项目前期已经进行了充分的项目调研和评估，但在实施过程中还是有可能会出现流程设计不够详尽等问题。通过业务流程不足的测试，可以有效保障流程的完整性，假使项目人员此时发现了业务流程有疏漏问题，还可以及时修正，进一步完善流程。

（3）岗位权限测试。财务共享中心项目人员需要在测试中考察用户权限的设置是否达到用户角色的设计初衷。在实施财务共享服务的企业中，我们也发现存在如员工处理单据量不均（有些员工积压单据，而有些员工业务量又不够）等问题，究其原因很可能就是岗位权限设置不合理，如果在组长岗位权限设置中赋予其工作量分配权限，这样就能有效解决工作量不均的问题。

（4）用户接受度测试。财务共享中心项目人员可通过了解用户使用系统后的满意度，特别是对时效和质量的满意度，继而根据测试结果，进一步去分析是否有必要进行有关流程环节的微调。

2. 组织人员

在财务共享中心项目的规划阶段，就已经设计人员需求方案了。在实施阶段，就是要按照人员需求方案完成人员调配，确定人员到位等工作。财务共享中心人员的配置主要有内部调配和外部招聘两种途径，一般可根据企业的实际情况进行选择或综合使用这两种方式。此外，由于财务共享中心的建设必然会面临财务人员转型等问题，因此，在人员调配过程中通常还需要关注以下几个因素。

①转型后新岗位的职责要求与能力匹配；

②构建科学的人才资源结构；

③避免人员招聘不足；

④明确人才需求及标准，拓展有效招聘渠道。

受到有限资源等条件的约束，在企业实践中，通常会倾向于把技术含量低、重复性较高的业务进行外包，从而能更好地集中资源发展财务共享中心的核心竞争力。在进行业务外包选择时，财务共享中心项目人员不仅需要考虑外包的价格，还要与提供商达成有关服务水平等问题的共识，明确服务内容和服务标准。一般对外包资源的选择还是比较灵活的，此外在考虑外部服务提供商时，项目人员还可以充分利用企业的内部资源，节约成本。

3. 信息系统

信息系统是实现财务共享服务的工具。在整个财务共享中心项目的实施过程中发挥至关重要的作用，其中，业务流程的设计方案能否有效实施，关键还在于信息系统能否准确执行并实现。在实施阶段的信息系统模块工作主要包括系统的开发、设置、测试等方面。

（1）系统开发。在实践中，一般要基于对企业现有信息化水平的综合评价及实施财务共享后信息系统的方案设计，新增并开发一些应用系统。

（2）系统设置。这里通常指的是系统的初始化和系统使用说明书的编写，一般会形成《系统初始化方案》《系统初始化完成确认书》《系统使用说明书》等输出物。

（3）系统测试。这是财务共享中心项目正式上线运行前的重要工作。通常针对财务共享中心的系统测试与业务流程测试是同步进行的，再根据测试中发现的问题，提出有效的解决方案和措施。一般系统测试主要包括以下几方面的测试。

新系统测试。系统人员应进行专业的单元及集成测试，调整系统设置及开发程序，进行系统验收确认。财务共享中心项目人员应配合系统人员测试系统能否满足业务流程的全部要求，是否存在系统错误等问题。

数据转换测试。这里主要包括测试数据转换内容、方法、任务分配、测试新旧系统的数据转换，是否存在数据传输错误等。

系统管理测试。这里主要包括灾难的恢复测试、压力测试、备份恢复程序测试及管理方案实现测试等。

系统界面测试。这主要有助于了解用户对系统界面的使用体验和满意度，有效收集用户的反馈意见，从而进一步优化界面设计方案。

4. 场地设备

（1）场地准备。主要包含以下工作：

①完成预算申请工作；

②落实有关费用；

③若场地是租赁的，需确保租约有效；

④委派专业人员进行场地施工；

⑤完成监督和验收工作；

⑥完成办公布置、发放办公物品，并完成最后的搬迁工作。

（2）设备配套。完成场地准备工作后，关于设备配套还要完成以下主要工作：

①制定设备采购预算和执行；

②物品调拨；

③办公物品外购与内购；

④物品摆放、办公低耗的管理等。

（二）人员培训与沟通

财务共享中心的稳定运行离不开其内部人员的各司其职及外部人员的大力支持，为确保共享系统上线试运行及之后的正式运行工作，需要帮助财务共享中心人员在短时间内能够胜任其工作岗位，特别是对于业务操作人员，要求其能够按照标准化的作业流程进行正确操作，同时能够帮助形成在财务共享中心外部、企业内部上下对共享中心的支持氛围，这些对于初次建立共享中心的组织来说，都是不小的挑战，也是能够顺利实施财务共享服务的关键。因此，需要加强财务共享中心内部的沟通及人员的培训，从而有效解决这些问题。在这里，通常会有《上线培训课程体系安排》《实施阶段性沟通汇报机制》等输出物，具体来说，人员培训与沟通工作主要包含以下两方面。

1. 人员培训与知识分享

通常要对与流程、系统运行相关的所有使用者进行培训。而对于不同的培训对象，在培训内容和方式上都有所不同，侧重点也不一样。比如针对标准化、重复性较高的业务操作人员，其培训内容主要包括财务共享服务理念及前景、财务共享中心的业务规则及业务流程规范等。而在培训方式上，一般主要采用上岗前的封闭式培训，这样有助于保证能够覆盖到全员。

从实践中我们不难看出，有价值的知识和信息分享也是财务共享中心项目顺利实施的另一关键因素。相较于培训来说，知识分享的形式更加灵活、丰富，有助于财务共享中心多渠道向财务人员和企业其他员工宣贯财务共享服务的理念，因此从某种程度上来说，知识分享与员工的正式培训同样重要。此外，知识分享的对象通常比较广泛，项目人员要积极把握各种分享和营销的机会，比如可通过在公司杂志或报纸上发布项目的相关文章，在公司内部网络或会议发布项目的信息，对项目启动日进行特别的宣传等方式。一般来说，宣传的内容可以包括一些项目的新闻、进展及相关简介等，特别在宣传公告最初发布或者项目实施遇到困难时，可通过发布一些高层管理人员对该财务共享中心项目的评价文章，从而更好地鼓励项目人员。

2. 人员沟通

在整个财务共享中心项目实施过程中，充分的沟通和顺畅的沟通渠道都是推动项目顺利实施的重要保障，因此，项目人员要加强沟通管理，这里的沟通包括了高层领导、项目人员及基层人员等各层级的沟通，包括以下内容。

①财务人员、业务人员在项目实施过程中遇到的问题，以及对项目的相关意见和建议；

②阶段性汇报，通常是在项目的一些关键节点，项目人员要把项目的实施进展及时向高层领导和主要业务部门领导及骨干汇报；

③高层领导就实施过程中反馈的有关问题与项目人员进行充分沟通，并确定解决方案；

④对于基层人员的信息宣贯，减少实施障碍，加强员工对项目成功的信念，增加员工的能动性和积极性。

（三）上线试运行

上线试运行是财务共享中心进入正式运行的必经阶段，一般历时 2~6 个月。在试运行期间，能够有效发现运行过程中存在的问题和不足，并在此基础上进一步提出优化改进措施，从而更好地为财务共享中心后期的正式运营提供稳定的基础和保障。通常这里会有《试运行方案》《上线通知》《试运行问题跟踪表》《问题解决机制》等输出物。具体来说，包含以下三方面工作。

1. 制订方案

确切地说，上线试运行工作是财务共享中心正式运行前的实战演练，在这里需要制订完备的《试运行方案》，以确保试点单位和业务的有序进行。试运行方案主要内容包括以下内容。

①确定试点正式启动的时间、范围；

②建立与试点分公司、子公司、有关配合部门的分工和沟通机制；

③列出项目的现场、后台支援、试点、业务和系统等人员名单；

④确定试点工作计划和内容。

2. 分布通知

根据试运行方案的上线安排，在关键时间节点适时发布关于上线试点的通知。财务共享中心试上线是项目实施的关键节点，也是财务共享中心项目能否正式上线运营的先决条件。而通过对项目试点发布的重视，能够帮助提高企业各层级人员对财务共享服务实施的关注度，有力推进财务共享服务实施的各项工作进度。通常有以下几种发布方式。

①企业公共网站；

②工作邮箱、即时沟通软件、工作系统页面等；

③正式的企业上线仪式；

④网络、期刊、报纸等媒体单位。

3. 上线问题跟踪与解决

在财务共享中心项目上线试运行的过程中，通常还可能会遇到来自系统、流程、管理等多方面的问题。因此，在这个过程中，财务共享中心项目人员需要编制《试运行问题跟踪表》，并及时捕捉运行过程中产生的问题，保持持续跟踪，进一步制订对应的解决方案，直到问题解决，再通过持续改进和优化项目细节，为财务共享中心项目全面正式上线做好准备。这里还要注意一点，《试运行问题跟踪表》要包括对问题的描述、问题的重要性评估、反馈人员和时间、解决方案、第一责任人、解决期限等内容，从而更好地推动财务共享中心项目的顺利实施。

二、财务共享中心运营

在财务共享中心项目的实施与运营阶段，以提高客户满意度为宗旨，通过对流程质量、成本、效率和满意度等关键指标的优化和改善，实现经济效益，为企业创造更大的价值。因此，必须有体系化和长效化的良好运行机制，才能保证服务能力的不断提升，推动财务共享中心的稳健运营。

财务共享中心项目的规划与设计方案决定了财务共享中心的建设蓝图是否完善，而实施落地决定了财务共享中心是否可以顺利上线，这也是财务共享中心项目成功的最重要的标志。财务共享中心是否可以长久良好地运行最终还得看其日常运营管理能力。在前文中我们已经详细介绍了财务共享中心的运营管理体系，这里就不再赘述。

在大数据、云计算和人工智能等信息技术的推动下，财务信息化架构逐步从传统的自动化向智能化进化，打破了企业集团内的信息壁垒，促使企业流程与系统的结合向敏捷流程进一步跃迁，在战略财务、专业财务、业务财务及共享服务等方面呈现出一系列智能化的应用场景。同时，财务的智能化正驱动着财务的组织形态发生着改变，对财务团队和人员的能力升级也带来了极大的挑战和要求。财务人员如果能够抓住时代赋予的新机遇，将智能化技术与财务管理转型深度融合，将为企业管理创造新价值。

第四节 财务共享中心未来发展趋势

随着财务共享中心功能的不断拓展，众多企业把财务共享作为"互联网＋行动"在企业的切入口，财务共享中心进入了爆炸式增长。进入智能化时代，财务管理模式及其工作重点也都发生了深刻的变化，如中兴通讯将其共享中心更名为中兴财务云；阳光保险提出并实施了财务共享的众包模式；中化国际在共享中心启用了财务机器人等，这些典型的变化从某种程度，也预示着财务共享服务未来的发展趋势。

一、财务共享中心的功能拓展

（一）财务共享中心与服务外包中心

近年来，财务共享服务在我国已经从引入期过渡到推广应用期，财务共享中心如雨后春笋般发展起来，最早的一批财务共享中心发展至今已经超过了十年历程，部分财务共享中心已经开始思考从推广应用期进入成熟期后的发展问题。不论是理论还是管理实践，针对财务共享中心的进一步发展路径已经有多种思路被提出，其中很重要的一条发展路径就是财务服务外包。其实，从目前国外的财务共享功能拓展来看，财务服务外包已经处于蓬勃发展期，但在我国的应用和发展还处于初期阶段。

对财务共享中心来说，财务服务外包是一种功能拓展方向。同样地，成熟的财务共享中心也可以考虑另一种选择，即把自身的一部分非核心业务进行外包，把更多的核心资源聚焦于财务共享中心内部其他功能的拓展上，获得更高层次的自我突破。如果财务共享中心选择业务外包，还需要着重考虑以下几个问题。

1. 选择可以外包的流程

从目前国内的财务共享实践来看，其中涉及的主要流程有费用、应收、应付、资金、资产、总账、报告、档案等。一般情况下，财务共享中心并不放心也不会把核心流程外包，比如资金、总账、报告等流程，当然，不同定位的财务共享中心对风险的判断和评价是不同的。如果从风险和流程复杂度的高低角度来看，自低到高通常可以归纳为档案、费用、应付、资产、应收等。那么财务共享中心对外进行外包，同样也可以考虑按照这样的顺序。

此外，财务共享中心在评估是否需要外包时，还应考虑如下几个因素：企业内部文化能否接受外包这种形式、外部是否存在一些监管问题、外包的执行成本等。

2. 选择合适的外包商

如果财务共享中心已经决定进行服务外包，接下来关键的环节就是选择合适的外包商。而外包商合适与否，将会直接影响最终客户的满意度，因此，需要综合考虑服务外包商的能力，从中择优选择。通常在具体评估中，可以从服务外包商业务流程和服务地域的覆盖力、外包商团队的素质及规模、信息技术能力、行业服务经验、语言和文化的匹配能力、运营的灵活性等方面进行综合评估。

3. 签订服务水平协议并进行服务定价

财务共享中心选择服务外包商后，在进行正式的业务转移之前，有一个很重要的过程就是要签订服务水平协议，并进行服务定价。这里要注意，服务水平协议是双向协议，不仅对服务外包商进行约束，对财务共享中心同样也有约束力。一个清晰的服务水平协议还有助于双方建立良好的价格谈判基础。比较常见的服务定价方式有按件计价和包干计价两种。一般我们会建议企业选择一个业务量大的简单标准化的业务作为标准件，进一步度量标准件的平均时间，然后其他所有业务都可通过作业时间转换为标准件，在标准件单价基础上就可以对更为广泛的业务进行计价。当然，如果对于一些偶发的（或者单次作业时间差异很大）业务，则建议采用包干计价的方式。通常建议优先使用按件计价模式，在无法使用情况下再选择包干计价模式。

4. 业务转移

业务转移是指从发包企业向服务外包企业转移的过程，这里的关键是如何从财务共享中心向服务外包商进行转移，相较于从传统财务作业方式开始，这个方式转移更为高效和简单，主要包括以下几个步骤。

（1）利用财务共享中心的标准化优势，准备相应的作业手册。这个过程通常是由财务共享中心的熟练员工和运营管理人员去共同完成的。

（2）配合服务外包商进行系统对接。通常情况下，需要花费一定的时间对甲、乙双方的系统进行基本的分析，需要双方的系统团队紧密协作，在互相了解后，提出系统对接方案，形成从发包方到外包方端到端的流程对接。

（3）进行业务的驻场学习及演练。外包商通过进驻模拟演练能够最快地了解到财务共享中心的需求及在运营过程中可能出现的问题，外包商应当尽力委派熟悉流程的团队来帮助外包商更好地学习演练。

（4）进行业务的试点转移并试运行。经过充分沟通后，选择试点对象，可以选择部分业务单元或某些流程，试点前期可通过双方并行的方式进行一定周期的试运行，待业务稳定后正式交接。实践中，也有一些公司会选择聘请咨询公司来协助完成移交过程。

（5）大规模业务切换并保持稳定运营。通常在稳定运营的前期，会有大量问题发生，这时需要双方保持合作的心态并进行紧密沟通，并进行充分的人员储备和培训，以问题为导向来疏导各类问题。

（二）财务共享中心与商旅服务中心

向前端业务的拓展是财务共享中心的第二个功能拓展方向。在实践应用中，一个常见的拓展方向是向商旅服务中心进行拓展。实际上，商旅服务可以理解为是费用控制流程的前置流程，而商旅业务本身就属于高度的运营性质业务。如果由财务共享中心承接商旅服务，将能更好地进行过程管控，实现财务费用管控和风险管理的前移。在国内较早进行这一尝试的是中兴通讯。2008年前后，中兴通讯在财务共享中心内部设立了商旅服务组，承担整个商旅服务流程的中台职能。通过热线接收员工的机票、酒店预订和后续服务，并基于商旅服务组直接进行机票和酒店的预订、退改业务处理。但这一模式在中兴通讯进行更大业务范围共享过程中已经从财务共享中心剥离出来，纳入了其他共享服务板块，后续十几年中，国内财务共享中心向商旅服务中心的功能拓展进程还是相对缓慢，尚处于起步阶段。

那么，作为功能拓展的一个可能方向，财务共享中心是如何参与端到端的商旅——费用的全流程中的呢？这里，我们提出可能的三种模式。

1. 基础模式

在基础模式下，所有的商旅服务都是交由财务共享中心以外的第三方来完成的。通过双方的系统对接，直接打通商旅服务的信息和财务信息。当第三方机构完成商旅服务，且员工也完成差旅行为后，财务共享中心便可完成后续的一系列财务核算、报销、结算等流程。总体来说，这种模式对财务共享中心的要求最为简单，甚至谈不上什么改变和功能拓展，仅仅只是对新商旅模式的一种配合而已。

2. 中级模式

财务共享中心承担中台的订单处理和售后服务在中级模式下，其参与程度比基础模式下上升了一个水平，不再仅仅局限在财务流程中进行财务处理，而是真正意义上的"走出去"进行功能拓展，开始涉足商旅端的业务流程，主要集中在中台的交易处理和服务处理上，是一个半参与模式。这里，财务共享中心首先需要搭建服务团队，嵌入供应商和企业内部员工之间，起承上启下的重要作用。对于外资的商旅服务商来说，如果没有企业端自建中台的话，通常情况都是由商旅服务商来承担这项工作。然后，财务共享中心直接承接中台服务，替代原本由商旅服务商提供的服务。员工通过在线系统或者电话提交订单，财务共享中心商旅团队在接到订单后进行机票或酒店的预订处理，并负责与员工就特殊情况进行及时的呼出沟通，在退改签等情况下，及时处理有关业务，保障好员工的商旅行程。

3. 高级模式

在高级模式下，财务共享中心彻底承担了商旅流程端到端的所有管理工作。相较于中级模式，财务共享中心增加了前端机票、酒店、用车等供应商的选择、采购和日常管理等诸多工作。在这一模式下，由于角色的转变，财务共享中心实际上已经从单纯的运营管理涉及采购管理的范畴。对这一转变其实是存在一定争议的。反对的说法认为，财务涉足采购是一种职能上的越位，就好比在这一领域兼具运动员和裁判员的冲突身份；支持的说法认为，财务成了差旅费流程完整的流程属主，能够提供全流程端到端的服务，从而实施更全面的管控。其实，对财务共享中心选择如何介入商旅服务的流程，还是需要企业结合自身的实际情况来进行判断和评估，毕竟适合的才是最好的。

（三）财务共享中心与司库

司库是财务共享中心的第三个功能拓展方向，确切地来说，这是对传统财务共享中心职能的加强。标准的财务共享中心是包括资金收付流程的，但司库的概念远远不止这些内容，而且并非所有司库的职能都适合做共享服务。因此，财务共享中心向司库的拓展需要找到一个合适的尺度，其中一个很好的方向就是拓展成为基础司库中心，下面就拓展中几个核心的领域展开探讨。

1. 资金账户从保管、使用到管理

在传统财务共享模式下，财务共享中心更多的是负责账户开立后的使用职能。通常是由财务共享中心以外的团队，如分散在各个机构的资金部或岗位，进行开户，将开户后的 UKey 和密码等信息移交财务共享中心进行统一保管和使用。在整个过程中，财务共享中心更多的时候处于一个相对被动的位置。如果财务共享中心转变基础司库后，资金账户从保管转变为管理。这种管理体现在账户开立、变更、注销的集中处理，如临柜办理账户开、销、变等业务，进行业务处理后的资料归档。在进一步考虑职能提升后，则可以赋予财务共享中心与各银行直接进行业务洽谈和关系管理的职能，当然这种银行管理主要还是在账户层面。因此，在账户管理上，财务共享中心从一个保管者和使用者的身份转变为一个管理者。

2. 资金计划和资金头寸从执行到规划

在传统财务共享模式下，资金计划及资金头寸一般都是由分散在各个机构的资金部来完成的，财务共享中心则在资金支出过程中对实际支出与计划进行匹配，在资金计划不足时进行相关支出控制，在头寸不足时进行及时的申请和调拨。

如果财务共享中心转变为基础司库后，资金计划和资金头寸不再是简单地执行控制，而是涉及了具体的预测、规划和管理。

对于现金流预测来说，本质上是基于信息输入，结合影响因素，通过模型来进行结果模拟的过程。在这个过程中，输入主要包括已经下订单的采购记录、销售记录、托收资金流入计划、人力成本支付计划、费用支付预测、司库中的对冲、内部债务、股息等资金流动因素。在对这些输入进行预测的过程中，还会受到供应链断裂、商品价格、季节性、特殊事件、需求变化、信用事件甚至全球市场事件的影响。因此，财务共享中心在这个领域的拓展，已经不再是

简单地执行，预测工作具有更高的复杂性。在国内的实践中，已经有一些财务共享中心开始基于掌握的费用支付数据，进行费用资金预测，这就是个不错的开始。

3. 推动资金集中和资金池管理

当财务共享中心向基础司库进行转型后，推动资金集中和资金池管理的职能也将由财务共享中心来负担。资金的集中能够充分利用企业分散在各机构的存量资金，减少公司整体的融资压力。比较理想的资金集中是从账户层面就尽可能地减少分散资金账户的设立，将资金归拢到统一的账户中。通常情况下，资金的支出户是比较容易集中的，但收入户集中面临的挑战比较大，因为会受到各地客户资金收取的需求影响。另外，一些处于特殊目的的账户难以消除，如为维护银行关系存在的时点存款账户等。

此外，当承接资金池管理工作后，财务共享中心需要承担每日的日终结算头寸的计算工作，根据计算结果所体现的资金池的盈余或亏空，来进行资金的进一步调配。从运营模式上来看，此类工作财务共享中心是能够胜任的，但如果进一步承担资金池的设计、构建等初始工作，以及后续的架构优化工作，则会存在一定的挑战。

在财务共享中心拓展成基础司库后，无论是资金账户归集，还是在资金上划下拨的操作管理上均可发挥重要的作用。

4. 资金对账从操作到风险的主动管控

在传统财务共享模式下，财务共享中心要负责进行每日的银行收支与核算系统中资金收支凭证的核对，做到银企一致。但这种资金对账更多的是一个运营执行层面的概念，当财务共享中心拓展为基础司库后，在资金对账的职能上会从单纯的对账操作上升到资金操作风险管理的高度。因此，财务共享中心需要提升主动管理意识，彻底改变原来被动执行的观念。同时，需要从技能和工具上进一步提升自己，如使用 RCSA（风险控制自评）、KPI（关键绩效指标）等风险管理工具来主动提升操作风险管理水平。

二、财务共享中心未来转变

财务共享中心是以财务业务流程为基础，依托信息技术，为客户提供专业化、标准化、规范化的服务，从而实现降本增效、为组织创造价值的目标。从某种程度上来说，财务共享服务是对传统财务活动的一次全方位的创新和再造。在现代新兴信息技术的推动下，未来财务共享中心可能会实现以下转变。

（一）财务共享中心全球化

对西方国家来说，财务共享中心的全球化布局可以说是过去或现在时，很多大型的跨国企业集团都会建立一个全球统一的财务共享中心，或者它们会分别在美洲、欧洲、亚洲等建立洲际财务共享中心，从而使更多的员工能够享受到实施财务共享服务的便捷。随着国家经济实力的提升，财务共享理念、信息系统、业务流程的提升与改进，当地成本优势，以及英语、日语、韩语、东南亚小语种等语系上人才储备的逐步充足，中国在跨国集团全球选址中的地位逐步提升，成为建立区域中心或全球性中心的重要选择。

（二）财务共享中心智能化

实施财务共享服务的关键环节就是要集中财务的基础业务，再进一步推动其往专业化、标准化、流程化、自动化和智能化的方向发展。对人工操作耗用极大的基础业务，如财务审核、交易处理、资金结算、对账等越来越多的工作被计算机取代，财务自动化、系统化程度越来越高。随着影像处理、自然语言处理、机器学习等人工智能技术的发展与应用，促使财务共享中心更加智能化，从而更好地实现从财务流程转向全业务流程的持续改进与优化。

（三）财务共享中心利润化

基于财务共享中心的不同定位，其对应的运营方式主要有内部运营、外部独立经营和内外结合运营三种。定位为内部运营的财务共享中心主要服务于企业内部，其客户来自集团分、子公司或集团下属其他分支机构，在通用标准方案基础上，根据具体客户的具体业务特点和诉求进行方案补充设计，从而能够更好地满足客户的不同需求。定位为外部独立经营的财务共享中心则是面向市场的专业共享服务供应商，通常可以直接从企业集团的财务共享中心分化成独立的经济实体来运营，也有一些财务共享中心在建立初期就定位成面向市场的独立经营的财务共享服务机构。定位为内外结合运营的财务共享中心通常也是由内部运营演变而来的，一般拥有较成熟的企业内部运营基础和客户资源，具有较强的抗风险和营利能力。企业可通过内部共享服务市场化的方式，实现服务收费以获得经营收益，从而促使财务共享中心以利润化的方式最大限度地满足市场需求和企业切身利益，充分发挥经济实体的功效。不难预见，财务共享未来发展的一个趋势就是财务共享服务模式和外包模式并存。

（四）财务共享中心虚拟化

随着 ERP 系统的不断完善和互联网技术的快速发展，财务共享中心将可能不再集中在某一个地点，而是分布于世界任何有网的地方。换言之，虚拟财务共享中心是有可能实现的。虚拟财务共享中心的员工可以分布在全球各地，通过网络化、电子化来实现共享中心成员之间的沟通和交流，有效解决了招募优秀人才难、成本压力大等问题。我们可以想象，通过互联网成立财务共享中心，财务共享中心的服务内容、服务标准及对服务人员要求都会通过网络清晰地传递给每一个想加入的成员，这些成员不限于国家、地域、性别、年龄，只要你通过一系列的网上测评之后，就可以成为财务共享中心的虚拟员工。你的工作就是在一个派工池里获取每一天的工作量，并在规定的时间按照标准来完成，而不必在乎你是在家里还是在咖啡厅。

（五）全球共享中心（GBS，Global Business Service）模式发展

未来，财务共享中心会逐渐向 GBS 模式发展和广泛应用，即共享中心不再只是局限在财务领域，而是把财务、人事、IT、法务、供应链、研发、商务等职能有效整合在一起，ニ结合多种服务交付模式，如共享服务、外包、离岸服务和 IT 解决方案，从而更好地提高这些支持性共享服务的效率和效果，为企业创造更大的价值。随着企业集团化、多元化、全球化的发展，把价值链上的辅助活动集中起来，建立全球共享中心是必然的发展趋势。

第五节　财务转型步入智能化时代

中国财务的发展经历了从算盘时代、PC 时代、大数据和云计算时代并逐渐步入人工智能时代，在这一进程中，财务从简单的核算转型到复杂的共享服务，财务管理的核心问题不再是原来满足粗放式经营和管理环境中的记录价值的需求，而是变为企业精细化管理的数字化需要和业财税金融合等问题，财务的内涵已发生了实质性变化，不仅是业务模式的改变，而且是与智能技术产生共鸣，形成更大的合力推动企业的发展。

一、智能化驱动财务转型

（一）智能化带来的财务管理模式转型

随着互联网、大数据、云技术、人工智能等新技术的应用和发展，不仅在技术层面全面支持了财务管理的升级转型，也从思维模式上对企业财务管理的转型提出了更高要求。

1. 集团管控向全局视角的转变

长期以来，财务管控一直是企业集团面临的难题和挑战。在管理机制和传统信息结构的约束下，要实现数据在集团层面的高度集中是非常困难的，通常，数据都是分散储存在不同的管理主体中，这样也就造成了集团在横向、纵向的信息壁垒。

从横向来看，企业集团内的各业务板块及板块辖下的分、子公司之间存在信息壁垒，通常信息以烟囱状的形态存在。但这样会造成不同分、子公司之间的信息可比性差，财务结果的可比性也会存在一定的问题，难以清晰地评价各公司间的协同财务效果。

从纵向来看，企业集团和分、子公司、专业板块总部与下级机构间也都存在信息壁垒，集团难以看清分、子公司内部的经营情况，而专业板块总部也可能会和机构层面存在信息不对称和不透明的情况。

进入智能化时代，在大数据、云计算等智能技术的支持下，能够有条件实现对数据进行更广范围的集中化管理，通过建立数据中心，可有效帮助打破企业集团内部的横向和纵向信息壁垒，从而有可能进一步打破管理视角信息穿透的障碍，实现集团财务全局管控的新模式。这对于企业集团财务转型来说，具有非常重要的突破意义。

2. 集团流程管理向敏捷化的转变

企业集团财务信息化迈向智能化的进程其本质也是流程再造的过程，对很多企业来说，在管理制度化、制度流程化、流程系统化的过程中，实现了流程与系统的紧密结合。比如，费用控制和预算管理等系统的出现就很好地诠释了这种改变，在传统费用管理模式下，先由员工填写纸质单据交由领导审批，再到财务人员记账付款，而在费用控制系统下，信息流转由原来依托纸质单据转为实物流和信息流双线程流转的模式，整个流程全面线上化。预算管理系统建立后，使其原来在核算完成后的控制转变为事中控制，强调过程管理，大大提高了整个预算流程的效率。但不论是费用控制系统还是预算管理系统等信息系统自动化的流程再造，确切地说，都是一套新的固化流程，是人工向自动化升级后的管理思维的固化。进入智能时代，流程与系统的结合还将会发生进一步的升级和跃迁，从固化转向敏捷化。

在智能化阶段，系统能够更为灵活地根据管理模板设定流程流转的路径和复杂度。如针对不同的风险程度，系统便可灵活地决策单据是否需要更高级别的领导或专业财务人员去进一步审批、审核。再如在管理决策的过程中，依据不同的紧急程度，系统可以灵活判定并决策发出不同的后续信息反馈流程。换句话说，在这里流程不再是固化的模式而是灵活可变的，在目标管理下更具弹性和敏捷，这也意味着管理开始向机器决策赋予了更大程度的授权。

3.集团财务运营向自动化、智能化的转变

在智能化过程中，企业集团财务向自动化和智能化的转变还是相对容易实现的。此前，大量财务信息系统的建设已经为实现财务运营自动化发挥了重要作用。通过简单的会计引擎，能够有效地实现从人工记账到自动化记账的转变。

企业集团实现财务运营领域的智能化的前提条件是要实现所有财务作业输入信息的数字化。而随着电子发票、电子合同的应用和普及，也将从源头上实现数字化，进而通过建立相关规则和模型，把财务人员的思考、分析、判断等动作进行系统化，推动实现复杂财务运营业务的自动化、智能化发展。在实践应用中，财务共享中心就是实施财务运营智能化的重要组织，当然，在企业各级机构的经营过程中也同样存在大量的财务运营自动化和智能化的机会。随着智能技术的进一步发展和应用，未来也将释放更多人力、更为智能。

（二）智能化带来的组织革新

财务的智能化不仅仅带来财务管理模式的改变，也在驱动着财务的组织形态发生改变。

1.财务组织的智能化外延扩展

在上一阶段，很多集团企业构建了包括战略财务、专业财务、业务财务和共享财务四分类的组织结构模式来支撑企业的财务转型，实践表明，这一组织结构模式很好地帮助企业实现了从传统财务模式向现代财务模式的转变。随着

智能化的发展，很显然这一组织形态还将进一步演进以适应智能经济时代的发展。其中，最为典型的组织结构演进模式是在这四分类组织架构模式基础上去进一步衍生出具有外延扩展特点的创新组织，从而更好地助推企业财务向智能化转型。

首先，是数据中心的出现。在传统的组织结构中，由于数据存在集中度不足和一定的壁垒问题，故很难满足大数据发展的需要。建立数据中心，不仅能够从组织上保障数据的集中化管理，还能有效实现对数据获取、加工、存储、维护和提供等活动的全过程管理，为后续对数据的发展和应用提供了重要支撑。此外，数据中心应该是能够跨越在财务、业务、信息技术等能力边界之上的，因此要求其具有一定的复合技术能力。

其次，是数据应用团队的出现。构建数据中心是对基础数据进行管理，在此基础上进行数据应用。其中，最为典型的数据应用团队就是管理会计团队，通过对基础财务数据的进一步分析和应用，构建基于管理会计的考核体系等。在数据及智能技术的基础上，结合企业财务管理的实际应用场景，从而能够实现更高、更好的智能化价值。

最后，是财务智能化团队的建立。不管从理论还是应用上来说，财务智能化和传统的财务信息化差异还是非常大的。因此，对企业来说，将传统的财务信息化队伍向智能化升级显得非常必要和迫切。其中，对于财务智能化团队的职能要求有两方面相对比较重要：一是构建场景能力，财务智能化团队要承担业务需求分析，能够帮助各业务团队去发现和挖掘智能化的应用需求；二是技术实现能力，财务智能化团队能够有效将业务需求转化为技术需求，推动技术部实现对业务需求的落地。

很显然，相较于传统财务组织形式，智能化背景下的财务组织将更多地以数据和场景为核心，推动智能化的外延扩展。

2. 财务组织从刚性向柔性转变

迈入智能化时代，财务组织的另一个变化也值得我们去关注，即财务组织呈现出从刚性向柔性转变的特点。

传统的企业管理更多强调的是刚性，比如森严的管理层级、简单粗暴的制度、固化的流程、信息系统中难以改变的架构等。随着智能化的发展，企业管理特别是财务管理释放出了强烈的改变信号，同时也赋予了我们一个改变的机遇。原本需要"刚性"完成的工作将更多地通过人工智能来完成，比如财务核算、资金结算等，反之，财务人员也将释放出更多的精力，这将有助于我们重构创造力和柔性管理能力。智能化时代，财务组织的柔性主要表现为组织结构的柔性和财务文化的柔性两方面。

（1）组织结构的柔性。在传统财务组织中，最为常见的组织结构就是极具刚性的层级式架构，很显然这种组织结构不利于发挥创造性。而组织结构的柔性则要求财务组织要减少层级，建立扁平化的组织结构，并且在目标管理下更多地使用团队的架构方式，从而能够更好地适应智能化发展的要求。

（2）财务文化的柔性。严谨一直是传统财务组织的主旋律和显著特征，但智能化要求充分发挥技术想象力和场景创新力，很显然，二者是不匹配的，甚至是相违背的，因此，改变财务组织文化也变得非常有必要，特别应鼓励协作和创新型的文化，从而促使财务组织文化向柔性转变。这里要注意，适度地引入市场文化，推动财务工作适度的以市场化方式参与到公司的经营中，这同样也有助于建立柔性文化。

（三）智能化带来的团队和人员能力升级

迈入智能化时代，财务转型不仅会直接影响企业的运营模式和组织形式，财务团队和人员的能力升级也会面临着更高的要求和挑战。这种挑战不仅有来自同行业的竞争，还有智能化技术迅速发展和应用所带来的压力。随着智能化的发展，传统的会计信息作用在下降，财务管理升级迫在眉睫。当前的智能财务已经逐步升级成为一种新型的财务管理模式，即通过人和机器的有机合作，消除复杂的财务管理活动，并不断向外延伸，扩大甚至可以部分替代人类财务专家的活动。因此，智能化所带来的团队和人员能力的升级主要体现在以下两方面。

1. 财务人员的创新能力升级

很显然，相较于传统财务时代，智能化阶段对财务人员的创新要求更高，且创新的压力来自各方面。

首先，智能化会在现在及未来相当长的一段时间内，带来整个社会经济的重大改变，其中企业组织作为社会的中坚力量肯定会受到这一浪潮的影响，随之发生深远的变革。财务部门作为每个企业的核心，如果财务的创新能力满足不了企业的发展，就很有可能会对企业的经营发展带来不利影响。

其次，智能化也会推动财务管理本身发生各种改变，如果财务人员的能力没有及时得到提升，使企业的财务管理水平落后于市场，这会直接影响企业的财务运营效率、决策支持水平和资源配置能力等方面，因此，提升财务专业领域的创新能力显得尤为迫切和重要。通常，可以从以下四个方面来提升企业的财务创新能力。

（1）聚焦创新方向。创新能力的构建和提升不是一蹴而就的，要聚焦创新方向并同公司的发展战略保持一致。这里要注意的是，财务创新并不是孤立的，当财务创新的目标与公司战略发展高度一致时，公司会给予最大化的资源保障创新能力的构建，并且管理层也比较认同和理解财务的创新工作，从而能够有效避免一些不必要的沟通。

（2）鼓励创新文化。创新本身不是一件简单的事，对于企业来说，更应该建立与之相应的奖励机制。加强对创新的正向激励，促使一线财务人员愿意参与到创新能力构建中来，而不是简单固化地将创新看待为一项任务。

（3）建立适合创新的组织。在传统的层级结构组织中是很难孕育出创新精神的，因此，在构建创新能力的同时，要适度打破组织边界，允许跨团队间的交流，推行有助于创新的组织形式，其中项目制就是很好的应用。

（4）推行创新容错机制。在推行创新过程中，一般会涉及组织的方方面面。特别是很多新的技术流程还需要经过实践应用的验证，因此，要允许创新在一定范围内的失败，给予其试错机会，这点对以严谨著称的财务人员来说特别重要。实践也表明，对于企业来说，如果能对试错给予较大的包容性，有一定的容错空间，企业往往具有较强的创新意识和能力。

2. 财务人员的知识结构升级

在智能化阶段，财务人员的知识结构升级也面临巨大的压力。以往，财务人员更多是走专业路线，即在某一个专业领域，如核算、资金、税务等方面从基层工作做起，并不断丰富完善知识结构，通过多年努力成为某一领域的专家。在传统的财务阶段，这样一条专业的发展路径是毋庸置疑的，也是大多数财务人员的成长历程。

随着智能化的发展，财务工作领域的人员有了更多的发展可能和路径可选。在技术发展与应用的推动下，专业协同和专业分工越来越细化，使其原来进入特定基础工作领域的财务人员，很可能没有什么机会去接触到其他或更大范围的知识领域。与此同时，计算机替代了更多的财务基础工作，使新入行的财务人员没有机会接触基础财务业务。因此，为了适应智能化的发展，财务人员要提前构建好完善的知识结构体系，做好财务各职能模块的知识储备。通常可以先构建一个知识面，然后再逐渐加深知识面的厚度，同时选择有关专业领域进行重点钻研。这种团队人员的发展模式，能够让财务人员更好地适应多变的内外部环境，能及时地调整发展方向，从而具有较强的职业弹性。

综上所述，智能化的发展将全面驱动财务转型，包括了财务管理模式、组织、文化和人员等多方面。未来，智能财务将助推企业实现智能化，发挥财务人员真正的作用和价值，从而有效提升企业的核心竞争力，为企业创造更大的价值。

二、智能化推动财务管理实践升级

智能化带来的不仅仅是观念的转变，在实践中，我们可以看到越来越多的智能化应用及场景落地，不断推动财务管理能力的升级。下面就从战略财务、专业财务、业务财务和共享财务四个方面来探讨智能化的影响。

（一）智能化与战略财务

智能化的发展带来了整个社会经济的变动，也势必影响到各行各业，甚至渗透到企业的发展经营中。有一些公司会进行战略层面的调整，也有一些公司会在战术层面进行匹配。因此，战略财务要敏锐地跟上企业战略和经营的变化，积极主动地为企业的战略发展提供支持。在战略财务领域，智能化带来的影响主要集中在以下两方面。

1.智能化对经营分析的影响

从经营分析视角上来说，在大数据的基础上，将直接打破原来所受到的数据的局限性，增强因果分析和相关性分析。同时，由于数据的边界从企业内部向外部延伸开来，基于更广泛的社会数据，使企业 KPI、经营分析报告、市场对标等信息获取更全面，有助于提升经营分析结果的可用性和价值。

从经营分析工具方法上来说，通过大数据和云计算的结合应用，能够为经营分析提供更强大的数据采集、加工处理和分析能力，扩大经营分析的边界，使企业的经营分析更加灵活和丰富。同时，由于大数据能够进行非结构化数据处理，能够把市场上与企业相关的热点等实时社会媒体信息纳入经营分析范围，提升经营分析对企业发展的支撑能力。此外，人工智能等信息技术的发展，也推动了经营分析的方法从传统的经验分析法演变成算法分析法，能够进行更为复杂的分析，获得更精准的分析结果。未来，基于机器的学习及算法的优化升级，也将持续提升企业的经营分析能力。

2. 智能化对全面预算管理的影响

预算从本质上来说是对企业资源的一种配置方式，预算编制的关键就是提出各利益相关者，特别是股东和管理层都能接受的资源配置方案。但在实践中，企业的预算管理总会碰到一些难点，比如如何在股东和经营管理者之间建立信任，怎样进行资源配置及如何提升资源配置效率和最终效果的检验等问题。往往这些问题都是通过妥协或者变通来进行解决，而很难实质性解决。随着智能化的发展，这一情况将有所突破和改变。

第一，智能化技术能够在企业经营计划和预算编制过程中发挥出重要的作用。基于大数据分析，能够帮助验证资源的投向及其真实性，进行清晰的资源投向和业绩达成的相关性分析和评价，使企业的预算编制更为科学、合理。

第二，智能化技术能够有效提升企业的预判能力。基于大数据、机器学习等方法能够构建更为复杂且有用的预测模型，进行复杂场景下的敏感性分析，能够帮助企业有效提升其预算预测和未来的预判能力。此外，引入人工智能等虚拟商业生态系统，使企业未来的预测能够建立在与真实社会相仿的现实模拟环境中，据此设置不同的模拟用户，不同的预算投入，从而有助于真实反映和评价预算的投入效果等。

（二）智能化与专业财务

从某种程度上来说，专业财务是整个财务框架中最为成熟的模块，构成了企业财务管理的基础，通常包括会计报告管理、税务管理、资金管理、合规管理、管理会计、成本管理及风险管理等方面。随着智能化的发展，其中的财税管理、管理会计和风险管理方面都受到了非常大的影响。

1. 智能化对财务报告与税务管理的影响

（1）智能财务报告。在智能化阶段，基于机器学习等技术，为实现智能报告提供了条件和可能，通过在结构化的报告范式基础上，引入人工智能基于市场反应的润色学习技术，从股东的角度来说，智能报告将可能有助于企业提升股价。

（2）智能税务管理。对税务部门来说，基于企业间的大数据及更广泛的社会数据的分析和应用，将有助于大幅提升税务稽查能力。对企业来说，基于企业的内部数据及可获取的社会化数据的分析和应用，能够预先在企业内部开展一定程度的税务风险排查，及时进行税务主动管理，而不是在面对监管部门时的被动响应。当然，在税务管理领域中还有很多方面可借助信息技术进一步实现自动化，比如在发票真伪的查验、纳税申报等职能上都能引入智能化信息技术，从而进一步解放人力。

2. 智能化对管理会计的影响

随着智能化信息技术的发展，管理会计也将获得更多收益。一直以来管理会计都有一个最大的难点——运算性能不足，通过智能技术的引入和应用，能够实现在物理架构、硬件等方面的技术进步，从而有效缓解管理会计难点问题。比如基于云计算架构搭建的多维数据库，或直接使用企业内存数据库来处理相关的管理会计数据，在这过程中都存在更多可以优化数据性能的机会。

另外，大数据技术架构的发展，也为多维数据的处理提供了新的技术思路和应用方向。在实践中，已有先行企业尝试基于大数据平台进行管理会计的数据处理，从而有助于突破计算性能不足的"瓶颈"，使管理会计系统能够运用更为复杂的逻辑，可以处理更多的数据维度。

3. 智能化对风险管理的影响

通过智能化信息技术的引入和应用，能够实现全过程的风险管控，从事前、事中、事后三个层次来有效防范企业的财务操作风险。

（1）从事前防控角度来看。在传统的管理模式下，企业的风险监控体系主要还是基于以往的经验和分析上，但这种方式很可能会存在认知缺陷。通过机器学习方法的应用，能够帮助企业在财务业务流程中大量的交易及风险事件里，发现新的风险规则，从而更好地补充和完善现有风险指标体系，有效提高事前风险防范能力。

（2）从事中防控角度来看。如果能把经验的规则系统化，则有助于实现初步人工智能的应用。通过大量的交易规则，我们能够及时发现其潜在的风险点或薄弱环节，甚至可以直接拦截一些风险事件的发生。此外，基于数据的积累和挖掘，我们还能实现更为准确的风险分级，针对每一笔业务单据的不同风险等级配置不同的控制流程，大大提升企业的风险管控能力。同样地，机器学习技术还能在经验的规则积累基础上，持续改进与优化，从而持续提升企业的风险控制能力。

（3）从事后分析角度来看。企业能够建立如基于决策树的模型、社交网络的模型、聚类分析等不同类型的分析模型，从而能更好地在事后进行操作风险审计和问题发现。通过对跨交易单据的分析，发现更为广泛的风险线索，能够有效发现和解决问题。同样地，大数据和机器学习还有助于持续完善各种分析模型的构建，大大提高风险线索发现和解决的精准度。

很显然，在企业风险管理领域引入和应用智能化技术是相对容易起步和实现的，也可以考虑作为企业迈入智能化阶段的前期选择之一。

（三）智能化与业务财务

从本质上来说，业务财务其实是战略财务与专业财务在业务机构端的延伸，也是财务共享服务在业务前端的支持与保障。因此，从业务职能的范围来看，智能化对业务财务的影响与战略财务、专业财务及共享财务是大同小异的。在这里，我们主要从业财融合的视角来看，而其中会计引擎和区块链这两项技术对业财融合的影响较大。

1. 会计引擎与业财融合

其实，不论业务还是财务，它们都是按照各自的语言体系来记录和反映有关经济事项的，因此要实现业财深度融合的最大挑战就是要先解决业务信息向财务信息转换的数据一致性问题。通过构建高效灵活的会计引擎就能很好地把业务系统与财务系统紧密联系起来。

会计引擎的应用关键在于通过系统设计一个翻译器，这样就能在会计引擎中针对不同的业务系统和财务系统进行转换关系。随后，每发生一笔交易最终都通过会计引擎翻译为会计分录，实现业务信息向财务信息的转换。而随着智能技术的发展，会计引擎将逐渐被抽象和发展成独立产品，提升其实践应用能力和价值。

未来，会计引擎还可以逐步建立跨行业的统一会计引擎模式。此外，通过引入机器学习技术和基于规则转换的数据积累，会计引擎将逐渐形成新的转换规则体系，持续提升业务到财务的语言转换能力，从而最终实现新业务接入免配置。

2. 区块链与业财融合

会计引擎有效解决了业务信息和财务信息之间的转换问题，而区块链技术的引入和应用则有助于推动业财的一致性。传统的财务记账模式是把所有的财务信息记载在一个集中的账簿上，在业务系统中的业务交易记录可以理解为一本业务账，在财务系统中的有关会计凭证则可以理解为财务账，二者是平行的转换关系，很容易出现一致性问题。区块链的应用本质是一种分布式账簿，它可以通过构建一个平行账簿把业务与财务联系起来，当发生业务时，每一笔交易都会同时记录在双方账簿中。如果企业集团内部存在多个组织或法人形态，也能引入区块链技术形成在关联方或者内部往来方的多个平行账簿。因此，区块链技术的应用就有助于企业构建一套平行账簿体系，这样，业务系统与财务系统之间就不需要重新进行数据一致性的核对，同样地，对于关联交易和内部往来的核对问题也能有效得到解决。

（四）智能化与共享财务

随着智能化的发展，不仅有效提升了财务共享服务效率，而且在OCR、规则引擎和人工智能等信息技术的综合运用与推动下，实现了传统的标准财务共享服务进一步向智能共享的跃迁，这里以财务机器人为例简单说明一下。

财务机器人更多强调的是机器流程的自动化，其本质是通过模拟人工作业把一些无法通过系统集成的手工操作进行自动化的处理。以最常见的应付流程为例：从维护性供应商数据—提交采购请求/订单—收货确认—收到供应商发票—三单匹配—调整差异—建立付款日期—准备付款—批准付款—付款执行—记账……在这一场景中，财务机器人能完成大多数的流程或环节，比如财务机器人能够实现供应商信息的更新、采购申请的创建、物流信息的查询、采购计划的更新、收货确认的提醒、三单匹配度的核对、价格的核对、付款差异的检查、银行的对账等自动化应用，这些都大大提高了应付流程的执行效率和质量。

当然，财务机器人也不是万能的，还要特别注意财务机器人在实施过程中可能碰到的问题。要有效实施并发挥财务机器人的价值，必须明晰这并不是简单的技术问题，不能脱离业务，只有业务人员深度参与进来，才能进行更全面、科学的梳理和分析业务流程。

迈入智能财务时代，智能化对财务共享的影响是非常深远的，我们相信，未来还会形成更多新的技术合力来驱动财务管理的转型升级，不断加强与财务管理场景的深度融合，从而能够更好地助推企业的经营发展，在管理实践中创造出更大的价值。

第六章　智能时代财会人员转型

第一节　智能时代财务人员面临的问题

　　人工智能的发展离不开技术的进步，历史上每一次技术进步，都会引发相关行业的大规模失业。19世纪前叶，随着机械织布机在英国的广泛使用，众多有技术的纺织业者一夜之间沦落街头，加入失业大军。1900年，随着拖拉机、联合收割机和作物种植机的出现和使用，近一半在田间劳作的成年人一下子变得无所事事。1945年，自动化技术的进步使超过1.5万名曼哈顿电梯操作工人和维修工人成为无业者。在人工智能技术的冲击下，财会人员的劳动力市场也将会发生颠覆性变革。人工智能技术掀起了世界范围内的又一轮产业变革。人工智能背景下，财会人员的工作方式和核算方式都会发生很大的变化，财会人员面临的问题包含以下内容。

一、财务基础岗位急剧减少，高级岗位人才短缺

　　第一，大量的财务基础核算工作被财务人工智能机器人替代，但是市场中财务岗位数量变化不大，因此会给财会人员带来严重的冲击，从事基础核算的财会人员面临被人工智能机器人取代的风险。在人工智能技术到来和逐渐普及之际，企业内部从事基础性会计核算、凭证整理、账簿装订、报表处理及纳税申报、纳税调整的会计人员将会逐步被人工智能机器人取代。这部分人的就业前景也将会逐步低迷，财会人员的收入和社会地位也会或多或少受到影响。这种现象最具代表性的当数全球零售业的霸主——沃尔玛，2016年随着财务机器人的投入使用，沃尔玛裁减财会人员7000余人，裁员之后基础核算财会人员减少80%，财会人员的工作岗位数量迅速减少。

第二，企业内设会计机构和财务会计岗位逐步被合并和裁减。在人工智能背景下，随着大量基础性工作被机器人取代，企业的财务会计岗位也将进一步得到精简化，一些工作内容较为相近及工作内容和工作量都大幅减少的会计岗位将会与其他必须继续存续的会计岗位进行合并设立，合并以后企业所设立的会计机构和岗位都会有所减少。对总分公司而言，分公司可以不再单设财务部门，或者对财务会计岗位进行精简，总账会计、费用会计、资金会计、成本会计、收入会计、供应链会计等会计岗位都会被适当裁减，只保留个别基础工作岗位和管理会计岗位、财务总监岗位、会计机构负责人岗位。对母子公司而言，保留财务部门，但是内设岗位可根据业务需求实现大幅缩减，对于不相容和职位分离的岗位统一由人工加智能的方式合理设置会计岗位，高速开展会计核算业务。这一方面使市场上的会计岗位总数逐步减少，另一方面使企业集团内部自设的会计岗位逐步减少。基础会计岗位数量减少将会在未来2~10年内最为明显。未来，连锁经营机构各分店的记账和会计部门统一整合至总公司的会计智能系统，数据智能化与集中化处理逐渐取代人工。

第三，高水平专业财务管理人才紧缺。人工智能背景下，基础核算财会人员面临着被淘汰的危机，这些岗位和相应的工作交由机器人来完成将会更加规范和高效，同时完成的工作量也会更大。这使财会人员的日常工作量减少，工作压力也得到缓解，财会人员可以有更多的时间和精力从事与战略管理和管理会计相关工作，为企业快速发展贡献智慧和力量。这就需要更多高水平的掌握更多专业化财务管理知识的会计人员，在企业单位从事高级财务管理工作。当更多的基础性财务会计工作、审计工作被人工智能财务机器人取代后，企业对高水平的财务管理人员需求将更加迫切，尤其是能够掌握新的财务管理理念、财务管理技能的高精尖人才。

第四，具有国际知识和视野的财会人员缺口较大。当前我国一些大中型企业、科技型中小企业、文化创新企业开始走出国门，与全球大多数国家和地区有业务往来，这就需要这些企业外派的财会人员和企业财务总监、会计主管、聘请的财务顾问等工作人员具有开阔的国际视野，了解和掌握派驻机构和海外分公司所在地的政治、经济、科技政策、法律法规、税收政策、会计准则、会计利润核算方式等知识。对海外机构和海外分公司的利润分配、投资收益划转等政策能够知晓和统筹规划，避免因不了解当地法律法规和政府部门出台的政策规定而受到相关经济处罚，给企业发展带来损失或错过发展良机。

二、企业对财会人员工作胜任能力的要求越来越高

第一，当前财会人员的人际沟通能力难以满足人工智能时代财务管理需求。财会人员在常人眼里通常是中规中矩，呆板不灵活，坐在办公室简单地记账算账，不与外界接触，不需要或很少与人打交道。部分财会人员由于过度关注财务数据，而忽视了与人沟通的重要性。工作过程中不重视人际关系培养，不能积极地与人进行沟通交流，发挥工作主动性和积极性。在人工智能背景下，基础财务工作都由智能机器人替代完成，企业财会人员需要处理的事务往往是综合协调性的、系统维护性的、设置参数、风险点、防控措施录入性的其他工作，这些工作往往都需要其他部门的协作配合，这就需要财会人员具备良好的协调沟通能力。但是当前中小企业的财会人员还不具备这种沟通能力，因此制约了人工智能背景下财会人员的职业再规划与发展。

第二，当前财会人员的专业技能难以满足人工智能时代财务管理需求。我国财会人员的从业人员数量过多，从业人员文化水平不一，对财务管理专业知识的掌握程度不尽相同，个人综合素质也参差不齐。有的财会人员具有注册会计师、注册税务师或国际公认的注册会计师资格，有的财会人员拥有中高级职称，有的财会人员则仅仅只有会计从业资格证，甚至一些企业的财会人员从事会计工作多年但至今仍未取得会计从业资格证。一些财会人员接受了系统的本科、硕士会计学、财务管理相关知识教育，一些财会人员接受了大专、成人本科财会专业教育，一些财会人员系统地自学了财务会计相关知识和课程，也参加了很多培训机构的专业化辅导培训，这些从业人员往往能够很好地完成自己的本职工作。但是，还有一部分财会人员没有接受过专业的系统教育和培训，了解和掌握的财会知识零星琐碎，对财务管理、管理会计的相关内容一知半解。人工智能时代，基础会计工作不再需要一般会计人员来完成，这就需要会计人员掌握系统的财务会计知识，对会计核算、凭证、账簿、报表之间的逻辑关系、会计处理的特殊情况、财务风险的识别与防范、会计不相容岗位的设置及权力制衡都有一个正确而精准的认识，但国内大多数中小企业，尤其是一些小微企业的财会人员的专业技能显然难以满足人工智能时代财务管理需求。财会人员的财务专业技能水平低，主动学习意识淡薄。据调查统计，每日利用业余时间参加培训及学习的财会人员中，学习 1 小时以内及不学习的财会人员占比高达 74.03%，学习 1 小时以上的财会人员占比仅 25.97%，财会人员对职业转型过

程中的再培训及学习不够重视，主动学习意识淡薄。这些都与人工智能时代财会人员的工作要求和个人职业发展规划不适应。

第三，当前财会人员所掌握的知识面较窄，难以满足人工智能时代财务管理需求。人工智能时代，财会人员不单单是处理会计业务、维护系统、指导智能机器人能够按照预定的流程和规范开展工作，更重要的是协调沟通其他部门积极配合智能机器人完成相关工作，并为其提供必要的财务数据等基础数据。财会人员在人工智能时代，需要综合考虑单位的基本情况、发展战略及对外投资、生产运营等一系列规划，全面管控和及时调整企业的资金使用及成本费用控制情况，进行财务风险识别、有效预防并采取有效的应对策略。要做到轻松自如地应对人工智能时代的财务工作，就需要财会人员掌握一定的企业管理、市场营销、对外投资、战略规划、品牌建设等相关知识，提高自身的综合业务素质，拓宽自身的知识面，在专业知识的广度和深度方面下功夫，以精准多元化的专业技能满足人工智能时代财务管理需求。反观当前的财会人员现状，不难看出国内有些中小企业、小微企业，以及一些民营企业的中高层财会人员，有些人都不了解企业管理的基本知识，对企业发展规划一无所知，不精通企业的对外业务开展方式，在实际工作中仅仅只能够做到会计核算准确无误，对未来3~5年内的资金需求不甚了解，缺少企业整体发展的全局观念，不能站在全局的角度，客观公正地看待所有的经营问题。

第四，当前财会人员独立分析能力和风险管控意识，难以满足人工智能时代财务管理需求。在人工智能时代，财会人员既需要掌握相关的业务知识，也需要具备一定的独立分析能力。伴随着财务岗位和财会人员的一再精简，需要几个人共同完成的基础性工作全部交给财务机器人，填制报表、调整会计利润并申报缴税等工作依靠财务机器人同样也可以完成。财会人员需要做的就是分析问题、查找原因，进行纠偏和优化流程，调整核算方法，统计和对比分析财务数据变化情况，并及时建议企业管理部门对企业生产运营作出战略调整，以求取得更好的发展业绩。而所有这些都离不开财会人员独立分析、解决问题的能力，也离不开财会人员的风险管控意识、风险识别和防控能力。当前，有些财会人员缺少独立分析能力和风险管控意识，只对数据进行整理统计，不了解数据背后的信息，不能通过独立分析将数据转化为对企业有用的经营决策。在人工智能时代，信息安全性备受关注，有些财会人员缺少以审计的视角透视企业风险的能力，风险管控的意识淡薄。这些都与人工智能时代的财务管理现实需要相违背，也与人工智能时代的财会人员职业规划与职业发展相悖。

三、企业对财会人员需求类型发生变化

第一，需要财会人员具备投融资相关经验。企业在迅速发展过程中需要财会人员具备一定的投融资经验，帮助企业进行理财规划和投融资管理，以实现企业资产的保值和升值。大部分财会人员对证券金融、内部控制、经济热点等都不够重视，投融资经验少。因此，具有投融资相关经验的财务人才紧缺。

第二，需要财会人员具备创业思维。在一定程度上，财会工作和管理工作是具有一定的相似性和互通性的。一般来说，能够胜任财会工作的人会具备一定的管理能力。财会工作在企业中是不可或缺的，很多现代企业家都注重在财会方面的知识积累。但大部分财会人员则过多关注数据，思维模式固定，缺少创业思维。

第三，需要财会人员具备企业运营管理经验。财会人员是企业的核心人员，企业发展过程中需要财会人员的全程参与。财会人员可利用自身丰富的财务知识及法律知识等，对企业及市场情况进行分析，以帮助管理者和决策者更好地完成管理和决策工作，促进企业发展。有些财会人员过多关注财务数据，对运营管理相关知识的积累较少。

第四，需要财会人员熟悉人工智能技术。目前，人工智能带来了新的挑战，会计工作不再是一成不变的。有些财会人员只专注财务专业知识的积累，计算机及人工智能相关的知识欠缺。因此，无法将财务专业知识与人工智能技术相结合，辅助人工智能系统的开发和升级。

第五，需要财会人员具有跨领域工作经验。有些财会人员受到专业、性格、思维模式等影响，对企业宏观经济背景、国家政策等关注度不够。对计算机知识、宏观经济学、金融学、市场营销学等相关领域的研究较少，在跨领域横向转型中工作经验少，选择面比较窄。

总之，人工智能背景下财会人员面临着巨大的挑战，工作岗位急剧减少，企业对财会人员的工作胜任能力要求越来越高，企业对财会人员的需求类型发生了变化。同时，管理层对财会人员的职业生涯管理不够重视，很多企业虽然有提到员工的职业生涯管理体系，但往往只是停留于表面，并没有真正将员工职业生涯管理体系付诸实践。

第二节　智能时代财务人员的基础能力框架

一、财务人员转型的方向

随着财务共享与智能化的结合越发紧密，共享中心将从一个人力密集型组织逐渐转变为一个技术密集型组织。随着规则的不断梳理与完善，并在信息系统中形成可执行的规则后，财务共享中心的工作人员将可被替换，并最终趋于人力的削减。从管理者角度来说，这对整个组织是有益的，但也会对财务共享中心现存员工的转型形成极大的挑战。部分能力较高的员工将转至规则梳理的相关岗位，而大量的员工则可能因为智能化而离开工作岗位。因此，财务人员只有适应时代发展，加速转型，才有可能避免在新财务时代被淘汰。

（一）财务人员应向"成本控制与内部控制人员"转型

大数据时代的到来与不断发展，企业管理会计逐渐彰显出其重要性。因此，在大数据时代下，企业的财务人员应积极调整思路，逐渐向管理会计的方向转型。对企业来说，随着市场经济的不断发展与完善，在微利时代，成本的高低将成为企业获利的关键性因素。在大数据时代，专业的成本分析与控制人员不仅要具备丰富的、扎实的财务专业知识，还必须对企业的各项生产工艺流程、生产环节、企业的内控流程等进行了解与高度关注，并在成本控制系统的帮助下，充分挖掘相关成本数据，对成本数据进行合理的分配、归集、构成分析等，从而为企业成本的有效控制奠定基础，为企业的决策提供一定帮助。

（二）财务人员应向"全面预算人员"转型

现代企业进行的管理基本都是事后管理，越来越多的企业采用 ERP 系统对企业数据进行整合，通过对数据穿透查询，结合企业的预测目标，将企业事后管理逐步变成事前控制。用信息化手段进行事前控制、预测等对企业管理十分重要。在大数据时代，预算作为财务管理的领头羊、核心，要求企业参与预算的财务人员站在企业战略规划的高度，对企业的战略规划目标进行层层分解，直至最后的预算分析报告的编制、预算绩效考核，以及预算对未来目标与战略的影响与规划，使预算真正发挥其职能作用。因此，大数据时代需要企业的财务人员向全面预算人员进行转型。

（三）财务人员应向"专业财务分析人员"转型

企业的财务人员必须具备专业的分析技能，能够从海量的数据中挖掘出对企业有价值的信息；同时，还可以在数据分析过程中更加全面地了解企业的发展现状与存在的问题，及时对企业的财务状况、经营成果进行评价，为提高企业的经营管理效率提供更有价值的分析。因此，大数据时代的企业财务人员应积极向专业财务分析人员转型。

（四）财务人员应向"风险管理人员"转型

风险管理主要是企业从战略制定到日常经营过程中对待风险的一系列信念与态度，其目的是确定可能影响企业的潜在事项，并进行管理，为实现企业的目标提供合理的保证。实践证明，内部控制的有效实施有赖于风险管理，战略型财务人员需将企业的风险影响控制在可接受的范围内，以此来促进企业的可持续发展。因此，在大数据时代，企业的财务人员应向风险管理人员转型。

（五）财务人员应向"技术型财务人员、战略型财务人员"转型

大数据、大共享理念的延伸与拓展要求财务共享的产生，并在未来成为主要的工作环境，并借此形成数据中心，为未来的决策与发展奠定良好基础。财务共享中心的人员是财务人员在大数据时代转型的另一个方向。在财务共享中心中，有设计好的专业的标准与流程。例如，应收应付款项、费用报销、明细账的管理、总账及各种财务报销、资金的管理、税务的合理筹划等。这一职能对财务人员的要求并不高，只要具有一定的财务基础知识、英语基础知识、计算机基础知识，并经过一定的培训即可转型上岗，对于那些处于初级阶段的财务人员来说是一个较好的工作选择。在经过一段时间的熟悉以后，可以向更高级的技术型财务人员、战略型财务人员转型。

在财务共享管理模式下，业务转型定位将财务人员分为共享财务、业务财务、战略财务三类。其中，高端财务岗位的需求将会增加，对从业人员的学历、经验、技能要求也更高、更全面。相反，财务的一般岗位对财务人员的技能要求不高，一些工作完全可以用自动化技术或人工智能代替，导致基础财务人员将会被大幅度裁员，尤其是企业内部同质化的岗位将被"共享"掉，使整体财务岗位缩编。

普通的财务人员转型为共享财务人员，其人数低于缩减后财务人员总体比重的40%。普通财务人员是指那些学历层次相对不高、年龄不大，掌握新技能、

学习新知识的能力较强，同时又具备财务会计实务操作经验的工作人员。这些财务人员长期在一线从事财务基础工作，在原始单据审核、凭证录入、交易结算等方面积累了丰富的实战经验，可通过选拔、培训后到财务共享中心从事财务会计工作。但是，现实中由于国内的整体教育环境，本科学历人才的供给成本已经大幅度降低，并且呈现出供大于求的长期趋势，本科学历的员工会成为共享财务中心高性价比的首选人才。

优秀的财务人员转型为业务财务人员，其人数占缩减后财务人员总体比重近50%。优秀的财务人员指学历教育层次较高，专业知识系统和实操经验丰富的工作人员。他们应该深入业务前端，针对企业研发、供应、生产、营销等各个环节进行财务分析、预测、规划、控制、激励、考核等，加快财务与业务的融合，积极参与公司价值链各环节的价值创造，即完成财务与业务的各个层级的融合，能把财务数据转化为信息，并以业务语言传递给各级领导，辅助后者决策，并且可以把业务部门遇到的困难及时反馈到财务部门。

卓越的财务人员应转型为战略财务人员，他们是真正的财务精英，将占缩减后财务人员总体的20%左右。卓越的财务人员是指学历层次很高（至少财经专业本科以上毕业生），管理知识储备深厚，既掌握财务会计实务，又懂得战略规划，对财务管理及其他经济领域业务也有深入研究，精于预算管理、绩效评价、风险管理、内部控制、资本运作、纳税筹划等的工作人员，他们可作为战略财务进行培养。战略财务不仅相当于企业总部的参谋，还是管理者进行战略决策时的重要伙伴，是全面预算与绩效管理的设计师，是制定和实施组织战略的专家。

二、财务人员基础能力框架

所有期望成为 CFO 的财务人都很关心一个问题：应当积累哪些知识才能更加高效地实现 CFO 这个目标呢？实际上，很多人在年轻的时候是没想过或没想明白这个问题的。这样导致在未来出现机遇的时候，往往会失之交臂，或者勉强上任，但无法达到预期的绩效目标。

笔者将通过搭建一个智能时代 CFO 的基础能力框架来尝试回答这个问题。对自己未来充满希望的财务朋友们，可以看看自己在哪些方面还有提升的空间。这个框架考虑到了智能时代财务管理职能的需求，故称之为智能时代 CFO 的基础能力框架。

（一）战略财务基础能力框架

1. 战略与业务

作为 CFO，需要有非常广阔的知识面，但最重要并不是专业知识，而是对公司战略和业务的理解及把控。该能力决定了 CFO 能否真正成为一个经营团队的合格管理者，而不仅仅是一个财务工作者。

核心技能：战略解读；财务与战略配合；公司资源及计划的管理参与；财务资源配置管理；与业务单元的沟通。

2. 财会控制机制

作为 CFO，需要在企业内部建立完善的财务、内部控制和内部审计体系，以确保会计风险的可控性。也有一些公司是由首席风险官去负责这部分职能的。

核心技能：财务及会计制度管理；内部控制；内部审计与稽核。

3. 价值管理

价值管理是 CFO 的高阶技能，需要从多方面主动管理以提升公司的价值，并最终在股价上有所体现，满足公司股东的投资回报诉求。

核心技能：产权管理；营运资本管理；现金流量管理；经济附加值管理；新业务价值管理；并购价值管理。

4. 经营分析与绩效管理

经营分析与绩效管理是 CFO 在公司经营管理方面体现自身核心价值的重要内容，好的 CFO 是公司持续前进的一个重要推动器。通过 KPI 的设定，以及持续的考核跟踪、深度的经营与数字探究，能够给企业的发展注入强大的活力。

核心技能：KPI 体系搭建；经营分析报告；绩效考核制度搭建及奖惩执行；投入产出管理；市场对标管理；重大关键项目管理。

5. 全面预算管理

全面预算管理是 CFO 在资源配置方面配合企业战略落地的重要工作。凡事预则立，不预则废，CFO 正是承担起这项职能的重要角色。当然，全面预算管理并不仅仅是财务的事情，但是作为 CFO 去承担牵头职能还是必需的。

核心技能：经营计划管理；预算编制管理；预算执行与控制管理；预算分析；预算组织管理；预算流程管理；预算系统管理。

（二）专业财务基础能力框架

1. 会计与报告管理

作为 CFO，会计与报告是不可缺失的基本技能。当然，CFO 可以请会计专业人士和会计师事务所代劳，但无论如何都是绕不开这项技能的，必须懂会计。

核心技能：会计交易处理及相关流程；往来管理、关联交易管理等会计管理；会计报告及合并；会计信息系统，如核算系统、合并系统等；信息披露；审计流程及管理。

2. 税务管理

税务管理是 CFO 的传统工作领域，无论在世界上的哪个国家，CFO 都是绕不开税务工作的。而在中国，税务又有着自己的特点，CFO 需要将税务管理当成一项既严肃又充满艺术性的工作来对待。

核心技能：税务政策研究；税务关系管理；税务检查配合与风险防范；税务数据管理；税务系统管理；营改增及电子发票 / 特定时期的特殊事项。

3. 资金管理

资金管理是 CFO 工作中的重要一环，也是对一个称职 CFO 的基本要求。从分类上说，资金管理是专业财务的一个构成领域，具有一定的技术性。如果没有从事过这个领域的工作，要覆盖这部分专业知识是有一定难度的。

核心技能：资金收付管理；资金计划管理；债券融资管理；混合融资管理；股权融资管理；司库管理；外汇管理；银行关系管理；资金系统管理；流动性管理；投资管理。

4. 合规管理

合规管理对于很多监管行业非常重要，监管机构有金融行业的银保监会、人民银行等，上市公司的证监会等。作为 CFO，需要很好地把握监管政策，主动、积极应对，以免因合规问题给公司带来损失。

核心技能：监管政策研究；监管沟通及检查应对；监管信息报送；违规风险管理及违规后危机管理。

5. 管理会计

管理会计是当下各大 CFO 面对的既久远又新鲜的课题。国内正在掀起一波管理会计体系建设的热潮，CFO 不可免俗，必须懂管理会计。

核心技能：维度体系搭建；收入分成管理；成本分摊；多维度盈利分析；作业成本管理；资金转移定价（FTP）管理；风险成本和资本成本管理；管理数据应用（定价、精准营销等）；管理会计系统。

6. 成本管理

成本管理单独拿出来说，是因为它对于每个企业都是十分重要的一项内容。对 CFO 来说，要开源节流，其中的节流就要靠成本管控。甚至对一些企业来说，成本管理是其生存的核心战略和命脉。

核心技能：成本战略体系设计；基于价值链的全成本管理；费用的前置管控；成本文化建设；最佳成本实践的形成和推广。

7. 财务风险管理

广义的风险管理领域是首席风险官的管理职责，但在财务领域，CFO 应该对财务相关风险予以高度关注，并实施有效的管理。CFO 力求创造价值，但必须牢记，风险是底线，控制好财务风险是一个好 CFO 的必修课。

核心技能：财务操作风险管理；财务风险意识及管理文化建设；RCSA 风险控制与自我评价工具的财务应用；KRI 关键风险指标体系的财务领域搭建；重大风险事件监控。

（三）业务财务基础能力框架

1. 产品财务管理

产品财务是业务财务中向产品事业部提供财务专业服务的队伍，CFO 需要基于产品财务队伍，加强对以产品规划、产品研发为核心的产品全生命周期的财务管理。

核心技能：产品规划及投资财务管理；产品研发财务管理；产品周转资金管理；产品质量成本管理；产品最佳财务实践管理。

2. 营销财务管理

营销财务是财务队伍中服务于营销或销售事业部的业务财务队伍。CFO 需要通过营销财务开展对营销、销售过程的财务管理，如合同商务管理、客户相关财务管理、销售费用管理等工作。

核心技能：商务合同财务管理；营销及销售费用管理；客户信用及风险管理；竞争对手财务及经营信息管理。

3. 供应链财务管理

供应链财务主要为企业经营中供应链相关环节提供业务财务支持。CFO 需要借助供应链财务实现对采购、生产、配送等相关业务环节的财务管理。

核心技能：采购财务管理；生产财务管理；库存控制管理；配送物流财务管理；分销财务管理。

4. 项目财务管理

除了以价值链划分的业务财务之外，CFO 还需要关注另一个业务财务维度，即项目维度。项目财务是从另一个视角与产品、销售、供应链财务进行矩阵式协同的业务财务职能。

核心技能：研发项目财务管理；市场推动项目财务管理；售前/销售项目财务管理；工程项目财务管理；实施交付项目财务管理；管理支持项目财务管理。

5. 海外财务管理

对于开拓海外市场的企业来说，CFO 还需要高度关注海外财务管理工作，特别是在新进入一个国家时，海外财务的支持能力便显得尤为重要。

核心技能：国家财税政策管理；海外机构综合财务管理。

6. 业财一体化管理

CFO 需要始终保持对业务财务一体化的关注度和警惕性，通过加强业务财务一体化管理，实现有效的业务与财务核对管理，提升业务与财务的一致性水平。

核心技能：业财一致的制度及流程管理；业财对账管理；业财一致性系统管理。

（四）财务共享服务基础能力框架

1. 财务共享服务中心设立管理

财务共享服务在中国的发展已经超过了十个年头，如今大中型企业已普遍将财务共享服务中心作为标配。因此，作为 CFO，需要对财务共享服务的模式有所了解，从而有效地开展建设。

核心技能：财务共享服务中心立项；财务共享服务中心战略规划；财务共享服务中心建设方案设计；财务共享服务中心实施；财务共享服务中心业务移管。

2. 财务共享服务中心组织与人员管理

财务共享服务中心是一种基于大规模生产的运营管理模式，这种模式对组织和人员管理都有较高的要求，CFO 应当关注财务共享服务中心的组织效率和人员的稳定性、成长性。

核心技能：财务共享服务中心组织职责管理；财务共享服务中心岗位及架构；财务共享服务中心人员招聘；财务共享服务中心人员培训及发展；财务共享服务中心人员考核；财务共享服务中心人员保留。

3. 财务共享服务中心流程管理

流程管理是财务共享服务管理的精髓，CFO 应当关注财务共享服务中心端到端的流程体系建设及流程维护、持续优化，以提高流程效率，降低流程成本。

核心技能：财务共享服务中心流程体系定义；财务共享服务中心标准化流程设计；财务共享服务中心标准化流程维护和执行监控；财务共享服务中心流程持续进行改进。

4. 财务共享服务中心运营管理

财务共享服务中心需要有效地运营以创造价值，CFO 需要对运营管理中的核心职能予以关注。

核心技能：财务共享服务中心绩效管理；财务共享准入管理；财务共享SLA（服务水平协议）及定价管理；财务共享人员管理；财务共享风险与质量管理；财务共享"服务"管理；财务共享信息系统管理。

5. 财务服务外包及众包管理

服务外包和众包是财务共享服务模式的延伸和补充，CFO 需要关注应如何进行外包、众包与共享服务之间的选择决策，对外包和众包的管理也需要有特定的模式。

核心技能：服务模式战略管理；外包供应商选择管理；外包商交付管理；众包平台搭建；众包平台用户获取、服务及管理；外包及众包风险管理。

（五）财务通用支持基础能力框架

1. 财务组织、人员管理

作为 CFO，建设财务组织、培养财务队伍是责无旁贷的。因此，人力资源管理理论在财务领域的应用也是 CFO 需要掌握的。一个管理不好组织、团队和人员的 CFO，必然是一个不称职的 CFO。

核心技能：财务的分层治理机制；财务组织架构及岗位设计；财务团队及干部管理；财务人员绩效管理；财务培训及知识管理。

2. 财务信息化及智能化管理

对于现代的 CFO 来说，财务信息化和智能化管理已经是不可或缺的技能。财务的大量工作都是建立在信息系统基础之上的，因此，对 CFO 来说，懂一些信息系统知识是十分必要的。而在未来，财务的大量工作还会进一步被信息系统取代。可以说，不懂信息系统相关知识的 CFO 在未来根本无法生存。

核心技能：财务信息化团队建设；财务产品设计及系统架构；财务与 IT 之间的沟通管理；财务大数据技术；财务自动化及智能化技术。

第三节　智能时代财务人员的择业模型

智能时代的来临，对整个社会包括财务人员的影响是全面且深远的。在这样的环境下，财务人员的择业观被影响和改变着。面对未来，财务人员有三种选择——不变、远离或拥抱。选择本身没有对错之分，但我们在作出不同选择的时候，都需要给自己找到适应智能时代环境的新择业标准，这将从某种意义上改变我们的职业生涯。

智能时代，世界在改变，财务也在改变。当智能时代来临的时候，财务人员不可避免地会受到巨大的冲击，也必须面对认知的升级。无论是高级管理人员、财务经营分析人员、预算管理人员还是会计运营人员，都必须面对这种改变。

这也引发了不少财务人员对未来职业发展的担忧，关于人工智能是否会取代财务人员的讨论也成为热议的话题。在 2017 年 4 月底召开的全球移动互联网大会（GMIC）上，李开复与霍金展开了隔空对话。霍金认为："对于人工智能的崛起，其好坏我们仍无法确定，现在人类只能竭尽所能，确保其未来发展对人类和环境有利，人类别无选择，李开复则提出这样的问题："我们要看到，人工智能要取代 50% 的人的工作，在未来 10~15 年，这些人怎么办？还有更重要的，教育怎么办？"是的，在智能时代，有些问题已不是我们能决定是否面对的，我们只能思考如何面对。

今天，作为一名在职场中生存的财务人员，已经难以想象终生服务于一家企业。择业本就是一件不可回避的事情，而智能时代的择业将伴随着更加困难的抉择。

一、三种选择：智能时代财务人的"进""退""守"

在智能时代，财务人员面对整个社会变革、新技术的挑战能作出的选择无外乎"进""退""守"三种模式。

"进"是一种拥抱变革的态度，虽然意识到智能时代会带来空前的挑战，但总有一些人愿意成为这场变革中的主导者和生力军，并在这场智能时代的变革中直面迎接挑战。

"退"是一种远离风险的态度，可能也是一种聪明的选择。如果知道自己没有办法成为"进"的那一群人，也意识到智能时代可能会促使现在的工作内容发生改变，那么明智之举就是尽早远离现在的岗位，重新规划自己的未来，找到智能时代的避风港。

"守"是一种以静制动的态度，在难以作出清晰判断的时候，静观其变，并在坚守中慢慢寻找自身定位。但需要注意的是，在智能时代社会快速变化的大环境下，静守未必是好的选择，即使选择观望，也应当尽早作出适合自己的关于进退的选择。

如果财务人员终究要在智能时代作出"进"或"退"的选择，那么影响选择的决策因素又有哪些呢？我们从以下四个方面来探讨这个问题。

（一）人工智能对其所处行业及公司的影响

在进行"进"或"退"的评估时，需要关注的是财务人员所处的行业及行业内的公司在智能时代将受到怎样的影响。我们说过，智能时代是一场巨变，在这场巨变中，有些行业和公司会兴起，而有些行业和公司会走向衰退。财务人员的职业发展本就依托于其所在公司的发展，当我们在谈论智能时代进退策略时，第一件事就是对自己所在公司的未来作出判断。行业兴、公司兴，则财务兴。什么样的公司在智能时代会兴起？想要知道这个问题的答案，不妨去读读这方面的畅销书，如吴军的《智能时代》、李彦宏的《智能革命》及李开复的《人工智能》。

（二）人工智能对其所在环境竞争性的影响

人工智能的出现会改变我们所在环境的竞争格局。对有些公司来说，智能时代的到来有可能会让整个公司内部的竞争环境变得非常宽松。大家的焦点都在如何进行有效的合作上，并积极参与到智能时代的市场开拓中。公司的每一个员工都会感受到其存在的自我价值，自然有一个宽松的竞争环境。在这种情况下，财务人员可以考虑采用"进"的策略。而对另一些公司来说，在智能时代其将面临强大的压力，需要通过压缩成本、强化内部竞争来获得生存空间。在这样的环境中，如果不愿意忍受环境中激烈的竞争，则不妨采取"退"的策略。

（三）个人能力与智能时代要求的适合性

智能时代对财务人员的技能需求也发生了改变。智能时代的财务技能需求相较于传统需求有较大变化，如信息技术能力、建模能力、创新能力的提升等。如果财务人员期望在对智能技术大力推崇且形成了趋势性文化环境的公司内获得成功，就要对自己的存量能力和增量学习能力作出客观的评估，不能做到，则可以采取"退"的策略。

（四）个人对人工智能风险和挑战的喜好

智能时代的财务择业与当下相比会有更多的不确定性。技术的不确定性就会带来商业模式的不确定性，进而带来企业和行业的不确定性，而不确定性正是风险的内涵。在这样一个充满风险和挑战的时代，财务人员选择"拥抱"还是"远离"，很大程度上和每个人对风险和挑战的喜好有关系。并不是说喜好风险和挑战就一定是好事，如同投资决策中的风险厌恶程度，喜好就是喜好，并不存在道义上的对错。

当结合上面几个因素进行综合评估后，或许财务人员能够对自己在智能时代的"进"和"退"作出大致的判断和选择。

二、智能时代，财务人择业的"拥抱"模型和"远离"模型

如笔者在上文中所说的，财务人员在智能时代的"进"或"退"并没有对错之分，重要的是在决定了"拥抱"或"远离"后，能知道如何进行下一步的职业选择。这就是笔者在这里要谈的财务人员择业的"拥抱"模型和"远离"模型。

在这个模型中，我们从六个维度对择业目标进行简单分析。

（一）关于评估维度

1. 平台

对于平台这个维度，我们要评估的是择业对象是一个大型企业集团，还是中小型公司或创业公司。不同规模的公司能够创造的应用智能技术的机会和概率是不同的，公司规模越大，应用智能技术的可能性就越大，这是一个很简单的逻辑。

2. 技术实力

在这个维度下，我们主要看一家公司在大数据、人工智能、云计算等方面是否具有技术能力方面的显著优势。具备技术能力的公司可能有两种，一种是使用这些技术来支持自身的主业发展的大公司；另一种是以这些技术为核心的中小型公司或创业公司。总体来说，技术实力越强，在财务领域应用智能技术的可能性就越大。

3. 行业

这里所说的行业关注的并不是行业在当前是否兴盛，更多的是要关注行业能否从智能革命的浪潮中获得业务发展的技术红利。一个能够获得技术红利的行业必将非常积极主动地应用智能技术。

4. 财务交易规模

为什么不看公司业务规模呢？对财务来说，规模巨大的公司未必一定有大量的财务交易。而要判断智能技术在财务中的应用概率，财务交易规模的大小和财务数据量的多少才是至关重要的。

5. 待遇

待遇，就是付给员工的薪酬。在择业模型中什么都可以不谈，但待遇是必须谈的。但在这里，只需简单地将待遇划分为高、中、低三个等级，在这两个模型中我们要看的是最低容忍度。

6. 未来发展机会

未来的机会就是现在的福利，对择业者来说，要考虑的是现在的工作能够帮助自己未来进入怎样的公司、平台。如果和自己的职业规划是一致的，那么就可以作为择业模型的加分项；否则，将会成为扣分项。

（二）拥抱模型下的选择

在拥抱模型下，我们对以上这些维度应当作出怎样的选择或考虑呢？

对于平台，选择大型企业集团，在财务实践中有更多的接触智能技术的机会。

对于技术实力，选择具有技术优势的公司，能够享受到技术红利，有利于财务在使用较低成本的情况下展开智能应用实践，也使财务智能化应用有了更早实现的可能。此外，智能技术还可以与平台形成合力，进一步推动智能技术在财务中的使用。

对于行业，选择进入金融、零售、通信运营等高度需要智能技术的行业，有可能更快接触到智能技术。同时，这些行业对智能技术具有更好的认同度，能够营造出良好的创新氛围和环境。

对于财务交易规模，选择有大规模财务交易的行业是更好的选择。智能实践是建立在领先的数据技术之上的，没有财务的大数据，又何谈智能化？

对于待遇问题，如果选择拥抱智能，也许要做出一些牺牲。较好的情况是能够获得中等待遇，如果能够获得高待遇当然更好，但最重要的是，即使待遇偏低，我们也不妨考虑一下综合收益，即虽然在短期内待遇偏低，但有可能在未来的成长中能够获得快速弥补。在职业发展上，笔者一直坚信长线利益重于短期利益。

在未来的发展中，如果选择拥抱智能，将有机会进入更大的公司，或者为自行创业积累一笔宝贵的经验和财富。当然，年轻人有这样的经历，进入咨询行业也是一种不错的选择。

（三）返方模型下的选择

在远离模型下，我们对以上这些维度又该如何选择呢？

在平台方面，核心诉求是规避智能技术造成的职业风险。因此，选择中小型公司有更多的规避智能风险的机会，这些公司轻易不会使用价格昂贵的智能技术。

对于行业，要绕开拥抱模型下的那些优选公司，如金融、零售。选择传统行业，则会相对安全一些。

就财务交易规模而言，规模一定要小。在这种情况下，老板想的是如何用人工去解决问题，而不是使用机器来替代人。

在待遇方面，作为择业的财务人员，应当积极寻求中等收入职位，高收入职位就要看运气，如果是太低收入的职位，建议果断放弃，毕竟出来是避险的，不是出来降薪砸自己饭碗的。当然，能力不足则另说了。

未来的发展很可能是在相近规模的公司里打转，建议选择小而全的公司，一旦遇上创业潜力不错、有机会爆发成长并成功上市的公司，或许就实现财务自由了。

至此，读者应该已经掌握了智能时代进退自如的秘技。虽然技术在进步、社会在进步，但财务人员仍然能够找到适合自己的定位。

第四节　智能时代财会人员职业再规划发展策略

按照目前的财务人工智能发展现况，可以推测出以下几个发展趋势。首先，财务、审计等基础的比较简单的工作将会被取代，因此，这方面的工作人员会大量减少。其次，中层财务岗位的部分数据报告工作将会被替代。但是，财务管理工作中关键和核心的工作内容逻辑判断较复杂，仍需要由专业的财会人员来来判断和决策。财务人工智能的发展目前主要会对企业初级和中级岗位的财会人员造成一定的冲击，本节重点针对该部分财会人员进行分析研究，深入阐述人工智能背景下财会人员的职业再规划及职业发展策略。

一、财会人员职业再规划与发展策略分析

（一）基层财会人员职业再规划与发展策略分析

小刘是一家科技公司的会计信息系统实施"专家"，主要负责财务信息系统的维护和开发。小刘刚入职时是财务助理，深知财务人工智能对其工作的影响。因此，小刘一直思索自己未来的职业生涯发展路径。在人工智能迅速发展的外部环境下，传统的职业发展路径已经越来越窄，而且竞争也越来越激烈。人工智能对财务岗位的替代具有必然性和渐进性，从基础核算财务岗到中层财务岗都会受到人工智能的冲击。小刘通过自我分析，制定职业发展目标和具体实施方案。经过慎重考虑，小刘决定转型做一名人工智能系统的线下实施者。小刘在大学四年期间学习了会计学，已经拥有较好的会计基础，在校期间同时

兼修了计算机专业，拥有较好的计算机基础。他经常利用业余时间对企业信息化系统建设及维护进行研究，同时还研究学习了人工智能系统开发相关内容。小刘现在是企业财务信息系统的辅助实施和管理者，辅助计算机系统正常工作运行。在工作过程中，小刘不但积累了与财务相关的工作经验，而且对计算机系统应用也变得更加熟悉。通过对小刘职业生涯再规划与发展路径进行分析，发现小刘职业转型面临以下问题。

第一，岗位职责低且技术含量不高。小刘作为财务助理，主要负责企业原始凭证的登记、整理、粘贴，记账凭证的登记整理及打印装订，以及其他需要外出办理的工商及税务相关事项，处理的事务烦琐且没有技术含量。

第二，工作范围比较窄，缺少全面分析的能力。小刘的工作重心主要聚焦在企业内部费用报销上，负责员工费用报销、单据整理及报销款支付等工作内容，接触不到与企业整体业务相关的工作，全面分析能力差。

第三，对企业经营业务不了解。小刘平时把注意力主要放在财务数据上，未完全参与到企业的生产经营过程中，不能对企业经营业务进行全面的了解，对企业生产经营的产品、生产流程及业务流程不熟悉。

第四，沟通协调能力较弱。小刘平时只关注财务数据及单据，很少与其他部门人员进行沟通，因此，他的沟通协调能力相对比较弱。

小刘进行职业生涯再规划与发展，调整自己工作内容后的情况如下所述。

第一，岗位工作内容与互联网人工智能相关，工作岗位的技术含量增大，承担的责任增加，为小刘提供了很好的发展平台。

第二，更多关注企业整体数据。小刘参与企业财务信息系统建设过程中接触到企业内部整体的数据信息，可以从全局的角度分析企业的财务信息，对企业整体经营情况有了一定的认识。小刘通过运用财务信息系统将数据信息进行收集整合，为管理者提供具有科学性和系统性的分析报告。

第三，参与企业业务流程。小刘在建设企业财务信息系统过程中，涉及生产、销售、采购、人事、财务等多个部门的信息管理，在系统设立过程中既要保证审批程序简便，又要保证风险在可控范围内。在建设信息系统过程中，小刘不断研究生产和业务部门的工作流程，对企业的生产运营非常熟悉。

第四，沟通协调能力得到提升。通过建设企业信息系统，小刘需要与不同部门的领导和同事进行反复的沟通协调，其沟通能力、协作能力、工作能力等都得到了很大的提升。

对小刘职业生涯再规划与发展策略分析如下所述。

小刘作为企业财务信息系统维护负责人具有良好的专业技能。他具有良好的财务教育背景和扎实的计算机基础，对信息系统有浓厚的兴趣。小刘还利用业余时间参加了人工智能系统开发的培训课程，自己研读与互联网和人工智能相关的书籍。这些是小刘可以做好企业财务信息系统维护人员的基础。小刘还具有良好的沟通协调能力，在建立和维护企业信息系统过程中需要和企业各个部门领导及员工沟通交流、反馈信息。在系统实施过程中难免遇到阻力和困难，面对压力，小刘主动调节自己，保持正确的态度和良好的心态，全方位提升人际交往能力。财务人工智能程序需要后期不断维护更新，财务信息化系统和财务机器人的开发、应用和维护均依靠财会人员和计算机开发人员之间的沟通协调。因此，财会人员和人工智能机器科学研究人员可以相互取长补短，发挥财会人员在会计行业的特殊优势，与科学研究人员相配合，在财务人工智能程序化，计算机软硬件的研发、维护和升级上发挥重要的作用。随着会计信息化系统的持续发展，财务机器人的开发、管理和维护，将催生兼备财务知识、计算机编程能力、机器人维护能力的复合型人才需求。

（二）中层财会人员职业再规划与发展策略分析

孙女士是某外企财务主管，属于企业的中级财会人员。面对人工智能的发展，孙女士作为一名财会人员，深知财务人工智能对其工作的影响。她通过对企业的财务制度及岗位现状进行分析，为自己的职业生涯再规划与发展做准备。孙女士不断完善自己的知识结构，注重团队合作意识的培养，在工作中不断提高自己的综合管理能力。

孙女士利用业余时间参加了 MBA 进修班的学习，精读企业管理和心理学相关书籍。她还参加了英语培训课程，在日常工作和生活中也不断练习，努力提高运用英语的能力。她非常注重提高自己与他人沟通协调的能力，培养管理能力和大局观念，提高自身的综合素质。孙女士具有良好的理解沟通和协调能力，较强的英语口语能力，熟练的财务专业技能和管理能力。她不仅熟悉中国相关法律，还十分熟悉西方财务法律法规。通过对孙女士职业生涯再规划与发展路径进行分析，发现孙女士职业转型面临以下问题。

第一，岗位职责比较单一。孙女士作为企业的财务主管，主要从事财务数据整理和分析工作，岗位职责相对比较单一。

第二，注重传统职责而缺少决策参与权。孙女士的工作重心主要放在传统财务管理上，很少涉及与制定企业战略紧密相关的税收筹划、风险控制、筹集资金、财务战略、投资业务等事务。

第三，与业务之间缺乏互动。孙女士把注意力完全放在财务数据上，并未完全参与到企业的生产经营过程中。

第四，沟通协调能力较弱。孙女士最关注的就是财务数据，但因过度关注数字，使其在一定程度上缺少和其他人员沟通协调的技能。由于缺乏必要的沟通和协调，财务数据在企业快速发展时期已不能科学合理地反映企业价值。

孙女士进行职业生涯再规划与发展，调整自己工作内容后的情况如下。

第一，更多关注企业战略。孙女士通过转换财务管理思想，理顺财务管理目标，将财务管理的重点锁定在提升业务服务能力上，财务管理能力得到了全面提升，提高了财务参与制定企业战略的能力。

第二，以管理者的视角分析企业战略发展趋势。孙女士通过改变原有的工作模式，站在管理者的角度对企业情况进行分析，制定了企业财务战略。建立了企业风险控制系统，该系统包括信息系统、资金管理系统及绩效考评系统等。

第三，工作内容与企业发展战略变得更加密切。为适应企业快速发展的政策要求，孙女士通过及时转变战略思想，制定了以投资、筹资和风险控制为核心内容的财务战略来支持企业业务的发展。

第四，从"管理控制"向"决策支持"转变，孙女士从一名控制数据的财务主管，向为企业决策提供支持的财务主管转型。财务战略转型使孙女士成为业务的最佳合作伙伴，参与企业决策。

第五，沟通协调能力得到提升。通过进行职业再规划与发展设计，孙女士的沟通和协调能力得到了很大提升。同时，在孙女士的影响下，财务部门全体成员的整体素质也有了大幅提高。孙女士的领导能力和控制能力也不断增强。

对孙女士职业生涯再规划与发展策略分析如下。

孙女士作为企业中层财会人员具有良好的专业技能，为企业提供决策支持，促进企业快速发展和企业全球化；合理筹划配置企业资源，追求企业价值最大化，整合财务管理流程，促进企业战略决策的实现；策划和实施资本运作，为企业赢得更多的发展机会。孙女士通过项目投资决策分析、内部控制、利用管理会计工具进行绩效考核和业绩管理，为企业战略服务，其工作内容不再局限于简单的财务工作，而是逐步实现了财务工作由价值守护向价值创造的转变。

在财务人工智能背景下，孙女士十分重视专业技能与领导能力的培养，进行有效的沟通和团队建设，制定财务服务业务的目标。她不仅熟悉中国相关法律，还熟悉西方财务法律法规，精通商务英语。利用业务数据和财务数据，通过业务与财务融合，为企业业务决策和管理决策提供数据支持。

人工智能背景下，财会人员岗位受到冲击，财务角色贯穿业务活动的整个运行过程，财会人员作为企业决策者的合作者，所有的职能都应与资源和业务相关，全方位服务于企业业务并自觉参与整个经营管理活动。从这一侧面表明，一些财会人员具有向管理岗位转型的潜力。因此，许多财会人员随着工作经验的积累及工作年限的增长，会逐渐向管理方向发展。

二、人工智能背景下财会人员职业再规划与发展的策略

人工智能背景下，财会人员最需要的是应变的能力和超前的意识。通过自我学习、参加职业发展培训等多种渠道，加深对职业再规划与发展的了解，通过学习和探索，找到设定职业再规划的方法，再根据自身能力，制订职业再规划与发展方案。首先，进行自我评价。在日常工作生活中，要多对自己的成就进行总结和反思，加深对自我的认识。其次，进行职业选择。在充分了解自己的强项和弱项之后，进一步明确自己的职业兴趣，并制订符合实际情况的、具有较高可行性的职业再规划方案。最后，调整职业计划。职业规划方案不是一成不变的，而是要随时根据内外部因素的变化而及时进行调整。针对人工智能背景下财会人员面临的问题，财会人员的应对策略有以下几种。

（一）财务基础队伍向高级常优转型

1.向管理会计转型

人工智能时代，在财务机器人普及和大量财务软件上线运行的情况下，企业的财会岗位将会得到削减和整合，市场上的财会岗位总数将会逐年缩减，财会从业人员的需求也会有所降低，其中受到突出影响的是从事基础核算工作的财会人员。对于这部分财会人员来说，为了不被历史发展潮流所淘汰，就需要及时更新自身的知识结构，提升自身的价值，以求适应人工智能时代的财务管理需求。结合当前财会人员的基本情况和企业发展的现实需要，财会人员最理想的转型之路就是由财务会计尽快转型为管理会计。人工智能时代，企业对管理会计的需求量会与日俱增，管理会计将会是企业财会人员的主流。众所周知，

管理会计需要具备洞察未来和指引决策的能力、管理风险的能力、建立道德环境的能力；还需要具备管理信息系统和与他人合作达成组织目标的能力。首先要重视数据分析，明确管理数据与财务数据的区别。管理数据不同于财务数据，它是企业基础核算数据整合之后形成的，对企业战略发展具有指导意义的信息，包含企业基础信息、财务数据、业务数据、业务信息等相关内容。企业对传统会计数据进行分类，更接近于企业的业务活动和管理要求，也能反映企业管理中所有环节中的投入与产出关系，对业务部门来说，这样的会计核算则大大增强了成本控制的责任感。

2. 向国际会计转型

人工智能时代，大中型企业和跨国企业的业务范围和投资领域将会再次扩展开来，更多的企业将会走出国门与其他国家和地区的市场主体开展广泛而深入的合作，这就需要财会人员具备广阔的国际视野，不仅要了解投资目的地的风土人情和政策法规，还要了解和掌握投资目的地的财政税收情况和会计核算、利润分配、投资收益分配、税收返还、优惠政策等方面的专业知识，从财务管理和成本控制的角度为企业发展提供必要的技术和财务支持。从全球化发展的角度分析，会计行业的发展越来越国际化，需要财会人员具备一定的国际管理能力，如具备丰富的专业知识和商务英语理解沟通能力并熟悉全球经济和商业环境，具备职业判断与决策能力、风险控制能力及管理能力。对于英文水平比较高的财会人员来说，还可以参加一些与国际税法相关的培训课程，对国际税法进行系统的学习。具备专业的财务知识和技能、熟练的英语运用能力、精通国内和国际税法的财会人员将是顺应未来发展趋势的财会人才。

（二）财会人员自觉提高职业胜任能力

1. 加强人际沟通

要在工作上取得成就，实现自己的职业规划，仅仅有硬实力还不够，还需要足够的软实力，即良好的人际沟通交流能力。企业内部的良好沟通不仅可以提高工作效率，还可以营造良好的工作氛围，使员工保持友好相处的关系。另外，良好的沟通可以使员工明白目标差异，从而调整好各自的行为，进行有效的合作；良好的沟通能力还可以提高管理效率。财会人员通过与上级和同事的交流沟通，可以进一步了解自身的缺点和不足，并不断完善自我。

2. 充分利用职业再培训提高自身能力

利用业余时间参加财务专业培训，考取财务职称证书，抓住每个学习和培训的机会，努力增加自己的职业知识积累，提高职业技能。随着会计新政策、制度、技术、方法的不断更新改革，财会人员在完成基础岗位职责的前提下，面对财会行业的转型和发展，必须保持不断学习的态度，通过多种渠道和方式，丰富自己的知识，提高各项工作技能，使自己的知识和能力能够应对不断变化的环境，进行动态的职业规划，合理利用财务资源和创新管理机制，提高自己的工作能力。

3. 不断积累知识和提高技能，做到业务财务一体化，培养全局观念和战略规划能力

财会人员不仅要了解财务专业知识，还要熟悉企业的经营业务，了解所在企业的行业类型及特点，对企业进行业务流程再造和资源整合。财会人员提高自己的控制能力和职业判断能力，对未来的业务作出合理的分析和判断。身处企业相对独立的部门，财会人员必须站在全局的角度，客观公正地看待所有的经营问题。财会人员不仅要关注财务报告数据，还应结合宏观经济和行业形势，从更广阔的视野和更长远的角度来分析决策，使资源配置更加合理。此外，财会人员还应培养战略规划能力，财会工作应该围绕企业目标，服务于企业的战略。

4. 培养独立分析的能力和风险管理意识，完成企业流程优化

只有通过对数据进行分析，了解数据背后的信息，才能转化为对企业有用的经营决策。财会人员要用会计专业思维分析和思考问题，充分利用财务专业知识对企业进行风险控制，通过分析财务数据，洞察企业可能存在的经营风险和财务风险。财会人员还需要从业务的角度来探讨项目的可行性，并通过对项目的可行性进行事前评估，分析企业的业务发展趋势和相应的资源配置问题。在一些发展到一定规模和水平的企业中，业务非常复杂，审批流程非常烦琐。为了使企业中的审批流程更加顺畅便捷，管理需求与财务控制之间需要达到一个平衡。因为如果设定一个烦琐的审批流程，审批工作的效率会降低，但是如果审批过程过于简单，风险监控就可能会出现漏洞。这就要求财会人员自觉熟悉整个过程和状态，对各系统的关联性进行设计和优化，对风险进行预先评估和漏洞管理，实施有效的控制措施，提高审批系统的效率等，优化企业流程。

（三）财会人员主动拓展职业发展类型

1. 向投融资岗位转型

企业发展过程中，往往涉及投融资相关业务，而财会人员是企业的核心人员，熟悉企业经营情况，对投融资拥有一定的建议权。财会人员可从企业会计准则、证券金融、财务管理、内部控制、经济热点等方面入手，努力增强对宏观经济学、金融学、市场营销学等相关领域知识的研究，增强自己对投融资工作的理解，通过不懈的努力，使自己的投融资能力不断提高，由原来的会计专业人才向企业投融资管理型人才转变。

2 向企业主转型

财会人员在职业生涯规划与发展过程中，可以充分利用各种资源和平台学习与创业相关的知识，有意识地去参加一些与目标行业相关的培训课程，了解目标行业的信息，不断为自己创业打下基础。培养自己良好的心理素质和心理承受能力，培养自己独立思考和独立行动的好习惯。充分认识自己的知识结构，制订适合自己的发展计划和目标，为实现目标而不断努力。

3. 向职业经理人转型

财会人员在熟悉企业工作的前提下，可利用业余时间参加 MBA 培训课程，充分学习管理学相关课程的内容并掌握与职位相关的工作技巧。学习心理学和管理学，拓宽财会人员的知识和技能。在工作中不断学习思考并掌握更多与会计相关的工作技巧，学会分析企业和整个行业的发展趋势，随时关注国家的宏观经济政策。不断提高自身英语水平，使自己的知识不断更新，在工作学习中快速成长。

4. 将财务专业知识与人工智能技术相结合，向人工智能的线下管理者转型

在知识更新换代不断加快的时代，会计工作也处于不断变化的状态，因此，财会人员不仅要掌握基本的理论知识，还需要通过多渠道学习新科技知识和技能，迎接人工智能带来的新挑战，学习和掌握人工智能相关技术，将财务专业知识与人工智能技术相结合，辅助人工智能系统开发和升级，更高效地履行财会人员的工作职能。

5. 尝试跨领域发展转型

突破财会专业的局限，在掌握会计专业知识的基础上，接受跨专业的转型和学习，拓展职业发展空间。财会人员可根据自己的兴趣爱好和工作经历选择从事销售、技术、人力资源等工作，通过不同专业之间的交流学习，增强财会人员对自己职业生涯发展方向的认知。

（四）财会人员应加快打造自身软实力

1. 加快成长为复合型人才

人工智能背景下，企业财会人员面临的失业风险将会大大增加，工作流程的简化和工作强度的逐步降低使财会人员不得不主动参与企业经济事项决策，并为决策人员提供专业性的财务意见和建议。在税收筹划、投资方案拟定、内部控制、风险指引和防控措施制定、收入预测、投融资决策等方面依靠自身的专业知识，切实提升资本运作和资金管理水平，以专业财会人员的视角参与企业经济事项决策，加快成长为复合型人才就成了当前财会人员的现实所需，也是人工智能时代企业发展的必然选择。作为财会人员，不但要掌握更多的财经理论知识，而且能够在实际操作过程中将理论与实践相结合，用理论指导实践，依靠分析提炼的财务数据，总结归纳和分析企业应当采取的财务管理措施、战略性业务拓展措施和会计核算政策。

2. 掌握必要的大数据管理和集权化财务管理知识

在人工智能背景下，市场竞争将会变得更加激烈，企业主对所聘用的财会人员的要求将会一再提高，在会计核算尤其是账务处理全程自动化的基础上，财务分析与决策的精准化和智能化是企业发展的必然需求，这些都需要充分依托大数据分析。因此，财会人员需要掌握必要的大数据管理的相关知识，能够在庞杂的基础数据中分析提炼出企业发展所需的财务数据，进而制定出适合企业发展的财务政策。人工智能时代，传统的会计岗位将会大大缩减，企业财会人员将会更加集权，实现信息共享和财务会计处理规范化、标准化、便捷化。财会人员除了需要学好财务相关知识外，还要不断拓展自己的视野，为以后的职业生涯发展打下坚实的基础。努力提升自己综合运用知识的能力，重视人际关系的培养，发挥工作主动性和积极性，充分利用各种机会锻炼自己，积累丰富的工作经验。人工智能背景下，财会人员需要尽快转变工作理念，培养自己的全局观念，站在全局的角度，客观公正地看待所有的经营问题。培养独立分析的能力，只有通过对数据进行分析，了解数据背后的信息，才能将其转化为对企业有用的经营决策。将互联网和会计工作相结合，用会计专业思维分析和思考问题，主动分析经济形势，积极顺应社会发展形势，转变自身职能，提高自己的核心竞争力，不断提升自身素质。

企业需要参与到财会人员的职业生涯规划过程中，不断去完善企业的人力资源管理相关制度，与财会人员建立良好的沟通渠道。加强对财会人员的职业指导和辅导，提高财会人员的工作效率。建立职业生涯管理体系、职业生涯管理保障体系，并对职业生涯管理体系实施过程进行管理。当今竞争日益激烈，企业更需要不断完善人力资源管理相关制度，重视财会人员的职业生涯规划。把财会人员个人的职业生涯规划作为企业战略发展的一个重要组成部分，协调个人职业目标和组织发展目标，使其能够共同发展，形成更有凝聚力的企业合作伙伴关系，更有效地调动财会人员的工作积极性。从以人为本的角度出发，关注财会人员职业发展诉求，拓展其职业发展空间，满足其不同阶段的需求，使财会人员的岗位能力和价值贡献得到更好的发挥。指导财会人员全面系统地掌握专业管理知识，并积极扩大和培训运行管理、风险控制等相关业务，从理论知识、管理要点、协调实践等多个维度出发，提高财会人员对企业风险和经营业务的全面理解能力。

第七章　智能时代财务创新实践

第一节　智能时代战略财务创新

一、智能时代战略财务框架详解及智能增强

智能时代战略财务管理的各项工作内容都会受到新技术的影响，包括直接的技术影响，以及智能技术改变整个社会、经济形态后带来的间接影响。在这里，我们基于 CFO 基础能力框架进行详细讲解，并将进一步谈一谈战略财务在智能时代会发生怎样的改变。

（一）战略与业务

1. 框架详解

战略与业务框架详解，如表 7-1 所示。

表7-1　战略与业务框架详解

项目	说明
战略解读	能够深度理解公司战略目标，并清晰、准确地解读公司管理层达成的战略共识，预判公司战略将对整个企业带来的影响
财务与战略配合	能够将财务管理与公司战略目标的达成路径相匹配，明确公司战略目标对财务资源的需求及对财务管理的要求，实现财务工作对战略的有效配合与支持
公司资源及计划的管理参与	深度参与公司经营计划的制订与管理过程，能够站在财务视角评价业务部门经营计划设置的合理性，使经营计划与财务能力更加匹配
财务资源配置管理	能够根据战略目标的达成路径与经营计划，有效进行资源配置管理，对资源的投向和投入产出效率、效果进行管理
与业务单元的沟通	能够站在一定的战略高度上展开财务与业务部门的对话，通过充分的沟通建立业财的协同能力

2. 智能增强

智能时代的到来将对企业的经营产生重大影响，各行各业在这个过程中都或多或少会被智能化所改变。或许你所在的企业会成为智能服务的提供商，或者成为智能技术研发的参与者，也可能在当前的业务模式中引入智能化工具，创新商业模式、提升竞争力。无论如何，智能化对企业未来的经营将会产生重要影响。部分公司会在战略层面进行调整，也有一些公司会进行战术层面的适配。

战略财务要能够敏锐地跟上企业战略和经营变化的步伐，主动对公司的战略或战术改变提供支持，而非只是被动响应。在这场智能化变革中，战略财务的积极参与能够让我们赢得主动，更好地体现财务对公司战略和经营决策支持的价值。被动响应将使财务无法与业务站在同一对话层次上，从而导致业务部门自行构建或弥补战略财务能力的不足。这一现象在信息化时代已经有大量的案例，但愿历史不会重现。

（二）财会控制机制

1. 框架详解

财会控制机制框架详解，如表 7-2 所示。

表7-2　财会控制机制框架详解

项目	说明
财务与会计制度管理	完善的财务与会计制度体系是企业财会控制机制的基础，企业需要建立多层次的、立体的科学制度体系框架，建立制度发布、修订、废止的完整管理循环和管理机制
内部控制	建立内部控制体系，基于内部控制框架展开相关管理工作，关注控制流程的完整性、控制措施的有效性等问题，从财务视角更多地关注财务组织、制度、流程、信息系统相关领域的内控体系建设
内部审计与稽核	以财务制度及合规要求为依据，采用多种手段获取审计与稽核线索，展开相关的线索调查，发现风险事件或案件，取证形成结论后，并给予相应的纪律处理

2. 智能增强

首先，智能化对财务的影响是全面的。因此，财务的管理模式、流程体系、系统支持方式都会发生一定的改变。作为财务管理的支持保障，财务制度体系也必然受到影响。在制度体系层面，应当结合智能化对财务系统、流程带来的影响进行必要的完善和调整。

其次，内部控制方式会因智能化发生改变。智能技术能够加强内部控制能力，可在内部控制体系中引入更多的智能化工具，更重要的是因为智能化的到来，内部控制环境会发生重大改变，更多的财务管理工作将基于大数据、人工智能的模式，对这些看不见的流程或财务管理工作如何实施内部控制，将成为新的课题。

而对于内部审计与稽核来说，智能化的影响最直接。在智能时代，人工智能将取代大量的财务操作人力，依靠算法的机器处理将取代依靠人的行为的业务处理，审计的范畴将从传统的审计向算法审计和 IT 审计转变。而在审计和稽核的手段上，基于大数据的远程稽核将成为主流模式。同时，企业依靠大数据监控，能够更早地发现风险线索，由传统审计与事后追责向事前预防转变。

（三）价值管理

1. 框架详解

价值管理框架详解，如表 7-3 所示。

表7-3　价值管理框架详解

项目	说明
产权管理	能够从产权建立、变动、退出的各个环式对产权进行全过程管理，建立清晰的产权地图，通过对产权的优化来实现对财务报告、风险管理、融资能力等各方面的优化
营运资本管理	能够对企业经营过程中的流动资产与流动负债进行管理，从而合理地确定营运资金。在满足经营需求的情况下，合理地节约营运资金，提高资金周转率，保障短期偿债能力
现金流量管理	能够以现金流量作为管理的重心，兼顾收益，围绕企业经营活动、投资活动和筹资活动构建现金管理体系，对当前或未来一定时期内的现金流动，在数量和时间安排方面进行预测与计划、执行与控制、信息传递与报告及分析与评价
经济附加值管理	能够在清晰计算总债务成本和股本成本的基础上计算经济附加值，公司每年创造的经济增加值等于税后净营业利润与全部资本成本之间的差额。在企业绩效评价中引入经济附加值，更加客观地反映企业的价值创造能力。能够驱动管理者关注利润创造过程中的资本投入成本，提升资本使用效率
新业务价值管理	对于特定行业，如寿险行业会高度关注新业务价值，在考核中引入新业务价值管理，能够更好地反映寿险业务的长期性特征，更好地避免管理层短期行为和代理问题，更好地驱动长期资源配置和战略决策方向
并购价值管理	能够帮助企业并购过程中清晰地评估并购企业价值，进行财务和税务尽职调查，通过优化资本资产结构、合理设计股利分配方案等方法，帮助企业实现并购后整体价值的提升，优化被并购企业进行财务管理的能力，提升并购价值

2. 智能增强

对于价值管理来说，大数据是智能增强的技术核心。在大数据之上辅以机器学习，能够挖掘出更多的智能增强场景。

对于产权管理来说，基于规则的初级人工智能及大数据技术能够辅助进行产权风险管理，帮助我们在风险出现的早期能够更加及时地识别和防范风险。

对于营运资金管理和现金流量管理来说，大数据可以帮助我们发现更多管理线索，而且大数据结合机器学习，能够为企业经营提供更强大的预测能力。经营预测更可靠，将在营运资本和现金流量预测方面带来一定的价值。

在并购价值管理中，借助大数据的相关性分析，能够发现更多可能提升并购价值的举措线索。这些管理线索有可能在最终的并购价值创造中发挥重要作用。

（四）经营分析与绩效管理

1. 框架详解

经营分析与绩效管理框架详解，如表 7-4 所示。

表7-4　经营分析与绩效管理框架详解

项目	说明
KPI体系搭建	能够根据企业的经营目标，结合业务特点，设置有清晰导向作用的KPI（关键绩效指标）体系。KPI体系应当构建由根指标、衍生指标组成的指标树，并定义指标口径，明确指标的维度和计算方法，以及目标值设定逻辑。指标体系应当有可靠的日常管理和维护机制
经营分析报告	能够提供有决策支持价值的经营分析报告，形成经营分析报告的层次化体系、报告的日常管理和归档体制，针对报告中的问题能够有效地展开深入的专题分析，形成既有广度又有深度的经营分析能力
绩效考核制度搭建及奖惩执行	构建绩效考核制度，将KPI和经营分析报告的运用与绩效考核形成有机整体。绩效考核体系能够与业务目标的达成紧密结合，并能够切实影响业务部门的经营行为，使其成为企业战略落地的重要驱动工具。绩效考核应与管理者的晋升、奖金等形成紧密联系
投入产出管理	能够对企业经营过程中的各类日常或项目化投入建立起投入产出的评价机制，将投入产出率作为资源投入的重要财务评价指标，建立清晰的投入产出模型，并予以执行运用

项目	说明
市场对标管理	能够对企业的核心经营情况展开市场对标，进行与市场同口径平均水平的对比评价，定义和识别关键竞争对手，并与竞争对手就关键经营指标进行对标。对标结果可用于KPI的目标值设定
重大关键项目管理	能够对重大财务投资项目进行全生命周期的专项管理，对项目的四算（概算、预算、核算、决算）及项目的投产、关键阶段的KPI等进行全面的财务评价和财务管理

2. 智能增强

智能化技术将对经营分析的视角和工具方法带来影响。从分析视角来说，传统经营分析所受到的数据的局限性将被打破。在大数据的基础上，能够从因果分析向相关性分析增强。由于数据的边界从企业内部延展到社会化数据，对于 KPI、经营分析报告、市场对标等职能都可能获得更加可靠的数据基础，从而对经营分析结果的可用性带来更大的帮助。

而在工具方法方面，大数据和云计算的结合应用将使经营分析获得更加灵活和丰富的分析能力。二者的结合，能够为经营分析提供更加强大的数据采集、数据捕获和数据处理能力，使经营分析的边界大大得到延展。同时，大数据的非结构化数据的处理能力能够帮助企业经营分析更好地面对市场上与企业相关的热点信息的处理，将新闻、微信、微博等社会化媒体的信息都纳入经营分析的视野。

此外，人工智能技术的发展，也将使经营分析方法从经验分析向算法分析演变。这使其更为复杂的分析能够得以实现。同时，基于机器学习、算法的自我优化，能够使经营分析能力实现持续提升。

（五）全面预算管理

1. 框架详解

全面预算管理框架详解，如表 7-5 所示。

表7-5　全面预算管理框架详解

项目	说明
经营计划管理	能够驱动业务部门在预算编制之前先进行经营计划编制，对经营计划进行审视和评价，并推动业务部门进行经营计划优化和完善

项目	说明
预算编制管理	在经营计划管理的基础上联同财务与业务部门共同进行预算编制，能够根据企业的实际情况选择不同的预算编制方法和预算编制周期，支持多维度的预算编制，提供系统化的支持和灵活高效的预算调整
预算预测	能够对未来的经营情况进行预测模拟，基于拟配置的预算资源，对未来的资产负债、损益情况进行预测，并能够基于不同的资源配置进行敏感性分析。能够支持对管理口径和法人口径的预算预测
预算执行与控制管理	能够对预算的执行情况进行有效的过程管理，针对不同的预算维度实施执行控制，将预算执行结果及时地反映给预算账户管理入，并能够进行及时的预算过程执行分析。针对特定类型的预算，如项目预算等，能够提供更为复杂的执行和控制管理，如预算动支、兑现等
预算分析	能够进行多层次的预算分析，预算分析能够覆盖多维度、多时间周期。能够针对不同周期，提供事后分析和实时分析的支持，形成预算分析报告，并对预算分析异常事项展开专项分析
预算组织管理	能够建立健全预算管理组织，预算组织应该涵盖管理层与执行层，财务与业务，预算组织应当根据需要灵活地构建实体组织与虚拟组织。能够有完善的预算组织机制，涵盖职责、管控关系、架构和岗位、运作机制等
预算流程管理	能够建立完善的预算管理流程，在预算管理生命周期的不同阶段针对各项预算的相关工作建立标准业务流程，推动流程有效执行，并实施监控
预算系统管理	能够建立有效支持预算编制、预算执行控制、预算分析等预算管理工作的信息系统，实现预算编制所需要的参考数据的系统对接，实现预算执行数据的有效对接。能够建立完善、有效的预算系统管理和维护机制

2. 智能增强

首先，在经营计划、预算编制过程中，智能化技术能够发挥重要作用。由于经营计划和预算编制是资源配置的过程，因此，资源配置的方向、权重是否合理是预算编制结果能否发挥价值的重要评价标准。大数据分析能够帮助去验证业务部门在资源投向上所讲故事的真实性，能够展开更为清晰的资源投向和业绩达成的相关性分析。从而使财务有能力对资源配置投向进行评价。

其次，在预算预测的过程中，能够基于大数据、机器学习等方法构建更为复杂和完善的预测模型，能够展开大量在复杂场景下的敏感性分析，使预算预测的可靠性和对未来复杂不确定性的预判能力都能够得到更大的提升。而现在，让人更加期待的模拟技术正在出现，引入人工智能的虚拟商业生态系统能够让未来的预测建立在与真实社会相仿的现实模拟环境中。比如，在拟真的环境中投放广告，设置不同的预算投入，去模拟用户的真实反映，评价预算的投入效果等都可以在未来的某天成为现实。

在初级人工智能阶段，预算的执行与控制能够基于所植入的更加复杂的规则来进行。在机器学习下，预算的执行与控制模型或算法能够基于所设定的控制目标，由人工智能来进行持续的完善。而在传统模式下，由于人力所限，无论是对控制规则的设计，还是对控制过程的管理都被约束在一定的范围内。基于机器学习的预算执行与控制将能够提供更丰富的控制逻辑，在不同的场景下选择差异化且更合适的控制机制，来实现预算的柔性管控。

二、元数据和大数据

传统的经营分析是建立在有约束的技术条件之下的，对财务人员的经营分析技术有着较高的要求，而即使信息系统能够提供支撑，在传统的财务信息化环境中，经营分析结果对业务的决策支持能力也始终存在一定的局限性。

（一）经营分析的概念框架

1. 数据基础

对于传统经营分析或者财务分析来说，数据是基础，经营分析人员通过各种渠道获取各种各样的数据来展开分析。如果企业中已经建立了数据仓库和数据集市，那么，恭喜这些经营分析的幸运儿们，在这样的地基上盖房子还是比较靠谱的。而如果数据分散在大量独立的系统中，甚至是各层级、各类人员的Excel表中，那么就要小心了，你可能在用沙子打地基，盖起来的房子就可想而知了。

在经营分析体系中，要构建一个好的数据地基需要企业对数据仓库、数据集市有清晰的规划和设计，对数据的定义、标准、来源和采集有清晰的业务逻辑。当然，数据仓库和数据集市都是数据的载体，要想避免数据垃圾的产生，系统本身的数据质量就需要有所保障，而这种数据质量的保障能力来自前端业务流程和信息系统的有效搭建与管理。

站在财务的角度，还必须提到三套数据，它们是经营分析的重要数据基础。一套来自事前，我们称之为"预算"；一套来自发生后的记载，我们称之为"核算"；还有一套来自事后的深加工，我们称之为"管理会计"。将这三套数据与经营分析进行有效对接，对于提升经营分析质量有很大的帮助。

2. 指标体系

在经营分析框架中，指标体系就是房子的砖和瓦。那么，什么是指标呢？指标是一种衡量目标的单位或方法。当我们进行经营分析的时候，会围绕着企业经营目标来设定一些衡量标准，通过这些衡量标准能够评价经营结果是否达到了所设定的目标，从而帮助我们进一步提升企业经营管理能力，这就是经营指标。

对于经营指标来说，美国的关键绩效指标权威专家戴维·帕门特将它进一步划分为"成果指标"和"绩效指标"。引入"成果指标"的概念，是因为许多评价指标是几个团队输入成果的总和。这些指标在衡量各个团队共同的工作效果时很有用，但不能帮助管理层去准确定位和解决问题，管理层很难准确地查明哪个团队出了成绩，那个团队未履行职责。而绩效指标能够解决这个问题，并能更加精准地定位问题。例如，一个没有进行多维度切分的利润指标在其看来就是典型的成果指标，并没有反映为利润做出贡献的各个团队的绩效情况。而在实践中，我们似乎很少进行这样的区分，往往笼统地使用关键绩效指标来进行指标体系的搭建。对于一个指标体系来说，可以引入"基础指标"和"衍生指标"的概念。基础指标是难以拆分和细分的指标，而衍生指标则是基础指标的运算组合。使用这样的概念，通过优先搭建和系统化基础指标体系，再扩展衍生指标体系，能够帮助我们快速地搭建一个复杂的指标体系。

此外，对于指标，通常会使用"指标树"的形态来进行展示。这也是构建指标之间逻辑的一种方式。我们还需要了解指标"名称""维度"及"值"的含义，这些在后面元数据的概念中再进一步解释。

3. 报表展示

当构建好经营分析的指标体系之后，就可以搭建房子的主体了，而要使这些指标对经营发生作用，仅仅盖个毛坯房是不够的，还需要进行精装修。这个装修的过程，我们可以理解为报表构建和展示的过程。好的装修要让业主住得舒服，好的报表展示，要让管理者能够清晰、快速地抓住重点，发现问题和解决问题。

实际上，报表就是将各种指标的不同层级维度交叉组合起来进行应用的产物。因此，在搭建报表体系的时候，我们要先搞清楚业主，也就是经营管理者到底需要看到什么。在明确需求后，选取能够说明问题的指标，并匹配和管理对象相关的维度信息后进行组合展示。此外，在报表的指标组合中，我们还需要经常用到使用说明来解释指标，通过这样的方式搭建报表是靠谱的。笔者也见过不少不靠谱的经营分析报表，搭建的时候完全没有指标和维度的概念，也没有关注管理者的需求，这样出来的报表如果有充分的经验支持，可能还具有一定的价值，否则往往带来的是信息垃圾。

有了报表以后，经营分析报告也就容易出具了。但需注意的是，简单罗列出报表的报告是初级水平的报告，能够看透数字的表象，深入数字背后分析深层次的问题，才是有附加价值的报告。

4. 维护机制

当我们把整个房子都收拾好了之后，还需要有一个靠谱的物业。经营分析这个房子的管理和维护并不是那么简单、容易的，无论是数据、指标的维护，还是报告的过程和归档管理，都需要有一套相对可靠的机制。

通常情况下，企业会有经营分析部门，这个部门既有战略的味道，又有财务的意思。因此，在不同公司，这个部门的归属也并不相同，甚至有不少发生过变迁。而在经营分析部门中，要建立起这样一套维护机制，首先需要有数据维护和管理团队来解决地基的问题，然后需要有指标管理团队来进行指标的日常增删改的维护，还需要有报表团队来进行常规报表和临时报表的编制及发布，最后还需要有绩效管理团队来深入展开经营分析，并进行绩效的考核管理。在整个过程中，无论是组织、人员、流程、制度还是系统都是不可或缺的，这些共同构成了这套体系的维护机制。

当具备了以上这些条件后，经营分析框架就能够基本构建起来了。实际上，今天很多从事分析工作的朋友尚未在认知上构建起这一套框架体系，这对于提升经营分析和决策支持能力会带来局限和束缚。下面我们还要在这套可以称之为既传统又主流的经营分析框架的基础上，进一步深挖经营分析的本质和未来，即元数据和大数据。

（二）元数据经营分析的本质

从定义上说，元数据可以理解为"数据的数据"。实际上，应用元数据的场景非常多，如图书馆的藏书信息卡、在线视频应用里的视频描述、网络中的网页地址等都可以用元数据来表达。元数据具有以下特点。

首先，元数据是结构化的。该如何理解呢？其实在大数据时代，人们都非常热衷于谈论非结构化数据，但却忽视了这些非结构化数据在技术层面是怎样被应用起来的。如我们容易理解的，一张图片是非结构化数据，但这张图片是可以被元数据这种结构化数据所描述的，这就给我们借助元数据来理解和应用非结构化数据提供了可能。

其次，元数据是与对象相关的数据。如以一张照片作为对象，那么描述这张照片的元数据与该照片具有相关性，但需要注意，潜在的用户不必先完整地认识对象的存在和特征，也就是说，可以使用盲人摸象的方式，借助元数据慢慢地去了解对象。就像一张照片，我们可能第一次获得的元数据是 EXIF（Exchangeable image file format，可交换图像文件格式）信息，即从摄影的角度获取这张照片的信息，进一步我们可以了解与这张照片内容相关的其他元数据，从而从另一个角度获取照片信息。

此外，元数据不仅能够对信息对象进行描述，还能够描述资源的使用环境、管理、加工、保存、使用等方面的信息。还以照片为例，元数据可以告诉我们这是一张网络图片，存储在什么样的服务器上等信息。

最后，元数据常规定义中的"数据"是表示事务性质的符号，是进行各种统计、计算、科学研究、技术设计所依据的数值，或者说是数字化、公式化、代码化、图表化的信息。当然，我们也可以将文字理解为某种形式的编码数字。

经营分析和元数据是关键。首先，我们可以看到，构成经营分析的地基是数据，而元数据作为数据的数据，能够用结构化的方法帮助我们描述和标准化基础数据。构建数据仓库过程中的数据字典，从某种意义上讲就是元数据。清晰的数据字典，能够让我们更加有效地管理数据仓库，而从经营分析管理需求的角度来说，我们希望所有进入经营分析体系的数据都能够使用元数据进行充分的结构化描述。

其次，在砖瓦的层次——指标体系上，元数据也发挥着重要作用。如我们前面所说的，指标的结果最终都会反映在数值上，针对这个数值我们用指标名称、编码、指标的维度、维度值等对这个数值（数据）进行了描述，这种描述就是元数据。因此，我们认识到，指标体系是在经营分析层次中架构在基础数据之上的第二类重要的元数据。

最后，我们再回到经营分析的中心点——经营活动上。我们为什么要做经营分析呢？实际上是要对经营活动展开多种视角的评价，评价的标准是经营活动是否能够达到了我们在开展经营活动之初所设定的目标，而 KPI 正是我们多视角评价经营活动的结构化描述，也可以理解为经营活动评价的元数据。

（三）大数据与经管分析

在传统的经营分析模式下，我们需要找到用于评价经营活动的元数据，也就是指标体系与经营结果之间的关系。通常情况下，如果我们看到指标与经营结果具有显著的因果关系，那么就会把这样的指标考虑纳入 KPI 中来进行管理。但问题在于，这些指标的定义和发现往往是基于经营分析及因果分析所得到的，这种逻辑上的强绑定关系则具有一定的局限性。

实际上，影响经营分析结果的不仅仅存在显著的、可见因果关系的因素，还存在相关但无法解释显著因果关系的因素，这在传统模式下是难以解决的。

大数据的出现，让我们有可能打破思维能力的约束。基于大数据技术，我们能够从因果关系突破到相关关系。通过大数据分析，我们能够发现一些没有显著因果关系的因素同样对经营活动产生了显著影响，这些因素被称之为"相关性因素"。将这些因素定义为关键绩效指标，能够帮助我们实现提升经营活动成果的目的。

指标用于评价经营活动，同时有非因果关系的因素在影响这些指标，这又构成了第二层次的相关关系。我们发现原先所搭建的经营分析的元数据世界发生了延展，各个层级的元数据都有一些非因果关系，而相关的新元数据的出现，使我们能够更加真实地架构经营分析框架，并有效指导经营结果的改善情况。

当然，在技术层面上，财务人无须思考元数据和大数据该如何结合的问题，这样烧脑的问题还是交给工程师来解决吧！

三、大数据资源配置

在战略财务的框架下，全面预算管理一直是不容忽视的范畴，但其在企业经营管理中所发挥的作用却饱受争议。

（一）预算管理就是赛源配置

预算实际上是一种对企业资源的配置方式。当股东设定了经营目标后，业务单位要达成这些经营目标就需要匹配相应的资源。如果从契约的角度来看，把预算作为一种契约，那么一方是企业的股东，另一方是企业的经营者。资源本质上属于股东，业务单位作为经营者向股东承诺经营目标，股东向经营单位承诺支持其实现经营目标所需要的资源。当然，当经营目标达成后，还有相应的绩效激励，这又是另一层次的契约关系。

因此，在企业进行预算管理的过程中，预算编制的核心是提出股东和经营单位都能够接受的资源配置方案，也就是在经营目标承诺和资源承诺上找到平衡。

那么，预算要考虑哪些资源分配的问题呢？企业经营无外乎人、财、物三件事情，资源配置也可以理解为人力配置、财务配置和资产配置。合理地配置人力、财务及资产资源，是企业战略目标得以实现的重要保障。

（二）资源配置的难题

1. 契约双方的信任问题

和所有的契约关系相似，资源配置同样要解决资源所有者和资源使用者之间的信任问题。资源所有者追求的是资源投入产出结果的最大化。因此，在投入资源时就会高度关注产出的结果，并要求获得资源接收方的绩效承诺。同样，对于资源使用者来说，也需要在承诺绩效目标后获得必要且及时到位的资源支持，避免在资源不足的情况下进行经营，最后为不良绩效结果而担责。当然，对资源所有者来说，最常见的还是担心经营单位存在道德风险，比如经营者是否会通过虚构经营目标或过度承诺以获取资源满足其短期利益目标等。

2. 资源配置的标准问题

应该采用怎样的标准来进行资源配置呢？在实际的预算过程中，资源配置标准的形成并不容易，太多的因素会挑战所设定的标准。而一旦无法形成相对清晰的标准，资源配置的过程往往就会成为一个谈判的过程，很容易陷入缺少逻辑的拉锯战中。

简单的标准可以根据承诺（目标），基于比例模型直接给出资源承诺；复杂的标准则需要明确经营目标达成的各项驱动因素，并为每项因素细分动因，并最终从经营计划的角度来设立资源配置标准。

3. 资源配置的效率问题

资源配置的效率一直是企业预算管理活动中很头疼的一件事情。在预算的全过程中存在太多的博弈。很多公司从九、十月份就开始启动预算编制工作，直到来年的三、四月份才能完成预算的定稿。在月度的资源配置活动中，如果缺乏高效的系统支持，很多公司根本难以做到精细化的月度资源配置管理。在这种情况下，月度预算往往成为年度预算下简单的"按月分解"。

4. 资源配置的效果检验问题

当完成资源配置后，就会从讨价还价的博弈循环进入承诺兑现的博弈循环。在这个过程中，对管理者来说，最困难的是如何验证资源投放的效果和达成情况。尽管我们说最终的经营绩效指标能够反映出经营单位的绩效达成情况，但在过程中基于任务、项目等设立的资源配置标准往往很难立刻通过财务或数字验证其实现的效果，而此时又经常需要启动基于此次项目任务进一步延展的后续资源投入，这对管理者来说需要面对是否去进行"前款未清、借后款"的管理决策。

（三）大数据资源配置：抓热点、抓相关性

在契约双方的信任关系方面，一些公司试图通过签订绩效承诺书来保障契约关系；在资源配置标准方面，一些公司通过设定模型的方法来总结提炼出预算标准；在资源配置效率方面，一些公司通过建立预算编制系统来优化编制流程；在效果检验方面，一些公司选择刚性的"以收定支"。但我们也不得不认识到，在传统方式下对资源配置管理的优化终将达到"瓶颈"。要实现突破，还需要找到新的契机，而大数据恰恰在这一方面带来了新的机会。

1. 热点驱动资源投放

所谓的热点驱动就是在保持经营目标相关性的前提下，哪里吸引眼球，哪里有热度，哪里需要资源，我们就将资源投放在哪里。但在传统财务模式下要做到这一点是非常困难的，如果仅凭我们对市场的经验感知是很难在经营活动中进行管理决策的，而大数据技术为解决这一问题提供了新的可能。

（1）制定经营战略。首先，和传统的预算编制模式一致，在编制预算之前，必须明确企业的战略导向，这从根本上决定了要不要投放资源、在哪里投放资源和怎么投放资源的问题。当然，在这个层面上，战略很可能是相对宏观的，它更多的是未来一段时间内大的经营方向和经营策略，我们无法直接基于公司的战略来展开更为清晰的预算，也就是资源配置工作。

（2）分析战略热点。如果要想更好地衔接战略与资源配置，就必须更清晰和细化地拆解战略，也就是形成战略热点。当然，这里所说的热点和后面要

谈到的基于大数据分析的热点有所不同，还需要依靠企业的管理经营者对企业所设定的战略目标进行细分，从管理逻辑层面定位战略在落地时需要重点关注的目标。例如，企业将智能化发展作为核心战略时，需要在技术、产品、客户、渠道等多个方面来发现其战略热点，如在产品方面定位为无人驾驶技术，在客户方面定位为女性出行者，在渠道方面定位为自营门店等，这些热点将为后续的资源配置起到一个大方向的支撑作用。

（3）基于大数据发现经营热点。在有了战略热点后，我们仍无法有效地从管理角度进行资源配置。实际上，经营单元在战略热点明确后，就已经对需要做什么、大概需要多少资源有了一个较为初步的概念。很多时候，经营者就会基于这样的一个概念开始和管理层讲故事了。在传统模式下，我们通常对这样的故事只能选择"信"或"不信"。当然，如果故事中间的逻辑线索相对清晰，可能更容易获得管理者的信任，并获得资源，而如果在这个时候引入大数据分析，则可能会对传统的资源配置模式有所改变。

在被动模型下，需要经营单元基于战略热点进行经营热点的主动设计，模型要做的事情就是基于企业内外部大数据，对经营热点与战略热点的关联热度进行分析。在主动模型下，以战略热点为出发点，基于内外部大数据，发现与战略热点分层次的关联市场热点，将关联度高的市场热点纳入经营热点中，也作为资源配置的对象。

（4）基于经营热点进行资源投放。通过这样主动与被动的热点分析，我们能够建立起以战略热点为圆心的经营热点辐射地图，并以这个地图的辐射半径为标尺展开资源配置，接近圆心的经营热点需要投放更多的资源。在具体确定资源投放额时，我们可以以战略热点构建资源池，将资源首先投放到战略热点资源池中；然后以经营热点为项目，向战略资源池申请资源。在资源申请的审批过程中，我们可以引入热度评估，优先将资源投放到高热度的项目中，从而避免发生先到先得、抢资源的情况。

（5）资源的兑现使用。所谓资源兑现，就是契约双方基于预算事项实际发生的费用。在实践中有两种兑现方式，一种是把钱先花出去，目标是否达成后续验证；另一种是用之前的存量资源先把事情干了，根据目标的达成情况再批准可以获得多少可用资源去干后面的事情。实际上，这两种方式都存在一定的问题。前者建立在管理者对执行者信任的基础上，而一旦承诺的经营目标没有达成，就会损害管理者的利益；后者的根本逻辑是管理者并不信任执行者，要求其先拿自己的银子干事情，事情干成了再回来报账，这种方式对于执行者来说也并不公平。当我们引入经营热点作为资源投放依据后，信任问题得到了一定的缓解，使用第一种方式进行资源兑现就会更可行且合理。

2. 资源投向和业绩达成的相关性分析

大数据除了在预算编制阶段能够发挥重要作用外，在预算分析阶段也能够有所建树。在传统预算分析下，我们很难去评价每个类似于项目经营计划、经营方案和经营结果之间的达成关系。在通常情况下，对于一个经营单元，如果它的业绩不错，超出了预先设定的考核目标，大家就会觉得它花的所有银子都是值得的；反之，如果考核目标没有达成，那么它花的所有银子就可能会受到质疑。

但实际情况是，所用掉的资源有些对经营目标起到了正贡献，有些则发生了副作用。无论最后考核结果如何，这种正负作用都是存在的，只是说谁的力量更大一些罢了。

当引入大数据来辅助预算分析后，情况则可能有所改观。通过构建模型，我们可以试图建立每一个能够项目化的资源投入与经营结果之间的量化关联度指数。要做到这一点，并不是简单地做一个数学模型，而是需要将所有项目进行元数据化，同时把经营结果也元数据化，并建立起项目元数据与经营结果元数据之间的关系网络。我们需要监控这个关系网络中每一个项目发生资源投入时，通过元数据关系网络连接的经营结果发生变化的强度，并最终将这些变化强度归纳为关联度指数。

有了这样一套关联度指数，我们就能够精确评价资源投放的效果了。在这种情况下，我们能够更好地积累经验，更加有效地评价绩效，并优化未来的资源投放策略。

当然，以上关于大数据在资源配置方面的应用还停留在笔者的设想阶段，有待实践进一步验证。但无论如何，大数据时代的资源配置是有可能迈出这一步的，只是时机和力度的问题。

第二节 智能时代专业财务创新

一、智能时代专业财务框架详解及智能增强

专业财务的发展可以说是财务框架几个模块中最成熟的部分，是企业财务管理的基础。也就是说，没有战略财务、业务财务和共享服务都是可以的，但如果没有专业财务将会导致整个财务体系无法运转。当然，成熟的背后也意味着更大的提升空间。下面我们遵循和战略财务框架同样的逻辑，先对框架内容展开详细的解释，然后再对每个模块如何进行智能增强进行探讨和说明。

（一）会计与报告管理

1. 框架详解

会计与报告管理框架详解，如表 7-6 所示。

表7-6　会计与报告管理框架详解

项目	说明
会计交易处理及相关流程	这是会计的基本职能、能够基于准则要求完成会计交易的核算处理，也就是通常所说的会计核算，对于会计与报告模块来说，更多的是要对会计交易处理设置相关的制度规范，而更为广义和具体的交易处理流程则可以由财务共享服务中心来协同完成
往来管理、关联交易管理	能够对企业内部往来及企业关联交易实施有效的管理。实现往来交易在具体流程中及时、可靠的双向记录，同时及时进行往来清理，发现风险并及时处理和解决；关联交易则需在法人层面建立双边有效的交易记录机制和核对机制。同时，在复杂的集团中，还需要进行关联交易单位的信息管理，辅助业务单位识别交易是否为关联交易对象
会计报告与合并	能够有效地编制和报送各级核算单位的会计报表，高效完成合并报表处理，基于单体会计报表及合并报表出具会计报告。建立有序的会计报告与合并的过程管理，持续提升合并及提高报表效率
会计核算相关系统	能够建立可靠且高性能的会计核算信息系统以支持交易记录、报表编制及会计合并等会计工作，应关注原始交易信息与业务交易记录、明细会计交易记载、汇总会计交易记录记载的一致性，对于关联交易复杂的企业集团，可以考虑构建关联交易系统

项目	说明
信息披露	信息披露主要是指公众公司以招股说明书、上市公告书、定期报告和临时报告等形式，把公司及与公司相关的信息向投资者和社会公众公开披露的行为。信息披露需关注披露质量、披露时效等问题。通常情况下，信息披露由董事会办公室负责，但财务在其中也起着重要的支持和协同作用
审计流程及管理	能够规范地选择审计师，与审计师共同建立高效的审计流程，协同公司各级财务部门、财务共享服务中心参与审计配合工作，持续提高审计效率，优化审计周期

2. 智能增强

会计与报告在传统的会计电算化、财务信息化过程中一直是重要的建设领域。在早期，财务的各项信息化工作也都是从这个领域开展的。但由于多数企业在一开始就建立了核算系统，而且成为后续建设的各类财务系统的对接对象，会计核算系统往往在建成后很长时间都难以发生质变，这不仅是个体企业的情况，也是整个行业的情况。

智能时代的到来，对各类财务信息系统都提出了改变的要求，同样对会计与报告管理领域有影响，给这个传统领域的信息化提升带来了一些契机。

首先，业财系统的高度集成将对会计交易处理的自动化和一致性带来重要帮助，但是不同的业务系统分别进行会计规则的转换将带来较大的管理复杂性。统一会计引擎的出现，能够帮助我们将会计规则的转换架构在一套灵活、可配置的系统组件之下。不同业务系统的输入将可以基于统一平台，完成规则转换和凭证制证，进一步提升会计交易处理的可靠性。

其次，基于机器学习技术，能够考虑实现智能报告。将会计报告交给人工智能来处理并非不可能，现在的人工智能写出的市场研究报告，已经让人难以区分背后是资深研究员还是机器。基于相对结构化的报告范式，再加上人工智能基于市场反应的润色学习，智能报告或许对股价的提升会越来越有帮助。而区块链技术基于分布式账簿所带来的高可靠性，能够帮助我们解决传统业财对接模式下的业务交易记录与会计记录不一致的问题。同时，对于内部往来和关联交易，区块链技术同样能够发挥作用。基于各交易方所构建的分布式账簿，能够将交易同时在交易各方实现记载，降低其被篡改的可能性，这对解决内部往来和关联交易的核对、加强一致性有着重要作用。

（二）税务管理

1. 框架详解

税务管理框架详解，如表 7-7 所示。

表7-7　税务管理框架详解

项目	说明
税务政策研究	能够及时地跟进税务政策的动态，清晰准确地解读政策，并根据税务政策的变化及时在企业内部出相应的政策反应，针对潜在的税务政策风险，能够及早进行监管沟通和防范处理
税务关系管理	能够与税务监管部门建立有效的沟通和对话机制，在合法、合规的基础上，与税务部门维持良好的关系，并在发生企业重大涉税事项后，能够获得相对公平的沟通和协商机会
税务检查配合与风险防范	能够在合理尺度下有效配合税务部门的各项检查，及时汇总各级机构的检查动态，做好检查前的准备工作，积极进行自我税务风险排查，实现税务风险的事先管理
税务数据管理	能够有效管理企业中的各类系统化及非系统化的税务数据，建立清晰的数据管理体系，并充分利用税务数据展开各种税务分析，对税务数据的有效利用能够帮助企业优化税务成本，提前发现和管控税务风险
税务系统管理	能够实现税种系统覆盖的全面，如增值税、所得税、印花税等；功能的全面，应涵盖所得税纳税调整、税务报表编制、预交申报、折旧摊销、资产损失处理、境外所得税抵免管理等功能；管理的全面，如能够支持税务分析、税务风险管理、税费预测、税务检查支持、税务政策管理等需求；接口的全面，如能够打通企业内部系统之间的接口，实现和监管系统的对接；行业的全面，能够适配不同行业的特殊管理需求
营改增及电子发票/特定时期的特殊事项	针对特定时期所发生的税务管理的特殊事项，能够及时、有效地应对，如曾经的营改增和正在进行的电子发票等对税务管理都会带来重大影响，企业需要能够提前设计方案并安排系统配套支持等各项工作

2. 智能增强

对于税务管理的智能化支持来说，监管单位——税务部门更早地采取了行动，"金税三期""千户计划"的背后都是大数据的影子。对税务部门来说，其数据具有先天的不对称优势，使其有条件先于企业展开税务的大数据应用。而基于企业间的数据分析，也使税务稽查能力得到了大幅提升。在大数据应用上，税务部门也在试图从其可控的税务数据以外获得更为广泛的社会数据，并应用在税务监管中。

对企业来说，需要借鉴监管部门的管理思路，基于企业自身的数据，以及可获取的社会化数据，在一定程度内对企业内部应用大数据开展税务风险的预先排查。当然，受到数据基础的限制，企业与监管部门相比可能也会有所不足。

实际上，与监管部门之间发票数据的对接、电子发票的应用，对于提升企业内部基于流程的报账处理、操作风险管理都可能更具价值。例如，增值税专用发票及普通发票数据的对接能够帮助企业简化发票真伪查验、发票认证的流程，对电子发票的应用能够大大降低企业的开票成本，也方便了进项报销的处理。

（三）资金管理

1. 框架详解

资金管理框架详解，如表7-8所示。

表7-8　资金管理框架详解

项目	说明
资金收付管理	能够实现高效且安全的资金收付管理，有效支持资金的收支交易处理、交易后的核算处理、收支失败等异常管理；进行准确的资金收支相关的业财、银企核对；有效控制重复支付等资金支付风险；支持多种形态的资金收支，如银行通道、第三方收付通道等
资金计划管理	能够及时且可靠地预测资金计划，基于资金计划有效地进行头寸管理和资金调度处理。在有条件的情况下可进行滚动资金计划预测，能够对资金计划的申请、调整等过程管理提供支持
债券融资管理	基于发行债券的方式实现直接融资。财务应当能够统筹债券融资的管理过程，与券商进行融资意向沟通、发行准备、审核并上市。能够配合债券融资进行有效的风险评级规划和事前管理
股权融资管理	股权融资是指企业的股东愿意让出部分企业所有权，通过企业增资引进新的股东的融资方式，总股本同时增加。财务能够进行股权融资的沟通、准备、审核配合及发行管理
混合融资管理	混合型融资方式是指既带有权益融资特征又带有债务特征的特殊融资方式，如可转债、认股权证等。财务能够进行混合融资的沟通、准备、审核配合及发行管理
司库管理	司库从大的类别上包括交易管理、资产负债管理和流动性管理、风险管理三个支柱。司库职能在一定层面与其他资金管理职能存在交集
外汇管理	能够有效管理外汇账户、外汇境外及跨境收支、外汇头寸，把控外汇风险，有效应对外汇监管
银行关系管理	能够有效管理与银行间的关系，与合作银行形成良性协作机制。基于良好的合作关系，企业能够以最具竞争力的价格获取优质的信贷和非信贷服务。能够有效选择合适的合作银行，以专业化的态度进行关系管理

项目	说明
资金系统管理	能够构建完善的资金管理系统，覆盖资金收支管理、账户管理、票据管理、银企对账、风险管理、流动性管理和资金计划管理等一系列功能资金系统，应当实现高度的安全性
流动性管理	流动性风险管理是指应避免在某一特定的时期业务中产生的资金流量缺口风险。需要及时考虑自身财务状况恶化时，被交易对于要求提前终止安排或提高信用安非时所需要的融资来源。对于金融企业来说，流动性风险管理尤为重要，但是对于其他行业，从现金流风险的角度来说也是需要重点关注的
投资管理	基于企业资金进行有效的投资，如直接投资、证券投资、项目投资等，企业财务应能够进行投资规划，管理投资收益、控制投资风险

2. 智能增强

对资金管理来说，智能化的影响主要体现在对资金交易的安全性和核对一致性方面、跨境外汇交易效率的提高及成本降低方面，以及对资金计划、流动性风险管理预测等能力的提升方面。

首先，对资金管理影响比较重要的智能技术是区块链技术。基于去中心化的分布式账簿，能够构建起企业集团级的区块链清结算平台。基于区块链原理的交易记账，能够有效提升资金交易的安全性和效率，并能够解决资金清结算中的交易核对和一致性问题。在我国社会范围内的区块链金融的发展，能够更好地提升企业间、企业与金融机构间、金融机构间的资金交易的安全性和效率。当然，在实践中，我国基于互联网、移动互联技术的资金交易模式的痛点并不显著，更有价值的应用体现在跨境交易上，对跨境交易的时效性长、成本高、依赖性强的痛点的解决能够让区块链技术体现出更大的价值。

其次，大数据技术的应用，能够帮助我们更好地展开资金计划管理。企业通过自身数据的积累，以及对企业构成资金需求影响的风险数据的监控，能够更为弹性地开展资金计划预测，并实现资金计划的动态滚动预测。同时，大数据能够借助对风险"加速度"的发现和监控，在更早的阶段发现流动性风险、资金安全风险等，帮助企业更好地展开资金风险管理。

（四）管理会计

1. 框架详解

管理会计框架详解，如表7-9所示。

表7-9　管理会计框架详解

项目	具体内容
维度体系搭建	能够搭建管理会计分析所需要的维度体系，建立维度层次，清晰地定义各维度的维度值。维度体系应当能够有效承接经营分析的需求，与会计核算、全面预算的维度体系在一定层次上保持一致性
收入分成管理	能够有效地将业务收入按不同的维度和维度层次进行分成。在通常情况下，可优先考虑业务交易的源数据，将销售合同直接进行多维度底层维度值的指认，对于无法直接指认到底层维度的收入，需要建立相应的收入分成规则，并能够及时完成相关的收入分成数据处理
成本分摊	能够将公共成本以逻辑清晰或协商一致的规则，向各维度、各层次进行分摊。能够针对不同的业务特点选择相匹配的成本分摊方法，有效地进行成本动因、分摊路径设计及管理、能够就成本分摊规则与关联部门展开充分沟通，使分摊结果更易获得认可和应用
多维度盈利分析	基于多维度的收入分成及成本分摊的结果，展开多维度的成本和盈利性分析。能够基于多个维度或组合维度的信息展开分析，并为管理决策提供有用支持
作业成本管理	能够针对可行的业务场景，如生产作业或运营作业，基于作业成本法或估时作业成本法进行成本分析。基于作业成本法，追踪并动态反映企业的所有作业活动，进行成本链分析，包括动因分析、作业分析等；指导企业有效地执行必要的作业，消除和精简不能创造价值的作业，从而达到降低成本、提高效率的目的
资金转移定价（FTP）管理	资金转移定价是企业资金池与业务经营单位按照一定规则全额有偿转移资金，达到核算业务资金成本或收益等目的的一种内部经营管理模式。这种模式在商业银行的应用较为普遍，在部分有类资金池业务的金融企业中也有应用。相关企业财务应当能够建立资金转移定价的相关业务规则，基于系统完成交易定价的处理和跟踪，并能够基于经营战略导向对定价进行及时、动态的调整

2. 智能增强

管理会计的应用十分依赖信息系统的建设情况。通常情况下，管理会计需要处理相对大量的数据，如缺少信息系统的支持，就很难实现日常的机制化运转工作。但在传统模式下，管理会计支持系统的运算性能存在"瓶颈"，在性能难以支持的情况下，则需要通过简化业务逻辑的方式来满足性能的要求。

实际上，从多维数据库的出现开始，管理会计的性能已经得到了很大改善。在传统模式下，关系数据库严格按照三范式设计，通过多次表链接实现查询。对于大数据量的处理，非常费时，并且性能较差、开发周期长、成本高。多维数据库则以事实表为核心，由多个维度组合而成，结构简单、容易理解、开发相对容易，却导致出现很多冗余，多维数据库属于使用空间换取时间的解决方式。

随着智能化的到来，管理会计将更多地从技术性能方面获益。针对管理会计最大的痛点——运算性能不足，在物理架构、硬件等方面的技术进步能够使这些问题有所缓解。基于云计算架构搭建的多维数据库，或者直接使用内存数据库来进行相关的管理会计数据处理都有优化数据性能的机会。

（五）财务风险管理

1. 框架详解

财务风险管理框架详解，如表 7–10 所示。

表7–10　财务风险管理框架详解

项目	说明
财务操作风险管理	能够有效管理财务作业流程中涉及的各类潜在财务操作风险，建立起操作风险管理的组织、流程、机制，能够深入业务流程，明确流程中的风险点、监控方式、防范机制，明确责任人，最终达到降低财务操作风险事件发生概率的效果
财务风险意识及管理文化建设	在企业中能够有效地对操作风险管理加强文化建设和宣导，推动财务流程中的各方参与者形成操作风险意识，实现操作风险的事前防范和主动防范
RCSA（风险控制与自我评价）工具的财务应用	能够应用风险控制与自我评价工具辅助进行财务操作风险管理，借助工具展开基于流程的风险点的识别和控制方法的定义，并借助工具展开风险自评等管理活动。能够对RCSA工具进行及时、有效的日常维护，以保持工具的可用性
KRI（关键风险指标）体系的财务领域搭建	能够针对财务操作风险定义关键风险指标，关键风险指标应当覆盖人员、流程、系统、运营等多个不同的维度，基于风险指标，实现对日常财务操作风险的事前发现和预警，防患于未然
重大风险事件监控	能够建立起重大风险事件发生后的信息传递机制，风险管理团队应当及时获知重大风险事件的发生和详情，第一时间跟踪责任人，并及时推动建立后续整改方案，防范二次风险

2. 智能增强

通过智能技术，能够从事前、事中、事后三个层次防范财务操作风险。

从事前防范角度来看，在传统模式下，我们所构建的 KRI 体系是基于经验和分析的，但这种构建方式可能存在着认知完整性的缺陷。基于财务业务流程中大量的交易，以及现有模式对于风险事件的发现，能够通过机器学习方法发现新的 KRI 规则，从而补充和完善现有的 KRI 体系，加强对事前风险的防范能力。

从事中控制角度来看，基于经验的规则系统化，能够实现初级人工智能的应用，通过大量规则，能够发现财务交易中的潜在风险事件，并能够对一些风险事件进行直接拦截。此外，基于数据积累，能够对每一笔单据进行风险分级，针对不同的风险等级配置不同的控制流程，从而提升风险管控能力。同样，基于经验的规则积累，能够借助机器学习技术进行持续的训练优化，持续提升风险控制能力。基于企业内外部大数据的积累和挖掘，能够建立起更丰富的单据风险分级规则模型，使单据的风险分级更准确。

从事后分析角度来看，能够建立起不同类型的分析模型以发现风险线索，如基于决策树的模型、社交网络的模型、聚类分析的模型等。这些模型的构建，能够帮助我们在事后进一步进行操作风险审计和问题发现，通过跨交易单据的分析，发现更为广泛的风险线索，并基于风险线索进一步发现和解决问题。同样，大数据和机器学习有助于我们持续完善各种分析模型的规则，从而提升风险线索发现的精准度。

二、智能风控

对专业财务来说，业务人员舞弊和渗漏风险管理一直是重中之重。然而，在传统的财务管理模式下，想要做到这一点在客观上存在较大难度。一方面，渗漏和发现渗漏就如同一场猫捉老鼠的游戏，总是不得不面对财务与业务的各种博弈升级；另一方面，要想做好这件事情，财务在反渗漏的斗争中就不得不消耗大量的人力和精力。

好在随着智能时代的到来，在财务反渗漏这件事情上有了新的转机。依托智能技术，我们有可能在与渗漏行为的博弈中占据更加主动的位置，同时能够让算力从一定程度上替代人力劳动，智能风控让我们能更容易地抓住财务渗漏的尾巴。

（一）何为财务渗漏

对财务来说，在面对风险时有两种典型的情况。

一种情况是在复杂的财务流程中存在大量的财务运营工作，这些工作本身容易发生因为工作疏忽或者技能熟练度不足导致的各种各样的差错。对于这些差错来说，我们并不把它们理解为一种渗漏行为，而更多地定位为财务的质量问题。

另一种情况是这里要说的财务渗漏，也可以理解为公司员工出现道德问题，从而发生的舞弊欺诈事件，这些事件会直接或间接地造成公司的财务损失。由于这种行为往往都隐藏在大量的常规业务中，如员工的费用报销、零星采购等，如同一个容器出现了破损，漏下了沙子，故该行为被称之为财务渗漏行为。

对于财务渗漏来说，最典型的关键词是"虚构"，那么我们会面临哪些虚构事项呢？

1. 虚构经济事实

这种情况是财务渗漏事件中性质最恶劣的，完全可以用"无中生有"来形容。涉案者往往是在没有任何真实业务支撑的情况下，就凭空捏造一个经济事实。做得比较高明的，往往还会编造一套看起来相对靠谱的逻辑证据链，通过这样的虚构从公司套取资金。当然，套取资金后，某些有良心的人会用这些资金形成小金库，用于特殊用途或员工的补充福利，而另一些人则直接装入自己的腰包。

2. 虚构原始凭证

相对于完全虚构事实，虚构原始凭证的情况要稍微好一些。有些时候，确实是发生了实际的费用支出，并且员工也自行垫付了资金，但由于发票遗失或者忘记事前审批等其他情况，能够支持其正常报销的原始凭证缺失，这个时候为了完成报销，员工有可能虚构原始凭证，比如购买发票、伪造审批签报等。尽管从动机上讲，虚构原始凭证比完全虚构经济事实少了那么一点儿恶劣性，但仍然是我们认为的财务渗漏行为。

3. 虚构业务金额

其中还存在一些混搭性质的情况，并且也比较隐蔽，我们姑且称之为虚构业务金额。这种情况往往会存在一个基础的经济事实，也就是说确实有经济开支发生了。比如，员工确实出差了，但是在实际报销的时候员工把住宿金额放大，将住了5天改成10天，把每天500元变成每天1000元，这样在一件存在事实基础的事情上虚构了业务金额。这种混搭式的行为也是我们理解的财务渗漏行为。

（二）进化中的财务渗漏

我们把渗漏的发展分为基础进化、惯性进化、关联进化和突变进化四个阶段。

1. 基础进化阶段

在财务渗漏的最原始阶段，业务人员的渗漏行为往往是偶然的。比如，在一次报销中错误地填写了信息，而财务人员并没有发现，这种偶发的渗漏行为就如同取款时取款机吐出了一堆并不属于我们的钞票，然后我们把这些钞票放进了自己的腰包。这个阶段我们可以称为财务渗漏的基础进化阶段。

2.惯性进化阶段

当给了可以犯错误的机会后，总有一些人会把这种偶然行为转化为一种惯性行为。有少部分人会尝试利用财务控制中的一些漏洞习惯性地占一些小便宜，甚至慢慢便演变成主观故意的恶劣欺诈行为，但这种行为还是被控制在了个体单位内。这个阶段我们不妨称为财务渗漏的惯性进化阶段。

3.关联进化阶段

再往后，贪婪是很容易被放大的，由于个体渗漏的成功率是建立在后续控制环节失效的基础上的，很多时候并不那么容易获得成功。把最重要的控制环节——主管领导，纳入自己的渗漏计划里往往能够迅速获得更多的成功机会。由于业务真实性的控制已经失效，只要后续能够伪造证据，就很容易完成渗漏。这种现象放大了渗漏的频率，所以我们不妨称这个阶段为财务渗漏的关联进化阶段。

4.突变进化阶段

关联进化阶段的渗漏还是有一定的限制的，毕竟要想获取各种支持证据并不容易，虽然渗漏频率增加了，但尚未造成金额的放大。但如同生物的进化，总有一些个体会发生基因突变，形成具有显著差异的物种。在渗漏的进化之路上，有那么一些不满足于当前阶段的渗漏者便会扩大了他们的小圈子，通过将支持财务开支的证据链条上更多的环节纳入渗漏俱乐部，实现了端到端的渗漏能力，不求高频，只求金额大。我们将这个阶段称为财务渗漏的突变进化阶段。

（三）财务反渗漏的进化与面对的难题

1.数据分析的资源有限

不得不承认，靠财务人用 Excel 或者简单的 BI（Business Intelligence，商业智能）工具确实能解决不少问题，但是面对报销这样的海量高频数据时，这些数据分析资源还是远远不够的。由于反渗漏的数据分析是一种线索发现的分析，和常规的数据报表是不一样的，这就要求我们通过大量的数据、大量的分析尝试来发现线索。对财务人来说，进行一两次专项分析问题不大，但要是把这件事情变成常规工作，那么估计很多财务人撞墙的心思都有了，这哪里还是"高大上"的反渗漏数据分析师，简直就是一个"数据码农"。

2. 复杂逻辑难以设计

在进行财务反渗漏的过程中，依靠逻辑来发现线索本身就是一件很困难的事情。实际上，逻辑的设计类似于数据建模的过程，要想有效地发现复杂渗漏的线索，模型就必须构建得足够复杂。然而，人脑处理逻辑的复杂性是有限制的，当逻辑层次超出了人们的理解范围后，就很难再依靠人的认知能力来进行逻辑分析发现渗漏线索了。因此，如何突破人的逻辑局限，找到不易发现的隐藏逻辑或复杂逻辑，成为财务人反渗漏的重要挑战之一。

3. 关联渗漏无能为力

在反渗漏的战斗中，财务人最无能为力的场景就是关联渗漏。所谓的关联渗漏，是指舞弊的行为被分散在不同的单据、时间，甚至不同的子公司中。在这种情况下，财务人的分析发现能力很难跨越单据、时间和公司这些天然的屏障，这也就成为很多渗漏者的舞弊乐园。

不难看到，财务在反渗漏的进化中是迟滞于渗漏进化的。特别是在过去很长一段时间内，技术手段无法突破成为最大的挑战。值得庆幸的是，在智能时代，这一状况有望得到改变。

（四）智能时代反渗漏技术的智能进化

智能时代的到来，让我们面对亟待进化的反渗漏局面时找到了突破的转机。大数据与机器学习技术的发展，让财务有机会在反渗漏的场景中尝试应用这些新技术。下面我们一起来看看基于规则模型与监督学习模型、非监督学习模型、SAN 社会网络三种形式的智能风控所带来的反渗漏升级情况。

1. 基于规则模型与监督学习模型的智能风控

事实上，基于规则的反渗漏与我们上文中所谈到的基于数据和逻辑的反渗漏的思路是一致的。核心差别在于能够用信息系统来运行复杂的规则模型，而不是靠人进行分析。当然，你可能会说，现在就能够把规则植入系统中，这和智能技术有什么关系？

说得没错，很多人会陷入一个误区，认为人工智能到来了，要用复杂的思维取代简单的规则处理。实际上，正确的做法是尽最大的可能在应用人工智能技术之前采用规则处理，基于规则的系统处理的成本更低并且高效。但是，在当前的技术条件下，采用规则处理有两个难点，一个是支持规则处理的数据不足；另一个是规则本身的设计困难且复杂。

智能技术的出现，恰巧在这两个方面提供了支持。大数据技术的出现，让我们能够管理更庞杂的和非结构化数据。这些越来越多的数据让我们有机会应用更复杂的规则模型来发现渗漏线索。比如在今天，我们就可以使用 OCR、众包等多种形式获得大量与经济事项相关的数据进行管理，也可以从社会网络中获取与供应商、员工相关的大量信息来发现潜在的渗漏线索。另外，机器学习中的监督学习模型能够帮助我们将大量人工审核方法转化为机器规则，从而实现自动化的规则反渗漏审核。

在基于监督学习的机器学习模式下，我们可以将长期以来基于人工反渗漏作业的单据作为学习训练的基础，通过对单据的特征进行数据化处理，并对这些单据是否存在渗漏情况打上标签。监督学习模型能够利用大量具备特征和标签的训练题进一步提炼规则。这些新的规则植入系统后，作用于新发生的业务单据，分析其是否存在渗漏的可能，这将有助于解决"规则建立困难"的问题。

2. 基于非监督学习模型的智能风控

另一种帮助我们找到渗漏线索的方法是利用机器学习中的非监督学习。从某种意义上来讲，非监督学习可以理解为机器对大量数据进行自主聚类分析的过程。机器系统并不关心数据本身的含义，它将数据按照特征的相似性进行分类。在这种情况下，我们不难想象，对于大多数"正常"的单据来说，它们会具有相似性，能够被非监督学习模型归集到非常相似的大圈圈里；而那些可能会存在渗漏行为的"不正常"单据，则有可能出现在特定区域的小圈圈中。通过这样的可视化分析，能够帮助我们进一步将渗漏调查的对象聚焦在这些另类的小群体单据中。

"非我族类，其心必异。"正是基于这种思维导向，非监督学习在技术上的支持，让我们有可能到数据和逻辑分析的局限，找到在传统模式下看不到的渗漏风险。

3. 基于 SNA 社会网络的智能风控

我们要对付的是最无能为力的关联舞弊。如前所述，仅仅依靠人的思维能力很难发现跨越时间和空间的关联性。在大数据技术的支持下，通过构建社会网络的方式来发现渗漏风险，这成为解决关联渗漏的创新思路。

社会网络是指利用企业内部财务相关经济事项的各个关联主体之间的相互关系构建的一个关系网络。在这个网络中，有公司的员工、员工的审批领导、供应商、供应商的股东、供应商与公司内的其他关联人等。通过筛查社会网络中可能发生渗漏行为的主体规律特征来识别利用传统反渗漏技术难以发现的渗漏行为。在社会网络模型中，集成了筛选、统计、时间还原、风险节点关系分析、可视化关联分析等模型，能够更加快捷、有效地帮助财务反渗漏分析师发现潜在的渗漏风险。

在实际应用中，我们可以以报销单据为核心向外扩展，通过员工、审批人、供应商等多个要素之间的关联关系，跨越空间和时间构建起网络。在这个网络中，我们试图寻找所谓的"黑节点"。"黑节点"是指通过其他技术方式发现的有问题的单据、人或供应商。一旦出现了"黑节点"，我们就有理由怀疑在这个网络中存在着其他的"被污染节点"。这种从网络和"黑节点"视角出发的渗漏发现方法往往能够以点代面地发现问题，并且将深度隐藏在空间和时间掩体后的渗漏行为挖掘出来。

在实际构建 SNA 社会网络模型的时候，通常需要经过节点去确定和提取数据、节点数据清洗、关联关系匹配、生产网络等步骤。在这个过程中应尽量减少数据不足、垃圾数据过多、数据冗余等问题对网络质量的影响。

反渗漏技术即将进入智能风控时代，这让我们在面对高度进化的渗透势力时有了一战之力。财务人应该拿起智能风控的武器，来赢得战斗的胜利。

第三节　智能时代业务财务创新

一、智能时代业务财务框架详解及智能增强

业务财务的提出为国内财务管理水平的提升注入了强大的活力，也是传统财务向新型财务转变的重要一步。业务财务的核心理念是希望财务队伍能够从自己的专业领域走出去，成为业务部门的合作伙伴，能够站在业务的视角及业务与财务专业的交集区域，积极开展财务管理活动。

但是长期以来，业务财务的概念并没有相对标准的细分定义，导致每个公司对这个概念的理解或多或少都有一些差异，从而在实务中对于如何设置业务财务队伍、如何发挥这支队伍的价值等都产生了一定的困扰。下面我们从业务财务的不同视角来解析，看看业务财务在不同领域都可以做些什么，以及在智能时代又能够获得怎样的技术支持。

（一）产品财务管理

1. 框架详解

产品财务管理框架详解，如表 7-11 所示。

能够积极主动地参与到产品前期规划和投资阶段中，从产品设计成本管理的角度对产品规划提出财务视角的专业意见。能够对产品的投资预算、投资回报、成本策略、目标设定、利润预测、产品组合投资策略等展开专业分析。积极参与产品经营分析会议，从产品线全生命周期视角为管理层提供决策支持。

表7-11　产品财务管理框架详解

项目	说明
产品研发财务管理	能够针对各个重要的产品线，组建研发财务管理队伍。能够在产品研发的过程中对研发成本进行深入的管理，从财务视角对研发效能的提升，研发过程中的物料、费用、人力等成本的精细化管理进行积极主动的管理干预
产品周转管理	能够从产品全生命周期视角，提供对产品周转情况的财务分析和主动管理支持。能够基于产品维度，对材料采购、库存、应收管理等全过程展开产品周转管理
产品质量成本管理	能够推动产品线建上质量成本管理和评价体系，提高质量成本管理的意识能够从产品预防成本、鉴别成本、内部故障成本、外部故障成本等方面，展开主动的质量成本分析和管理动作。能够协同专业财务职能，建立质量成本核算体系。能够在事前展开质量成本规划评价，事中进行质量成本管理控制，事后进行质量成本在不同细分产品中的评价分析，并在考核中加以应用
产品最佳财务实践管理	能够在不同产品线中发掘产品财务管理的最佳实践，将最佳实践总结为案例，并形成方法、工具、模板，通过培训、案例、报告、经验推广等有效形式，从全流程的角度揭示问题、预警风险，获得产品线对财务管理的有效反馈，并从财务视角积极推动各个产品线改进落实，实现各产品线财务管理能力的全面提升

2. 智能增强

在产品财务管理方面，单纯从财务的角度来说，能够实现智能增强的范围是有限的。

在产品规划和投资方面，基于今天的信息条件，更为广泛的数据和信息获取能够帮助我们更加有效地模拟并预测产品未来的经营情况。

在产品最佳财务实践的推广方面，可以尝试着使用一些新的技术手段来加强培训的效率和效果。在传统模式下，通常需要通过开发课程、面授推广的方式来传播最佳实践。而在今天，我们可以考虑采用更丰富的形式，如网络直播、碎片化学习等，借鉴新的学习模式的优点。

物联网的发展使我们能够更好地跟踪实体化产品的市场投放数据，通过经营分析获得如产品的使用情况、用户的反馈情况等其他更有价值的数据。

相比财务本身来说，业务财务更需要关注的是企业产品本身在智能化领域的发展。对产品财务经理来说，需要能够紧跟智能时代的新技术与企业自身产品的结合情况，能够对涉及智能技术的新产品实现优化资源配置判断，能够应用智能技术建立新的产品规划和投资的财务评价模型，实现和传统产品评价同样的标准，甚至更好的评价能力，而不是在智能时代完全无法理解业务部门的战略、规划和行动，财务需要成为业务的伙伴，而非是拖累。

（二）营销财务管理

1. 框架详解

营销财务管理框架详解，如表 7-12 所示。

表7-12　营销财务管理框架详解

项目	说明
商务合同财务管理	能够提供商务合同准备和签订过程中的财务管理支持，帮助业务团队基于商务资源投入进行快速的合同成本评估，帮助业务部门建立合同报价模型，评估不同商务合同设计对财务指标的影响，帮助业务部门进行商务合同决策
营销及销售费用管理	能够对营销及销售环节的费用投入展开有效的预算、执行控制、分析等财务管理行为。能够针对营销或销售活动，以类项目方式设定资源投入的目标，并基于目标进行资源投放的过程管控，帮助业务部门提高营销及销售费用的使用效率
客户信用及风险管理	能够建立起完善的客户信用及风险管理制度体系，主动进行客户资信调节，建立客户信用评价模型，帮助业务部门进行客户筛选、信用政策制定、合同保障、账务跟踪、催收管理、危机处理等，为信用管理全生命周期提供财务支持
竞争对手财务及经营信息管理	能够帮助业务部门建立起财务竞争情报的分析能力，获得与企业销售市场相关的财务及经营指标数据，获得企业主要竞争对手的财务及经营指标数据，建立起竞争情报支持系统、经营舆情系统

2. 智能增强

大数据技术是营销财务管理的重要助力，能够在营销及销售费用管理、客户信用及风险管理、竞争对手分析等领域发挥重要作用。

首先，在营销及销售费用管理方面，重点关注的是销售资源投放和效果达成的关系，如果能够管理好每一笔销售费用的投入与产出，那么销售费用的投入就能得到很好的财务回报。在这一方面，我们可充分利用大数据在相关性分析方面的优势，基于大量的企业内部历史销售费用投放的数据，以及市场上与企业销售活动相关的各方面的反应数据，获得销售费用投放方案与市场反应之间的相关性分析结果，从而将优质资源向市场反应积极的销售活动方案倾斜。

其次，在客户信用和风险管理方面，能够依托大数据技术更广泛地获取与客户相关的社会化数据，不再是简单地依赖于客户公布的财务报告信息，而是将客户在社会化活动中所形成的广泛的数据纳入监控范围，基于广泛的客户行为信息、舆情信息，更及时、准确地评价客户信用，建立多视角、全方位的客户信用评价模型。

最后，在竞争对手分析方面，大数据能够帮助企业建立更加及时、有效的舆情监控系统。基于网络新闻、微信、微博等多种社会化媒体，新的舆情监控系统可以从文字、图片、语言、视频等获得全方位的信息输入，从而能够更早地发现市场和竞争对手的重要动态，帮助企业及早决策、应对。

（三）供应链财务管理

1. 框架详解

供应链财务管理框架详解，如表7-13所示。

表7-13　供应链财务管理框架详解

项目	说明
采购财务管理	能够有效地进行供应商的准入管理，对采购过程进行有效的财务成本和风险管控，提供采购流程的财务运营作业支持，提高采购流程中的财务运营效率，对采购活动提供有效的财务分析和决策支持
生产财务管理	能够积极主动地进行生产过程财务管理，建立完善的生产成本管理体系，深入生产的全过程进行成本计划、控制分析等活动，通过积极总结生产环境下的最佳财务管理案例，并加以推广应用，营造成本管理文化环境、推动生产成本优化创新
库存控制管理	能够推动和协助业务部门进行全供应链过程的库存管理，积极介入库存计划管理，帮助业务部门优化库存周转，提高库存利用效率。能够积极主动地进行库存价值管理
配送物流财务管理	能够对企业供应链中的配送物流进行有效的财务分析和评价，帮助业务部门构建配送及物流成本模型，通过推动业务部门对路线、仓储、运输方式等物流要素的优化来进行物流成本优化

项目	说明
分销财务管理	能够对分销渠道展开相关的财务分析，从财务视角进行渠道的收入、成本管理，提高分销渠道信息的可比性，帮助业务部门优化渠道选择和渠道管理

2. 智能增强

供应链管理本身就是一个相对成熟的管理领域。特别是在 ERP 系统出现后，企业的供应链管理能力得到了大幅度的提升。在智能技术方面，物联网技术将为此领域财务管理能力的提升提供潜在的机会。

在物联网技术快速发展后，越来越多的企业使用物联网来跟踪其供应链的全过程。从原材料到在产品、产成品，直至后续产品的库存、配送物流及客户使用，物联网能够跟踪到每个环节的大量位置信息。对这些信息的获取，能够让我们即时获得清晰的物料及产品的库存、流转、物流情况。其一，供应链财务能够利用这些信息替代盘点，甚至也能为相关的会计核算提供更好的自动化支持；其二，能够利用这些信息优化库存价值管理，减少呆滞库存的出现；其三，配送物流数据信息对于优化配送物流成本也有重要的作用。

在未来，物联网信息和财务的有机结合势必改变供应链财务的管理模式。此外，在采购管理方面，通过将采购财务管理前置于业务处理，能够实现更好的管理效果。如采用类电商的模式在企业内部推动采购管理，能够实现整个采购过程的透明化和自助化，更好地推动业财全流程的融合。

（四）项目财务管理

1. 框架详解

项目财务管理框架详解，如表 7-14 所示。

表7-14　项目财务管理框架详解

项目	说明
研发项目财务管理	能够以研发项目为单位进行全过程的财务管理。在项目立项前，进行研发项目立项的财务评价，在项目立项后，设立项目财务目标，进行项目的概算、预算、核算、决算的"四算"管理，重点关注研发项目的设计成本管理、研发材料管理、研发费用管理、研发效能管理等专题领域
市场推动项目财务管理	能够针对市场推动型项目，设定清晰的项目目标及评价标准，对市场推动进行有效的预算管理，建立起立项、兑现、动支和报销的全过程项目财务管理，重点关注市场推动的效果，达成相关的财务分析

项目	说明
售前/销售项目财务管理	能够对售前项目、销售项目建立完善的预算审批制度，严格控制项目费用的执行与使用，重点关注佣金、手续费的投放管理，基于销售活动的特殊性，管控销售活动中的财务道德风险
工程项目财务管理	针对工程项目的复杂性，配置专业化的工程项目财务团队，以工程项目专业知识为基础，完善项目的概算、预算、核算、决算的"四R管理，重点关注工程项目中的工程资金管理、工程物资管理、工程成本管理等重要财务管理环节
实施交付项目财务管理	能够根据实施交付项目的特点展开完善的财务管理支持，针对实施交付项目中的人力资源投入计划展开相关的财务成本管理，重点关注项目延期交付和范围溢出导致的成本失控风险
管理支持项目财务管理	能够对企业内部的各类管理支持活动的配套项目积极主动地进行财务管理，在项目立项过程中应设立财务评价标准，设定项目的投入产出目标，加强项目过程中的成本支出和目标达成的匹配分析，在项目完成后进行相应的财务评价和考核，优化项目的目标达成效果

2. 智能增强

实际上，针对项目管理，我们更建议推动其系统化建设，针对不同类型的项目，建立差异化的前端业务管理系统。将财务与业务紧密结合的部分内置于前端项目管理系统中，而针对项目财务管理通用的部分，则可以考虑建立统一的项目财务管理平台，对接各类前端专业化项目的业务管理系统，打通业财壁垒。

与项目相关的业务及财务系统的建立尽管并不高度依赖于智能化技术，但对于很多企业来说，这项工作仍然是企业财务信息化建设中的薄弱环节。基于现有的信息化技术，实现项目过程的信息化管理是很多企业的当务之急。

二、智能核算：支撑业财高度融合的统一会计引擎

（一）会计引擎的基本原理

简单地理解，会计引擎可以看作将业务系统语言转换为财务语言的翻译器。对于一个翻译器来说，如果要让它运转起来，首先就要能够实现语言的输入，然后基于所输入的语言，通过一系列的语法分析及规则转换，将其形成新的语言再输出。当然，这里所讲的翻译是基于文本信息的，如果是基于语言的处理，那么最大的难点将转变为在输入环节如何让计算机能够听懂且理解人类的语言，并将这些语音信息顺利转换为文字。

我们可以参考类似的方式，用会计引擎来解决问题。首先，需要从各业务系统中获取业务系统数据的输入。在这个过程中，我们必须意识到，会计凭证是企业各类经济活动结果的反映。在这种情况下，能够支撑进行财务语言转换的前端业务系统的涉及面也必然是广泛的。当建立了业务系统与会计引擎之间的数据接口后，就形成了类似于翻译器的语言输入过程。接下来，要做的事情是语言的转换。对于会计引擎来说，需要建立一套类似于翻译器中词汇映射和语法映射的规则转换机制。也就是说，要建立业务数据向会计凭证转换的系统规则。

当然，这里有一点和翻译器是不一样的。对于翻译器来说，不管输入什么，都需要被动地接收，并转换为另一种语言进行输出。而对于会计引擎来说，首先是基于会计凭证的数据构成规范来判定需要输入什么，对形成会计凭证无用的数据，根本就不会考虑作为输入信息。在这种情况下，业务系统根据会计凭证的数据需求提供数据输入，经过预先设定的业务语言向会计语言转换的规则处理后，形成"准凭证"。

所谓的"准凭证"，是会计引擎处理后所形成的预制凭证，由于还没有进入总账系统，故被称为"准凭证"。准凭证进入核算系统后，就形成正式的会计凭证，最终完成语言输出的过程。

（二）统一会计引擎

统一会计引擎和传统会计引擎相比，其核心就在于"统一"两个字。如上文中所说的，多数会计引擎都搭建在其他财务或业务系统中，以一个模块的形式存在；稍微好一些的，也就是在专业系统中圈下一块地盘，形成一个相对独立的子系统。而这里所说的统一会计引擎则是希望能够打破其寄生系统的束缚，从各个系统中独立出来，形成一个专业化的系统平台。通过这样的一个平台，去形成一个多语言翻译器。也就是说，统一会计引擎的一端对接企业内所有业务系统和专业财务系统，以获得信息输入，另一端对接会计核算系统和管理会计系统，以生成会计凭证并实现财务分析。

（三）智能化下的统一会计引擎

尽管我们意识到统一会计引擎的建立过程难以一帆风顺，但同样看到它建立后所带来的价值。今天，随着智能化技术的进步，还有可能在建立统一会计引擎的过程中更进一步借助智能化技术提升统一会计引擎的性能。

如同翻译领域对智能化技术的应用，统一会计引擎可以考虑适当地应用机器学习技术来辅助完善翻译器的翻译规则，即会计引擎的凭证转换规则。在建立统一会计引擎时，通常将优先基于所积累的经验来设计规则，但面对多行业及全场景的复杂性，仅仅基于经验是不够的。机器学习技术通过对标签化业务信息的输入和学习训练后，能够更高效地提炼出转换规则，提升会计引擎在面对新问题时的处理能力。另外，利用区块链技术。如果能够在业务系统、专业财务系统、核算系统之间搭建分布式底账，那么将为提升会计引擎转换结果的可追溯性带来极大的帮助。

我国尚处于统一会计引擎建立的探索和尝试阶段，但其在大型多元化集团的落地应用并不遥远，未来出现面向社会提供服务的低成本，甚至免费的、开放式的统一会计引擎平台也并不只是空想，而智能化技术在开发统一会计引擎平台上也能够发挥更大的价值。

第四节　智能时代财务共享服务创新

一、智能时代财务共享服务框架详解及智能增强

财务共享服务模式在中国是在 2005 年左右兴起的，尽管这个时候西方国家对财务共享服务的应用已经日趋成熟，但作为后来者，我国的财务共享服务发展呈现出逐渐加速的趋势。在最近五年中，财务共享服务的热度更是飞速上升，已然成为国内大中型企业财务组织的标配。

在这个过程中，财务共享服务中心从设立到运营全过程的管理水平都在快速提升，到今天已经形成了相对完善的财务共享服务管理框架，并在政府、企业、高校和各类协会组织的共同推动下，逐渐成为国内财务共享服务中心特有的管理模式。

（一）财务共享服务中心设立管理

1. 框架详解

财务共享服务中心设立管理框架详解，如表 7-15 所示。

表7-15　财务共享服务中心设立管理框架详解

项目	具体内容
财务共享服务中心立项	能够站在企业立场，充分评估财务共享服务中心设立对企业经营发展所带来的利弊影响，客观评价财务共享服务中心的投入产出情况、匹配和适应情况、变革管理的难点及应对措施能够在判断财务共享服务中心建设对企业有利后，积极推动管理层和各相关方的认可，并获取充足的资源，支持后续的中心设立
财务共享服务中心战略规划	能够站在战略高度对财务共享服务中心展开规划，如总体模式的选择，包括定位、角色、布局、路径、变革管理、组织、流程、服务标准、系统及运营平台、实施等规划内容
财务共享服务中心建设方案设计	能够在财务共享服务中心建设启动前进行充分的建设方案设计，包括组织、人员、系统、流程、运营、制度等方面。方案应能够涵盖框架和详细设计，并在最终落地方面做好充分的工具设计准备
财务共享服务中心实施	能够有效地组织项目展开对财务共享服务中心的实施，制订合理的实施计划，有序推进组织架构和岗位设立、人员招聘及培训、系统搭建及上线、流程设立及运营等各方面工作，实现财务共享服务中心从试点到全面推广的实施落地
财务共享服务中心业务移管	能够在财务共享服务中心设立后，有效推动业务从分散组织向财务共享服务中心的转移，通过推动签订服务水平协议、业务分析、流程标准化及操作手册编写、业务转移培训、业务中试和最终正式切换，实现移管目标

2. 智能增强

通常情况下，管理层都会要求财务共享服务中心的设立具有一定的前瞻性和预测性。自十多年前开始，财务共享服务中心的建立本身就具有强烈的创新特征，我们需要向管理层阐明所采用的技术手段能够达到当前的市场水平或竞争对手水平，并能够对企业自身的管理带来一定的提升。很多企业在这个过程中也同步进行了与支持财务共享服务相关的信息系统建设，但总体来讲，并没有超出当前互联网时代的技术水平。

在展开财务共享服务中心建设的过程中，无论是进行立项还是规划都必须考虑到即将到来的智能革命对财务共享服务的影响。笔者曾经给一家我国本土进入世界五百强的家电制造企业做过财务共享服务规划和设计，在此过程中，其管理层就谈到过，希望未来的财务共享服务中心能够越做越小，而不是人数规模越来越大。这正是暗含了对智能时代共享服务建设的深刻理解。

在笔者看来，基于信息系统的高度集成，数据信息能够自由获取，规则的自动化作业辅以人工智能作业的新的共享服务模式正在到来，也会在不久的将来逐步取代当前基于大规模人工作业的共享服务模式。实际上，这一进程一直在进行,只不过受限于技术手段和数据质量,我们所能感受到的仅仅是优化性的进步,如一些跨国外包公司热衷于RPA,就是在积极进行自动化替代人力的尝试。

因此,今天我们在建立共享服务中心的规划过程中,必须充分考虑到未来智能化技术对财务共享服务中心的影响,为当前财务共享服务中心的建设留下向智能化进行转型和拓展的接口。同时,我们必须认识到智能化很可能在最近数年中出现爆发式的技术发展,财务共享服务中心必须有充分的认知准备,紧随技术进步,及时调整自身的运营策略,切换至智能化运营平台,以维持当前建立财务共享服务所带来的竞争优势。

(二)财务共享服务中心组织与人员管理

1. 框架详解

财务共享服务中心组织与人员管理框架详解,如表7-16所示。

表7-16 财务共享服务中心组织与人员管理框架详解

项目	说明
财务共享服务中心组织职责管理	能够基于业务流程清晰地梳理各环节所涉及的工作职责,并针对这些工作职责设置相匹配的岗位。在此基础上,通过提取并汇总分散于业务流程中的岗位工作职责,形成财务共享服务中心的核心岗位职责
财务共享服务中心岗位及架构	能够清晰地定义财务共享服务中心在整个财务组织中的定位,明确其与现有财务部门之间的定位关系及职责边界。能够清晰地设计财务共享服务中心的管控关系,并基于岗位职责和管控关系搭建财务共享服务中心的组织架构及各架构层级的岗位设置,岗位设置应当能够做到不重不漏
财务共享服务中心人员招聘	能够对财务共享服务中心的人员编制做到及时的跟踪预测,在人力产生潜在空缺可能时,能够及时展开人员招聘活动,通过合理的招聘周期规划,在人员缺口出现时及时进行人力补充。能够积极地拓展多种招聘渠道,建立与高校的紧密联系。能够建设面向同城其他财务共享服务中心的招聘渠道,必要时设置专业化的招聘岗位,或者获得HR招聘团队的有效支持
财务共享服务中心人员培训及发展	能够建立完善的人员发展体系,针对财务共享服务中心的人员特性设置与传统财务差异化的职业发展通道,实现在相对较短职业周期中的快速发展和及时激励。能够针对财务共享服务中心的人员特点设置有针对性的人员培训体系,高效提升运营人员的产能,并积极拓展员工的综合能力,以提高其主观能动性

项目	说明
财务共享服务中心人员考核	能够设立针对财务共享服务中心不同层级、类型的人员绩效考核体系，能够基于绩效考核体系推动财务共享服务中心运营效率的提高、成本的降低、质量和服务水平的提升。同时，能够维持并激发各级人员的创新能力
财务共享服务中心人员保留	能够积极主动地针对财务共享服务中心的员工进行工作状态评估，对有潜在离职风险的员工进行及时主动的沟通，通过主动的行动实现人员的保留。同时，能够长期将财务共享服务中心的人员流失率控制在合理水平

2. 智能增强

智能时代的到来，对当今财务共享服务中心的组织与人员管理提出了与以往不一样的要求。

首先，从组织职责及架构设置来看，今天的财务共享服务中心在传统职能的基础上，必须考虑到一些用于自我变革的职能。实际上，有不少财务共享服务中心还在纠结是否要用自动化来替代人工，并顾虑因此对现有团队的利益影响。在笔者看来，与趋势逆行是不可取的，我们应当在当今的组织中一方面继续针对传统的集中化人工作业模式展开运营的提升；另一方面，应当设立创新科技组织，积极主动地展于自我激趣。通过应用新技术，主动降低对人力的依赖，从而在这场变革中掌握主动权。

其次，对于这一变革时期的人员管理，要充分做好面对自动化带来人力释放影响的准备工作。将分散的人员集中起来就是一场变革，在这个过程中，我们已经经历了一次减员的挑战。而今天，把集中在财务共享服务中心的人力再消化掉是另一场变革。这一次，我们应当在人员的职业发展上有针对性地考虑未来智能化产生的影响，提前做好人员的非共享技能培养，以帮助部分人员在智能化过程中逐渐分流至其他岗位，从而减少刚性人员裁减带来的损失。

最后，在人员的考核上，应当更多地关注对于人员创新能力的提升。传统的财务共享服务模式过于强调效率，使财务共享服务中心的员工并不热衷于使用新技术来改造现有的工作模式，而更倾向于一个稳定的工作环境，这对财务共享服务中心适应智能时代的发展变革要求是不利的。多一些主动的求变精神是智能时代财务共享服务的必由之路。

（三）财务共享服务中心流程管理

1. 框架详解

财务共享服务中心流程管理框架详解，如表 7-17 所示。

表7-17　财务共享服务中心流程管理框架详解

项目	说明
财务共享服务中心流程体系定义	能够基于企业所处的行业特征，识别自身的、全面的会计运营相关业务流程，并搭建业务流程体系，对业务流程进行清晰的分类，定义流程子集，能够完整地识别、定义业务流程场景，并建立流程场景与流程的映射关系
财务共享服务中心标准化流程设计	能够基于业务流程体系展开财务共享服务中心的业务流程设计，标准化的业务流程体系应当能够清晰地定义流程的输入、输出、执行标准、质量标准、匹配的流程场景等，关键信息能够通过流程图、流程描述等方式进行流程展示
财务共享服务中心标准化流程维护和执行监控	能够建立财务共享服务中心业务流程体系的维护和执行监控制度体系，有相应人员关注流程的日常维护，并定期针对业务流程的执行情况进行评估检查。能够针对流程中的执行问题采取及时的行动，对流程进行修正
财务共享服务中心流程持续改进	能够建立起业务流程优化和持续改进的机制，营造有效的流程优化氛围，鼓励各级员工提出优化建议，并能够建立起评价和采纳机制。对于所采纳的优化建议，除能够设立项目团队进行积极推进此外，不定期地开展流程优化检视活动，主动发现优化机会也是十分重要的

2. 智能增强

业务流程优化是财务共享服务管理中极其重要的主题。在传统的流程优化过程中，我们试图通过对流程环节的挑战、运营方式的转变来找到优化机会。当然，财务信息化在这一过程中也发挥了重要作用，高度的业务系统和财务系统的对接，以及专业化的财务共享服务运营平台的建立，也大大提高了财务共享服务的流程效率。

智能时代的到来，也让我们有了更多的机会进行流程优化。如机器流程自动化技术成为人们关注的热点，它通过在全流程过程中寻找流程断点和人工作业的替代机会，在很多企业业务流程优化陷入"瓶颈"后，再次提升了流程自动化程度。

更值得期待的是，财务共享服务业务流程将伴随着基于规则的初级人工智能的应用，以及基于机器学习的人工智能的到来而获得更多的改进机会。在新技术的影响下，现有财务共享服务的流程会先从多人工模式转向"人智结合"

模式，并最终迈向智能化模式。在这个过程中，业务流程的优化和改变并不是一蹴而就的，它会伴随着技术的逐步改进，并最终实现从量变到质变的转换。

同时需要注意的是，智能化对财务共享服务业务流程的影响是端到端的。也就是说，财务共享服务运营的输入流程也在变化中，而前端的流程智能化进程也会对财务共享服务后端的运营模式产生极为重大的影响，很多时候，财务共享服务中心从人工向自动化、智能化的转变根本上就是前端流程直接带来的。

（四）财务共享服务中心运营管理

1. 框架详解

财务共享服务中心运营管理框架详解，如表 7-18 所示。

表7-18　财务共享服务中心运营管理框架详解

项目	说明
财务共享服务中心绩效管理	能够针对财务共享服务中心制定完善的绩效评价标准，设定相应的KPI，并进行有效的管理考核。财务共享服务中心的绩效标准应能够进一步细分至各业务团队，并最终落实到每个员工
财务共享准入管理	能够针对财务共享服务中心设立业务准入评估模型，对于服务对象的共享需求能够展开准入评估，判断其是否符合财务共享服务的运营特点，并予以纳入共享服务中心必要时需要建立独立于共享中心与服务对象的准入评估机构，以实现对难以达成共识的准入事项的仲裁
财务共享SLA及定价管理	能够针对纳入共享服务中心的业务产品，定义共享服务中心与其服务对象之间的服务水平，协议服务水平协议应当是服务双方均能进行有效约束，规范服务对象的输入标准，规范共享服务中心的产出标准，基于服务标准，结合财务共享服务中心的成本能够设定公开透明的内部转移价格
财务共享管理人员管理	能够对财务共享服务中心的管理团队展开有效的培养及管理，有效评价管理团队的管理能力，及时优化管理团队的人员构成，建立起有效的管理团队成员的选拔和晋升机制，同时，需要建立必要的考核和淘汰机制，针对关键岗位建立必要的轮换机制
财务共享风险与质量管理	能够针对财务共享服务中心建立风险管理和质量管理机制，积极推动RCSA、KRI、重点风险加强管理等操作风险工具在财务共享服务中心的应用，积极推动全面质量管理、六西格玛管理、精益管理等质量管理工具在财务共享服务中心的应用，构建良好的风险和质量文化环境
财务共享"服务"管理	能够对财务共享服务中心的服务管理建立科学、专业的管理体系，构建清晰的服务方法、服务工具，对财务共享服务中心的服务满意度水平进行有效的衡量，并积极推动服务优化，提升服务对象的满意度
财务共享信息系统管理	能够积极推动财务共享服务中心作业相关信息系统的优化和改进，主动提出改进和优化业务需求，并配合信息系统管理部门共同实现对信息系统的优化提升

2. 智能增强

对于财务共享服务中心的运营管理来说，不少财务共享服务中心还停留在依靠人工进行管理分析的状态。因此，要提升财务共享服务中心的运营管理水平，就应当先提升运营管理的基础信息化水平。

在提升基础信息化水平方面，可以借助信息系统实现绩效指标的管理，并应用于绩效看板和绩效报表。在准入评估方面，可以进行系统化的评估流程执行，并将评估模型系统化。在 SLA（服务水平协议）和定价方面，能够基于系统进行 SLA 的各项指标的计算和出具报告，并据此结合定价标准测算出具各服务对象的结算报表。在风险管理方面，能够将 RCSA、KRI 及重大风险事项管理三大操作风险管理工具系统化，并应用于财务共享服务中心。在质量管理方面，能够将质量抽检、质量结果反馈、质量报告出具等质量管理过程系统化。在服务管理方面，能够构建邮箱及热线系统，以支持客户足够的专业化。

在智能时代，我们能够在上述信息化手段建立起来的基础上，引入大数据技术，提升对财务共享服务中心在绩效分析、风险发现、质量评价、服务跟踪等方面的深入管理，依托更为丰富的数据输入，提升财务共享服务中心运营管理的层次。

二、财务众包

众包的出现与财务领域和智能时代的来临有着密不可分的关系。在人工智能和财务共享服务中心的人力替代战争中，众包是机器作业的前置补充之一，它正在和人工智能一起面向传统财务共享服务模式发起猛烈进攻。

（一）众包

众包是指一个公司或机构把过去由员工执行的工作任务，以自由、自愿的形式外包给非特定的（而且通常是大型的）大众网络的做法。众包模式和传统的运营作业模式存在显著差异，并具有任务颗粒化、技能低门槛、时间碎片化、组织网络化和收益实时化五个特点。

1. 任务颗粒化

众包可以说是劳动分工更为深化的应用场景。如果说劳动分工理论把一个复杂的业务处理推动为流程化、分环节作业的模式，那么众包模式就进一步将工作任务化，达到了更细的颗粒度。

2. 技能低门槛

任务高度颗粒化带来的直接好处就是任务的复杂性得到降低，每一个小的任务颗粒对技能的要求将大大小于组合起来的一个完整的流程环节对工作技能的要求。这使社会上大量并不掌握复杂技能的普通人员均能够参与众包的工作，并且使用极低的成本来完成相关工作。

3. 时间碎片化

在传统的流程管理中，往往需要整块的时间来完成某一项工作，而且流程中间多数是串行关系，要求工作时间具有连续性。而在众包模式下，任务颗粒化后会出现越来越多的在同一时间内的并行任务，从而对时间连续性的要求有所下降，形成任务处理时间的碎片化。因此，可以由互联网上的众多个体在同一时间内并发完成多种类型的任务。

4. 组织网络化

当技能门槛降低、任务颗粒化且时间碎片化后，众包的人员组织形式可以实现网络化。众包会有大量的社会化资源参与，形成网状的任务交付结构，最后由任务的发包方完成这项任务的流程化组装和应用。

5. 收益实时化

对于众包网络中完成任务的个体来说，由于单个任务的收益很小，故而实时的收益计量是其持续参与的核心动力。收益实时化并不是要求随时支付，而是可以实时告知作业用户获得了多少收益，定期进行结算。

（二）如何实现财务众包模式的落地

由于众包是新兴的创新模式，从方法到技术平台各方面均存在挑战，要成功实现众包模式的落地，则需要在前期有严谨的思考和设计，方能达到预期的效果。下面从众包的业务内容、技术平台及运营模式三个方面来谈谈如何实现众包模式的落地。

1. 确定可众包的业务内容

在评估是否可以众包的时候，有几个原则需要加以考虑。

（1）业务是否能够进行充分的标准化乃至颗粒化。复杂的业务没有办法让技能单一的社会参与者进行处理，必须进行颗粒化拆分，而能够拆分的前提就是可以标准化。

（2）任务必须不存在信息安全隐患。众包的对象和信息的流转渠道是完全不受控制的，所以发包信息必须不存在信息安全的强要求，否则就会产生风险。

（3）对于时效的要求有适度的容忍性。众包需要有派工、等待、双人核验等过程，如果等待超时还要有二次分派的过程，尽管可以对时效进行一定的管控，但如果对时效要求极高则不适合进行众包。

基于以上分析，在财务流程处理中有哪些业务内容可以考虑纳入众包的范围呢？以费用审核为例，如果从人的动作的角度来看，审核过程可以分解为"信息的读取"加上"和既定规则的比较"。"和既定规则的比较"属于技术含量较高的部分，并不适合众包处理，在未来需要更多基于人工智能的机器审核来完成。

从可操作性上来说，"信息的读取"可以考虑作为众包的核心内容。它能够满足上文中提到的标准化和颗粒化的要求，由于对人的技能要求并不高，更适合采用众包模式，而这个环节的产出也可以作为智能审核的数据基础。在实践中，标准发票、企业结构化单证中涉及的科目和金额，如在风险控制线内，则可以采用众包模式来进行信息录入工作。

2. 众包技术平台的搭建要求

在具体实操的过程中，需要有技术平台来支持众包业务。在具体的技术平台设计上，应考虑以下特点要求。

（1）技术平台具有高稳定性。由于是面对大用户量的平台，因此需要能够在大并发下高效率响应。此外，由于每个任务都是颗粒化的，单任务处理的周期短，任务就会频繁地被分发和回收，这进一步加剧了性能压力。因此，要充分考虑平台的稳定性。

（2）技术平台具有高安全性。由于在平台上直接处理的是财务单据信息，虽然是碎片化分割出去的，但一旦发生数据泄露，大量碎片的再组合就会出现完整的、有价值的商业信息。因此，平台需要在安全性上给予很高级别的考虑。

（3）技术平台具有高易用性。在平台上从事作业的人员技能水平并不高，如果平台操作复杂，则多数用户会难以适应，甚至根本无法开展工作。因此，在设计平台时需要尽可能做到傻瓜式设计，降低上手难度，使平台上的作业轻松愉快，而非充满挑战性和复杂性。

（4）技术平台需要兼顾 PC 端和移动端。参与众包的用户，一类是以此为主要收入来源的固定用户，每天会处理大量任务，极其追求作业效率，此类用户适合使用 PC 端作业；另一类是以娱乐和赚取零花钱的心态参与众包的非固定用户，考虑到此类用户碎片化作业的需求，更适合使用基于 App 或微信小程序的移动端作业。

　　3. 众包技术平台的核心功能

　　在明确了众包平台所需具有的技术特点后，我们再来看一下众包平台对功能层面的主要考虑要点。

　　（1）任务拆分和组装的功能。通常情况下，众包平台并不是任务的源头，而是需要从其他系统中导入任务。进入平台的任务是整件业务，需要在平台中进行拆分，并建立关键索引，后续派工基于拆分后的碎片任务进行，作业完成后，需要在平台中进行进一步的任务组装，组装时基于任务拆分时的关键索引来进行。

　　（2）任务分派和调度的功能。平台不适合进行主动式任务推送，因为我们并不知道众包平台用户现在是否有意愿进行任务处理。所以，平台的任务分配采用主动提取式。主动提取后的任务需要设置基于时间的调度管控，由于用户很可能在提取任务后因为突发情况或者主观意愿，放弃了对当前任务的处理，这就需要对所有任务设置倒计时管理，在计时结束后对没有完成的任务进行取回重新分配。

　　（3）多人作业核验的功能。由于作业质量无法按传统模式进行流程化质量检查，因此需要在机制上做特别的设计，常用的模式是双人作业、系统核验，就是将同一个任务同时分派给两个不同的作业人。如果作业结果一致，则认为任务质量是合格的；如果不一致，则引入第三人作业，其作业结果与前两人的作业结果比对，如果一致，则以一致结果为准，否则转入问题处理。

　　（4）计费和结算的功能。由于要对社会上零散人员进行计费和结算，这就需要基于任务来定义计费单位，如录入类任务可按字节计费，审核任务可按复杂度和页数来综合计费。无论采用何种方式，都要保证计费依据客观、可度量。系统根据数据自动计算用户作业绩效，并自动结算。此外，可考虑支持网络结算。

　　（5）用户和用户能力管理的功能。平台用户量大，需要进行必要的身份验证，如身份证核验、技能证书核验等。此外，平台需要建立基于作业质量、信用、技能等的综合模型，对用户进行分类分级管理，允许晋升用户的级别。

4. 构建众包的运营模式

有了技术平台后，再结合科学的商业运营模式，可以正式实现众包模式的落地。通常情况下，众包的运营模式从目的的角度可以分为两大场景：一种场景是以参与方的身份，从解决自身人力需求出发，希望将众包模式作为工具来应用；另一种场景是以运营方的身份，将自身转型为服务平台，为更多的企业提供众包服务。两种不同的身份在众包运营中的考虑和模式是显著不同的。

（1）作为参与方身份的运营模式。作为参与方，重在使用和利用好众包。因此，参与方只需要专注于如何推广众包平台，将用户吸引到平台上来进行作业，并且保持稳定的质量水平。在这个过程中，需要考虑到以下几点：宣传推广众包平台；找到恰当的定价水平；加强平台用户的黏性。

（2）作为运营方身份的运营模式。作为运营方，需要完全覆盖参与方的角色。上文中所谈及的参与方的各项运营要点，在运营方这里都要做到，甚至要做到更好。而在这一基础上，运营方还需要管理好任务的来源。对于运营方来说，最重要的是要让平台变成中介，能够在平台上导入大量的任务，同时有大量的资源来承接运营任务。如果要向众包平台上的大量企业客户发布任务，则需要做好以下几项运营工作：吸引企业客户进驻平台；面向企业客户提供稳定高效的系统对接服务、专业化的服务支持及丰富的数据支持。

三、RPA 财务机器人

RPA 的全称为 Robotic Process Automation，即"机器流程自动化"。RPA 并非长成机器人的样子，RPA 的本质是一个软件产品，它并不复杂，甚至比想象中的还要简单。

（一）以应用系统的外挂形式存在

讲到 RPA 的存在形态，RPA 并不是想象中的一个独立的复杂系统，它有点儿像游戏外挂，是在企业现有的系统上进行的嫁接。如用户计算机中的两个应用系统 A 和 B，原先需要通过人工将 A 系统中的数据读取出来，再由人工录入 B 系统，而现在就可以借助 RPA 在两个系统之间实现一个外挂，自动将 A 系统中的数据提取出来，并填充到 B 系统中。RPA 并没有和 A、B 系统进行深度集成，而是一个外部挂机的自动化脚本通道。

（二）能够进行可视化的监督管理

对于 RPA 来说，很重要的一点在于它建设了针对跨应用程序运行脚本的监控平台。如果没有这个可视化的监控平台，RPA 就和科技部门在后台写的脚本程序更像了。通过这样的一个前台可视化的监督管理工具，便能够记录 RPA 中完整的行为，并且使这些脚本在可监督模式下运行。

（三）可通过简单的开发实现

从应用实施的角度来说，RPA 是简单化的。它与 Office 宏的概念十分相似，不需要通过复杂的开发就能够实现应用，最多达到类似于 VBA 的复杂程度。当然，从技术层面来说，Office 宏或 VBA 工具仅能在一套应用程序体系内使用，而 RPA 能够在统一操作平台上打通多个应用系统，这是显著不同的。

（四）部署周期很短

RPA 有成熟的产品体系，能够进行简单、快速的部署实施。从时间周期上看，一个简单的场景可能几天就可以完成开发工作，数周时间能够实现可用。但需要注意的是，RPA 的实施更多地需要在流程梳理方面下功夫，对于可以应用 RPA 的流程场景的识别，以及使用 RPA 后流程的标准化管理机制的设计和应用都是需要重点关注的。一个缺少标准化约束的机器人将会是财务工作的灾难。

（五）基于设定自动执行流程

RPA 一旦部署完成后，就可以基于计划任务或触发条件来自动执行，而不需要依靠人工进行触发。当然，自动执行的背后同样需要对于流程事先设计，以及对于流程执行的时间和顺序节点进行有效的事件管理，自动执行后的 RPA 也需要进行必要的监控。

（六）善于解决重复应用场景

RPA 最擅长做的事情就是对流程中一个重复的人工场景进行自动化。虽然从优选的角度来说，我们会考虑进行系统的深度集成，并从根本上解决问题，但是在有些情况下需要人工衔接的系统并不在我们的掌控之下，如纳税申报需要与税务系统进行对接。系统集成就受制于监管系统的开放程度，而 RPA 可以在这种情况下发挥其外挂的长尾价值。

（七）能够模拟人的行为串行执行

还是用 Office 宏来举例，RPA 能够把一连串的流程整合起来执行，而且是拟人化执行，如执行复制、粘贴等系统已经内置的操作命令，并串起一个流程。

这个过程是高度模仿人的行为方式来进行的，而深度集成则类似于空气动力学，让飞机飞起来的模式。

RPA 产品走的是仿生学道路，它用一个独立于企业现有业务系统的应用程序，在不改变现有系统对接方式的情况下，模拟原本依靠人工执行的系统内或系统间的衔接操作。比如，销售系统中的订单数据原本要靠人工录入 ERP，RPA 就会模拟这个过程，将销售系统中需要录入的订单数据读取出来，并登录 ERP，模拟人工录入的方式，把数据录入进去，然后和人工一样，单击"保存""提交"。

四、人机协同

（一）如何实现财务共享服务中心的人机协同智能化

作为新兴技术，与财务共享服务场景的融合并不是一件容易的事，要想一步实现智能化，实现机器替代人工作业似乎并不可行。在大量实践基础的积累之上，一种变通的思路被提出，即基于人机协同的智能化，让财务共享在智能化之路上实现质的突破。在人工与机器自动化相结合的条件下，借助 OCR、网关、风险分级引擎、规则引擎所构建的人机协同智能共享技术成为过渡阶段——一种具有落地性的选择。

1. 数据采集的人机协同

要实现财务共享的智能化，首先要解决的是原始凭证如何进行数字化的问题。遗憾的是，当前财务原始凭证的结构化水平严重不足，在营改增之前，我国的发票种类繁多，要想获取发票中的信息，更多的是靠财务共享作业人员逐张审核。这种状况在这几年得到了改善，随着营改增的推行，越来越多差异化的发票样式向增值税专用发票和普通发票统一，使我们有机会采用新的方式来处理原始凭证。OCR 技术在这一领域被积极地运用。

事实上，利用 OCR 技术提取发票信息的实践一直在进行着，但如上文中所说的，在原始凭证特别是发票种类繁多的时候，使用 OCR 技术的难度是很高的。由于现行的 OCR 技术主要还是基于模板配置的方式来进行采集准备的，这使模板开发和优化的工作量巨大，再加之识别率的不足，使不少尝试都胎死腹中。但随着发票样式的统一，这一模式再次被提上议程，基于 OCR 技术，针对增值税专用发票和普通发票的定向优化，能够将识别率提升到可接受的水平。

但我们必须认识到，100% 的 OCR 识别率是难以做到的，这使全自动化的最后一步难以迈出，在这种情况下，人机协同模式的出现打破了僵局。通过在流程中植入 OCR 后的人工补录流程，让我们能够以较小的代价来实现全信息的数字化。通过实践看到，人机结合的 OCR 采集模式充分利用了识别技术的优点，同时也克服了阻碍最后一步的难题。当获取了完整的信息后，下一步的自动化机会豁然开朗，并呈现在我们的眼前。

2. 共享派工的人机协同

在缺少数据支撑的情况下，财务共享服务中心在作业时通常是采用随机派工的方式，通过强制分派或者抢单的方式来实现作业任务的分派。这种方式的优点在于能够带来任务分派的公平性，减少不必要的协同问题。但也存在不足，采用随机分派的方式，忽视了不同任务之间风险水平的差异，也忽视了共享作业人员之间能力的差异。

当我们尝试去正视这个问题的时候，就会发现，如果能够将任务的风险水平与员工技能水平相匹配，就会获得收益。这种收益来自风险更高的任务，则由技能更强的员工来进行处理，从而提升了管控风险的能力，而低风险的任务交给系统或者低水平的员工来进行处理，进而降低了成本。这打破了现行共享服务主流的"大锅饭"模式。而当我们能够使用计算机进行自动的信用与风险分级后，再结合相匹配的人工作业，就实现了另一种方式的人工协同。

当然，要做到这一点并不简单，最大的挑战是如何识别并定义每一个进入共享中心派工池的作业任务的风险等级。在原始凭证数据化之前，这是很难实现的，但随着数据采集人机协同的应用，我们获得了更为广泛的财务数据，在此基础上建立一个风险的分级模型，将任务分成不同的风险等级，并进行差异化的派工处理。但是在这个阶段，任务分级的模型算法更多的还是基于人员的作业经验，这在一定程度上限制了人机协同能力的最大化实现。

3. 共享作业的人机协同

共享作业的人机协同是最后一个环节，也是最重要的一个环节。在传统的财务共享服务模式下，共享作业任务的处理主要依靠作业人员掌握审核作业的规则要求后，然后进行人为的判断处理。这种处理方式虽然采用了劳动分工的科学管理方法，通过标准化降低了人工处理的难度，但是其背后仍然需要大量具有丰富经验的财务共享服务人员作为支撑。

在这种情况下，人们思考是否有更好的方式方法来进一步优化共享作业模式？对于利用系统进行自动化处理的探索也一直在进行着。但受制于前端数据的不足，以及系统进行自动化处理的工具局限性，这一尝试的进展也是有限的。

随着原始凭证基于采集人机协同的数字化进程的推进，一种使用规则引擎进行自动化处理的人机协同方式被提出。在传统模式下，需要靠人记忆并执行的作业规则被进一步颗粒化，并被植入规则引擎中。规则引擎依靠丰富的数据输入及所设置的颗粒化规则进行批量审核作业，对于所有规则校验通过的任务，将免除人工处理；对于出现异常审核结果的任务，将转为人工处理。当然，这里的任务是指在上一环节中识别出的低风险任务，高风险任务仍然建议由人工进行处理。

在这个过程中，一个非常重要的概念是"规则引擎"。那么，规则引擎是如何架构的呢？规则引擎可以理解为一个业务规则的解析器，在这个解析器中，原本一个相对复杂的规则被要求拆分为相对简单、可定义的规则包。每个规则包都涵盖了数据输入、算法处理、输出反馈的过程规则。而且规则引擎允许我们定义大量的规则包，并将这些规则包管理起来协同运作，实现了将复杂的人工审核过程自动化处理。

这件事情说起来简单，但在实际的开发规则引擎实现过程中需要克服几个难题。首先，需要让业务团队理解规则引擎中规则包的处理能力，也就是颗粒度。业务人员只有理解了这个概念，才有可能保证所拆解的规则颗粒是系统可实现的。其次，业务人员在理解规则包颗粒度的基础上，将共享作业规则进一步拆解和颗粒化。对于每一个拆解的规则都需要满足规则包所设定的可处理要求，不重不漏，是一个细致活。同时，这些规则高度依靠经验进行提炼，带来了需求人员的依赖性。最后是规则的系统化。实际上，不少规则引擎还难以做到完全由业务人员自主定义，通常还有不少复杂的规则包要通过开发来实现。这些规则包需要消耗大量的开发资源，而且如果没有建立很好的需求和开发文档管理，也会造成潜在的规则或算法风险。

针对这些困难和挑战，我们也期待有更好、更灵活的规则引擎产品出现，使共享服务智能化的发展进入高速时代。

（二）未来机器学习将怎样带来财务共享的进一步智能化

人机结合模式的应用让我们在财务共享服务中心自动化、智能化的进程中找到了一个阶段性的过渡方法，但这并不是终点，一个好的平台应当尽最大可能打掉人工干预的断点。通过技术手段，将人机协同进化为人工智能的闭环是未来的必由之路。

人工智能技术高速发展，特别是机器学习领域的突破，帮助我们在 OCR、风险分级和共享作业三个领域有了一定的突破。

1. 机器学习提高 OCR 识别率和识别范围

传统的 OCR 技术是基于一套设定的流程来执行的。首先，对于输入的图像需要进行预处理，如二值化、去噪、倾斜矫正等。其次，进行版面分析，将文档图片切分成一个个小的部分，对于发票来说，这种切分是可以基于发票的版面预先设定的。最后，进行字符切割，将一个个汉字独立出来，并根据预先设立的字库对比来进行汉字识别。但这并不是最终的结果，还可以进一步基于语言上下文的关系来矫正结果，这被称为后处理。在这种模式下，识别率受到多种因素的影响，特别是在字库对比和后校验环节很容易出现问题。

基于机器学习的 OCR 方式，能够通过对大量带有特征值和结果标签的影像进行监督学习，就像做题一样，告诉 OCR 引擎题目和答案。通过大量训练后，机器学习能够自主找到提高识别率的优化算法，从而持续提高 OCR 的识别率。这种方法在针对同一性质的原始凭证进行大量的学习训练后，能够有效提升 OCR 的识别效果。

语义学习在 OCR 的后处理环节同样能够发挥作用。基于机器学习进行持续的语义训练，能够帮助 CCR 在后处理时更接近人的思维逻辑，在几个模糊的、可能的选择中找到更正确的答案。持续的训练，同样能够提升后处理的精准度。

基于以上两个领域对机器学习的深入应用，能够不断提高 OCR 的识别率。同时，在一些传统 OCR 技术难以识别的领域，特别是手写体领域的识别将得以突破。事实上，在不少针对 OCR 机器学习的应用领域，现如今已经出现了达到商用级别的产品。

2. 机器学习提升风险分级精度

在另一个领域，机器学习同样能够助力财务共享自动化水平的进一步提升。如上文中所说的，在传统技术下风险分级规则的设定是基于人的经验来总结的。这就必然会面对人的能力和经验的局限性，甚至很多时候，因为缺失相关经验，使这一动作直接被搁置。

对于风险分级来说，其核心逻辑是基于输入的数据信息，评价每一份原始凭证的风险等级。这一过程和金融行业的信用评价体系类似。当获得了大量的输入后，通过所设定的算法得到一个风险评价的结果值。

当机器学习被应用于这一领域后，可以考虑先通过人工积累大量的训练题库，由共享服务中心的作业人员基于经验规则设定风险级别。这个设定过程的最终结果，可能很难靠人力完全抽象为模型。但当积累了一定的人机协同作业下的题库后，就能够引入机器学习引擎，对当下系统中植入的经验规则进行学习优化，从而将人机协同的人的部分进一步机器化，而这一转换比例将在持续学习的过程中不断提升，并最终提升风险分级的精度。

当然，对于风险分级模型的优化，还有很多需要同步进行的工作，如报账人关系网络的搭建，以及报账人、供应商信用体系的搭建等。

3. 机器学习实现作业规则的自我优化

机器学习的一个重要价值在于，能够帮助我们实现共享作业规则的持续优化。和风险分级类似，在没有引入机器学习之前，我们通过规则引擎进行自动审核，而规则引擎中的规则是基于作业人员的经验提炼的。当基于规则引擎的人机协同模式获得了大量的历史题库后，同样可以基于机器学习引擎，优化和改变规则引擎中的规则，从而实现人机协同向高度自动化、智能化的转变。

参考文献

[1] 邱航，王海燕 .ChatGPT 等智能对话 AI 引入企业财务共享中心建设：功能、风险及防控 [J]. 当代经济，2023, 40(6):97–101.

[2] 李波 . 数字经济条件下智能财务体系建设的探讨 [J]. 现代商业，2022(8):184–186.

[3] 李桂琴 . 基于数字化转型背景下企业智能财务的建设 [J]. 经济技术办作信息，2022(6):3.

[4] 高响 . 业财融合视角下高校智能财务建设思考 [J]. 新会计，2023(4):21–23.

[5] 梁玲超 . 加强国有企业财务管理智能化建设的策略及建议 [J]. 企业改革与管理，2022(20):3.

[6] 刘梅玲，胡家煜，王纪平，等 . 企业智能财务建设的逻辑、要素与发展趋势 [J]. 财务与会计，2020(21):5.

[7] 于爱荣，王俊，孙海，等 . 基于区块链和智能合约的财务管理系统建设 [J]. 计算机技术与发展，2021,31(4):28.

[8] 李丽娟 . 高校智能财务平台建设的实践与思考 [J]. 中国农业会计，2022(7):53–55.

[9] 孙海曼 . 智能财务系统的设计和建设让管理更高效 [J]. 中国商人，2023(1):2.

[10] 林明珠 . 公立医院智能财务建设的障碍因素与对策建议 [J]. 财务与会计，2022(1):2.

[11] 杨玉稳 . 智能化财务与内部控制建设研究 [J]. 中国管理信息化，2022, 25(11):121–124.

[12] 王荣林 . 区块链技术对高校智能财务建设的启示：基于财务视角 [J].

教育财会研究 , 2022, 33(1):56–59.

[13] 胡嘉 , 刘碧民 , 郁永美 . 基于智能时代的集团公司财务云建设研究 [J]. 中国总会计师 , 2014(10):80–81.

[14] 史祖华 . 企业智能财务建设的路径探析：评立信会计出版社《智能财务及其建设研究》一书 [J]. 价格理论与实践 , 2022(4):1.

[15] 吴践志 , 刘勤 . 智能财务及其建设研究 [M]. 上海: 立信会计出版社 ,2020.

[16] 伍扬彬 . 对大型电网公司财务商业智能系统的研究和实践 [D]. 天津 : 天津大学 ,2014.

[17] 张禹 . 浅谈高校财务信息化建设 [J]. 数码世界 , 2018, (12):110.

[18] 王晓明 . 大数据下的财务共享建设与实践 [J]. 财会学习 , 2019(10):16.

[19] 杨涛 , 辛清泉 . 高校智能财务系统建设的实践与思考 [J]. 财会月刊 , 2021(8):5.

[20] 王宁 . 智能财务建设之制度设计与管理 [J]. 幸福生活指南 ,2020(20): 128.

[21] 刘梅玲 , 等 . 智能财务建设：业务流程设计、审核规则梳理和电子会计档案管理 会计 [M]. 上海：立信会计出版社 ,2022.

[22] 刘梅玲 , 黄虎 , 佟成生 , 等 . 智能财务的基本框架与建设思路研究 [J]. 会计研究 , 2020(3):14.